Sobre a Morte e o Morrer

Sobre a Morte e o Morrer

O que os doentes terminais têm para ensinar a médicos, enfermeiras, religiosos e aos seus próprios parentes.

Elisabeth Kübler-Ross

wmf martinsfontes

Título original: ON DEATH AND DYING.

1ª edição *1981*
10ª edição *2017*
8ª tiragem *2024*

Tradução
PAULO MENEZES

Revisão
Solange Martins
Capa
Gisleine Scandiuzzi
Imagem da capa
Ilustração de Bhajju Shyam para o livro
A vida secreta das árvores, *edição original, The Night Life of Trees.*
© Tara Books Pvt Ltd, Chenai, Índia / www.tarabooks.com
Produção gráfica
Geraldo Alves
Paginação
Studio 3 Desenvolvimento Editorial

Dados Internacionais de Catalogação na Publicação (CIP)
(Câmara Brasileira do Livro, SP, Brasil)

Kübler-Ross, Elisabeth, 1926-2004.
Sobre a morte e o morrer : o que os doentes terminais têm para ensinar a médicos, enfermeiras, religiosos e aos seus próprios parentes / Elisabeth Kübler-Ross ; [tradução Paulo Menezes]. – 10ª ed. – São Paulo : Editora WMF Martins Fontes, 2017.

Título original: On death and dying.
Bibliografia.
ISBN 978-85-469-0168-5

1. Doentes em fase terminal – Cuidados 2. Morte – Aspectos psicológicos I. Título.

17-04891 CDD-155.937

Índices para catálogo sistemático:
1. Morte : Aspectos psicológicos 155.937

Editora WMF Martins Fontes Ltda.
Rua Prof. Laerte Ramos de Carvalho, 133 01325-030 São Paulo SP Brasil
Tel. (11) 3293-8150 e-mail: info@wmfmartinsfontes.com.br
http://www.wmfmartinsfontes.com.br

Índice

À memória de meu pai
e
Seppli Bucher

Agradecimentos

Muitos foram aqueles que, direta ou indiretamente, cooperaram na realização deste trabalho, para que eu possa agradecer a cada um em particular. Um agradecimento especial dirige-se ao Dr. Sydney Margolin pela idéia de entrevistar pacientes em fase terminal na presença de estudantes, como modelo de ensino e aprendizagem.

Os agradecimentos se estendem ao Departamento de Psiquiatria do Hospital Billings da Universidade de Chicago, que forneceu os meios e deu condições para que o seminário fosse tecnicamente viável.

Aos capelães Herman Cook e Carl Nighswonger, que se mostraram eficientes co-entrevistadores, ajudando a localizar pacientes quando era difícil encontrá-los. A Wayne Rydberg e seus quatro estudantes, cujo interesse e curiosidade me incentivaram a superar as dificuldades iniciais. À equipe do Seminário Teológico de Chicago, por seu incentivo e assistência. Ao Reverendo Renford Gaines e sua esposa Harriet, que passaram horas sem conta revisando o manuscrito, mantendo sempre acesa minha fé na validade deste empreendimento. Ao Dr. C. Knight Aldrich, que apoiou este trabalho durante mais de três anos.

A D. Edgar Draper e Jane Kennedy, que revisaram parte deste material. A Bonita McDaniel, Janet Reshkin e Joyce Carlson por terem datilografado os capítulos.

A melhor maneira de agradecer aos muitos pacientes e a seus familiares talvez se expresse publicando o que me disseram.

Aos muitos autores que me inspiraram este trabalho e, finalmente, a todos aqueles que dispensaram atenção e desvelo aos doentes em fase terminal.

Agradeço ainda ao Sr. Peter Nevraumont, por ter sugerido escrever este livro, e ao Sr. Clement Alexandre, da Macmillan Company, pela paciência e compreensão, enquanto o livro estava sendo feito.

Por último, mas não menos importante, meu agradecimento a meu marido e a meus filhos pela paciência e estímulo contínuos que me permitiram trabalhar em tempo integral, mesmo sendo esposa e mãe.

E. K.-R.

Prefácio

Quando me perguntaram se gostaria de escrever um livro sobre a morte e o morrer, aceitei o desafio com entusiasmo. Entretanto, quando me sentei para iniciar a obra e comecei a imaginar em que tinha me metido, o horizonte mudou. Por onde começar? Que assunto abordar? O que posso transmitir aos desconhecidos que vão ler este livro? O que posso comunicar desta experiência com moribundos? Quantas coisas são ditas sem pronunciar palavras, mas são sentidas, vivenciadas, vistas e dificilmente traduzidas verbalmente? Durante os últimos dois anos e meio, trabalhei junto a pacientes moribundos. Este livro contará o começo desta experiência que se tornou significativa e instrutiva para quantos delas participaram. Não pretende ser um manual sobre como tratar pacientes moribundos, tampouco um estudo exaustivo da psicologia do moribundo. É apenas um relatório de uma oportunidade nova e desafiante de focalizar uma vez mais o paciente como ser humano, de fazê-lo participar dos diálogos, de saber dele os méritos e as limitações de nossos hospitais no tratamento dos doentes. Pedimos que o paciente fosse nosso profes-

sor, de modo que pudéssemos aprender mais sobre os estágios finais da vida com suas ansiedades, temores e esperanças. Transcrevo simplesmente as experiências de meus pacientes, que me comunicaram suas agonias, expectativas e frustrações. É de esperar que outros se encorajem a não se afastarem dos doentes "condenados", mas a se aproximarem mais deles para melhor ajudá-los em seus últimos momentos. Os poucos que puderem realizar isso descobrirão que pode ser uma experiência gratificante para ambos; aprenderão mais sobre como o espírito humano age, sobre os aspectos humanos peculiares à vida e haverão de sair desta experiência enriquecidos, talvez até menos ansiosos quanto ao seu próprio fim.

E. K.-R.

I. Sobre o temor da morte

Não me deixe rezar por proteção contra os perigos, mas pelo destemor em enfrentá-los.

Não me deixe implorar pelo alívio da dor, mas pela coragem de vencê-la.

Não me deixe procurar aliados na batalha da vida, mas a minha própria força.

Não me deixe suplicar com temor aflito para ser salvo, mas esperar paciência para merecer a liberdade.

Não me permita ser covarde, sentindo sua clemência apenas no meu êxito, mas me deixe sentir a força de sua mão quando eu cair.

Rabindranath Tagore
Colhendo frutos

As epidemias dizimaram muitas vidas nas gerações passadas. A morte de crianças era bastante freqüente e poucas eram as famílias que não tinham perdido um parente em tenra idade. A medicina progrediu a olhos vistos nas últimas décadas. A vacinação em massa praticamente erradicou muitas doenças, sobretudo na Europa Ocidental e nos Estados Unidos. A quimioterapia, especialmente o uso de antibióticos, contribuiu para que decrescesse o número de casos fatais de moléstias infecciosas. A educação e uma puericultura melhor ocasionaram um baixo índice de doença e mortalidade infantil. Os vários males que causavam uma baixa impressionante entre jovens e adultos foram dominados. Cresce o número de anciãos, e com isto aumenta o número de vítimas de tumores e doenças crônicas, associados diretamente à velhice.

Os pediatras lidam menos com situações críticas, situações que ameaçam a vida; contudo, aumenta o número de pacientes com distúrbios psicossomáticos, com problemas de comportamento e ajustamento. Há mais casos de problemas emocionais nas salas de espera dos consultórios médicos do que jamais houve. Entretanto, os médicos cuidam de pacientes mais velhos que procuram não somente viver com suas limitações e habilidades físicas diminuídas mas também enfrentar a solidão e o isolamento com os anseios e angústias que deles advêm. A maioria não consultou psiquiatras. São outros os profissionais, como os capelães e os assistentes sociais, que têm de descobrir e suprir as necessidades desses pacientes.

É para eles que estou tentando delinear as mudanças ocorridas nas últimas décadas, mudanças essas que, afinal, são responsáveis pelo crescente medo da morte, pelo aumento do número de problemas emocionais e pela grande necessidade de compreender e lidar com os problemas da morte e do morrer.

Quando retrocedemos no tempo e estudamos culturas e povos antigos, temos a impressão de que o homem sempre abominou a morte e, provavelmente, sempre a repelirá. Do ponto de vista psiquiátrico, isto é bastante compreensível e talvez se explique melhor pela noção básica de que, em nosso inconsciente, a morte nunca é possível quando se trata de nós mesmos. É inconcebível para o inconsciente imaginar um fim real para nossa vida na terra e, se a vida tiver um fim, este será sempre atribuído a uma intervenção maligna fora de nosso alcance. Explicando melhor, em nosso inconsciente só podemos ser mortos; é inconcebível morrer de causa natural ou de idade avançada. Portanto, a morte em si está ligada a uma ação má, a um acontecimento medonho, a algo que em si clama por recompensa ou castigo.

É salutar lembrar esses fatos fundamentais, condição primordial para compreender algumas mensagens muito importantes, por vezes ininteligíveis, de nossos pacientes.

Outro fator a ser compreendido é que não podemos distinguir entre o desejo e a realidade, em nosso inconsciente. Temos plena consciência de alguns dos nossos sonhos sem lógica, onde duas proposições diametralmente opostas coexistem lado a lado, perfeitamente aceitáveis nos sonhos, mas ilógicas e inimagináveis quando estamos acordados. Como nosso inconsciente não faz distinção entre a vontade de matar alguém pela raiva e o ato de tê-lo feito, a criança é incapaz de discernir isto. A criança que, de raiva, deseja que a mãe morra porque esta não satisfez seus desejos ficará muito traumatizada caso isso venha, de fato, a acontecer, mesmo que não haja ligação alguma no tempo com seus desejos de destruição. Sempre assumirá parte ou toda a culpa pela morte da mãe. Sempre repetirá para si e nunca para os outros: "Fui eu, sou responsável, fui má, por isso mamãe me abandonou." É bom lembrar que a criança reagirá do mesmo modo se vier a perder um dos pais por causa do divórcio, por separação ou abandono. A criança, não raro, vê a morte como algo não-permanente, quase não a distinguindo de um divórcio em que pode voltar a ver um dos pais.

Muitos pais se lembrarão de frases ditas por seus filhos como "vou enterrar meu cachorrinho agora e ele vai se levantar de novo na primavera, junto com as flores". Talvez tenha sido este mesmo desejo que motivou os antigos egípcios a sepultarem seus mortos juntamente com as roupas e os alimentos, para que continuassem felizes, e da mesma forma os antigos índios americanos, que enterravam seus parentes com tudo o que lhes pertencia.

Quando crescemos e começamos a perceber que nossa onipotência não é tão onipotente assim, que nossos desejos mais fortes não têm força suficiente para tornar possível o impossível, desaparece o medo de se ter contribuído para a morte de um ente querido e, por conseguinte, some a culpa; o medo permanece subjacente, mas só enquanto não for fortemente despertado. Seus vestígios podem ser vistos diariamente nos corredores dos hospitais e no rosto de quem acompanha os desolados.

Um casal pode ter passado anos brigando, mas quando um deles morre o outro arranca os cabelos, lamenta, chora, grita, bate no peito em sinal de pesar, medo e angústia, temendo ainda mais a própria morte, acreditando ainda na Pena de Talião – dente por dente, olho por olho –, "sou responsável pela morte dele, em troca mereço uma morte horrível".

Pode ser que o conhecimento disto seja de valia na compreensão de muitos dos velhos costumes e rituais que sobreviveram aos séculos, cujo objetivo é aplacar a ira dos deuses ou das pessoas, conforme o caso, diminuindo assim o castigo previsto. Penso nas cinzas, nas vestes rasgadas, no véu, nas carpideiras dos velhos tempos, meios não só de implorar piedade para eles, os chorosos, como também expressões de pesar, tristeza e vergonha. Se alguém se aflige, bate no peito, arranca os cabelos ou se recusa a comer é uma tentativa de autopunição para evitar ou reduzir o esperado castigo pela culpa assumida da morte do ente querido.

A aflição, a vergonha, a culpa são sentimentos que não distam muito da raiva e da fúria. O processo de aflição sempre encerra algum item da raiva. Como ninguém gosta de admitir sentimentos de raiva por uma pessoa falecida, estas emoções são, no mais das vezes, disfarçadas ou reprimidas, delongando o período de pesar ou se revelando por outras maneiras. É bom lembrar que não nos cabe julgar se tais sentimentos são maus ou vergonhosos, mas captar seu verdadeiro sentido e origem, como algo muito humano. A título de ilustração, retomo o exemplo da criança, a criança que existe em nós. A criança de cinco anos que perde a mãe tanto se culpa pelo desaparecimento dela, como se zanga porque ela a abandonou deixando de atender a seus rogos. Quem morre se transforma, então, em um ser que a criança ama e adora, mas também odeia com igual intensidade por essa dura ausência.

Os hebreus consideravam o corpo do morto como alguma coisa impura, que não podia ser tocada. Os antigos índios americanos falavam dos espíritos do mal e atiravam flechas ao ar para afugentá-los. Muitas culturas possuem rituais para cuidar da pessoa "má" que morre, os quais se originam deste sentimento de raiva latente em todos nós, apesar de não gostarmos de admitir isso. A tradição do túmulo pode advir do desejo de sepultar bem fundo os maus espíritos, e as pedrinhas que muitos enlutados jogam como homenagem traduzem símbolos do mesmo desejo. Apesar de chamarmos de última despedida, a salva de tiros num funeral militar corresponde ao mesmo símbolo ritual dos índios, ao atirarem aos céus suas lanças e flechas.

Cito estes exemplos para ressaltar que o homem, basicamente, não mudou. A morte constitui ainda um acontecimento medonho, pavoroso, um medo universal, mesmo sabendo que podemos dominá-lo em vários níveis.

O que mudou foi nosso modo de conviver e lidar com a morte, com o morrer e com os pacientes moribundos.

Tenho sido criada num país europeu onde a ciência não é tão avançada, onde as técnicas modernas só agora começaram a abrir caminho no campo da medicina, onde as pessoas ainda vivem como há cinqüenta anos nos Estados Unidos, eu tive oportunidade de estudar uma parte da evolução da humanidade num espaço de tempo mais curto.

Lembro-me da morte de um fazendeiro, quando eu ainda era criança. Ele caíra de uma árvore e não havia esperanças de sobrevivência. Pediu apenas para morrer em casa, desejo atendido sem maiores dramas. Chamou suas filhas à cabeceira da cama e conversou particularmente com cada uma por alguns minutos. Calmamente, apesar das dores que sentia, pôs em ordem seus negócios e distribuiu pertences e terras, com usufruto para sua mulher. Em seguida, pediu que distribuíssem entre si o trabalho, as obrigações, as incumbências que eram dele até o momento do acidente. Pediu a seus amigos que o visitassem uma vez mais para lhes dar o seu adeus. Apesar de sermos crianças naquela época, não nos excluíram, nem a mim nem a meus irmãozinhos. Deixaram que participássemos dos preparativos da família e partilhássemos de suas dores, até que o fazendeiro morreu. Deixaram-no então, em casa, no amado lar que construíra, cercado de amigos e vizinhos que foram vê-lo pela última vez, enquanto jazia no meio de flores no lugar em que vivera e que tanto amara. Hoje em dia, não existe naquela cidade nem embalsamento, nem velório, nem retoques para similar que os mortos dormem. Apenas se cobrem com ataduras os sinais de doenças desfigurantes e os mortos só são removidos de casa antes do sepultamento em casos de doenças infecto-contagiosas.

Por que estou descrevendo estes costumes já superados? Por achar que são indícios de nossa aceitação perante um acontecimento inexorável e que ajudam os pacientes moribundos e suas famílias a aceitarem a perda de uma pessoa amada. Se permitem que um paciente finde seus dias no querido ambiente familiar, isto requer dele menor adaptação. Seus familiares conhecem-no o suficiente para substituir um sedativo por um copo de seu vinho preferido; ou o cheiro de uma boa sopa caseira pode lhe despertar o apetite para sorver algumas colheradas, o que, na minha opinião, é bem mais agradável do que um chá. Não menosprezo a importância dos sedativos e infusões e sei muito bem, pela minha experiência de médica do interior, o quanto são indispensáveis e, às vezes, inevitáveis. Mas sei também que paciência, familiares, alimentação poderiam ser substitutos de um frasco de soro intravenoso ministrado pelo simples fato de atender às necessidades do corpo sem envolver muitas pessoas e/ou cuidados particulares de enfermagem.

O fato de permitirem que as crianças continuem em casa, onde ocorreu uma desgraça, e participem da conversa, das discussões e dos temores, faz com que não se sintam sozinhas na dor, dando-lhes o conforto de uma responsabilidade e luto compartilhados. É uma preparação gradual, um incentivo para que encarem a morte como parte da vida, uma experiência que pode ajudá-las a crescer e amadurecer.

Isso contrasta muito com uma sociedade em que a morte é encarada como tabu, onde os debates sobre ela são considerados mórbidos, e as crianças afastadas sob pretexto de que seria "demais" para elas. Costumam ser mandadas para a casa de parentes, levando muitas vezes consigo mentiras não-convincentes de que "mamãe foi fazer uma longa viagem" ou outras histórias incríveis. A criança percebe algo de errado e sua desconfiança nos adultos tende a crescer à medida que outros parentes acrescentam novas variantes ao fato, evitam suas perguntas e suspeitas ou cobrem-na de presentes como um mero substituto de uma perda que não pode atingi-la. Mais cedo ou mais tarde, a criança se aperceberá de que mudou a situação familiar e, dependendo de sua idade e personalidade, sentirá um pesar irreparável, retendo este incidente como uma experiência pavorosa, misteriosa, muito traumática, com adultos que não merecem sua confiança e com quem não terá mais condição de se entender.

É igualmente insensato, como aconteceu, dizer que "Deus levou Joãozinho para o céu por amar as crianças" a uma menina que perdeu seu irmão. Esta menina, ao se tornar mulher, jamais superou sua mágoa contra Deus, mágoa que degenerou em depressão psicótica quando da perda de seu próprio filho, trinta anos mais tarde.

Poderíamos pensar que nosso alto grau de emancipação, nosso conhecimento da ciência e do homem nos proporcionaram melhores meios de nos prepararmos e às nossas famílias para este acontecimento inevitável. Ao contrário, já vão longe os dias em que era permitido a um homem morrer em paz e dignamente em seu próprio lar.

Quanto mais avançamos na ciência, mais parece que tememos e negamos a realidade da morte. Como é possível?

Recorremos aos eufemismos; fazemos com que o morto pareça adormecido; mandamos que as crianças saiam, para protegê-las da ansiedade e do tumulto reinantes na casa, isto quando o paciente tem a felicidade de morrer em seu lar; impedimos que as crianças visitem seus pais que se encontram à beira da morte nos hospitais; sustentamos discussões longas e controvertidas sobre dizer ou não a verdade ao paciente, dúvida que raramente surge quando é atendido pelo médico da família que o acompanhou desde o parto até a morte e que está a par das fraquezas e forças de cada membro da família.

Há muitas razões para se fugir de encarar a morte calmamente. Uma das mais importantes é que, hoje em dia, morrer é triste demais sob vários aspectos, sobretudo é muito solitário, muito mecânico e desumano. Às vezes, é até mesmo difícil determinar tecnicamente a hora exata em que se deu a morte.

Morrer se torna um ato solitário e impessoal porque o paciente não raro é removido de seu ambiente familiar e levado às pressas para uma sala de emergência. Qualquer um que tenha estado muito doente e necessitado de repouso e conforto se lembrará de ter sido posto numa maca sob o som estridente da sirene, e da corrida desenfreada até se abrirem os portões do hospital. Só quem sobreviveu a isto é que pode aquilatar o desconforto e a fria necessidade deste transporte, começo apenas de uma longa provação, dura de suportar quando se está bem, difícil de traduzir em palavras quando o barulho, a luz, as sondas e as vozes se tornam insuportáveis. É provável também que devêssemos dar mais atenção ao paciente sob os lençóis e cobertores, pôr talvez um ponto final em nossa bem intencionada eficiência e correr para segurar a mão do paciente, sorrir ou prestar atenção numa pergunta. O caminho para o hospital é aqui o primeiro capítulo da morte como, de fato, acontece com muitos. É verdade que exagero um pouco na comparação com o doente que fica em casa, não querendo dizer com isso que não devamos salvar vidas se puderem ser salvas mediante hospitalização, mas querendo evidenciar a experiência do paciente, suas necessidades e reações.

Quando um paciente está gravemente enfermo, em geral é tratado como alguém sem direito a opinar. Quase sempre é outra pessoa quem decide sobre se, quando e onde um paciente deverá ser hospitalizado. Custaria tão pouco lembrar-se de que o doente também tem sentimentos, desejos, opiniões e, acima de tudo, o direito de ser ouvido...

Nosso paciente hipotético acaba de chegar à sala de emergência. Logo é cercado por enfermeiras pressurosas, assistentes hospitalares, internos, residentes, talvez até um técnico de laboratório para colher sangue, outro técnico para fazer um eletrocardiograma. Pode ser levado à sala de raio X, pode ouvir sem querer as opiniões sobre seu estado, as trocas de idéias ou as perguntas feitas aos familiares. Pouco a pouco, e inevitavelmente, começa a ser tratado como um objeto. Deixou de ser uma pessoa. Decisões são tomadas sem o seu parecer. Se tentar reagir, logo lhe dão um sedativo e, depois de horas de espera e conjecturas sobre suas forças, é conduzido para a sala cirúrgica ou para a unidade de terapia intensiva, transformando-se num objeto de grande preocupação e grande investimento financeiro.

Pode clamar por repouso, paz e dignidade, mas recebe em troca infusões, transfusões, coração artificial ou uma traqueotomia, se necessário. Pode desejar que alguém pare por um instante para fazer só uma pergunta, mas o que vê é uma dúzia de pessoas olhando um relógio, todas muito preocupadas com as batidas de seu coração, com seu pulso, com o eletrocardiograma, com o funcionamento dos pulmões, com as secreções ou excreções, mas não com o ser humano que há nele. Pode querer lutar contra tudo, mas será uma luta em vão, pois tudo isto é feito na tentativa de que ele viva e, se salvarem sua vida, podem dispensar atenções à sua pessoa mais tarde. Quem dispensa atenção à pessoa em primeiro lugar pode perder um tempo precioso para salvar-lhe a vida! Pelo menos, este parece ser – ou é? – o motivo ou a justificativa que se esconde por trás de tudo. Nossa capacidade de defesa será a razão desta abordagem cada vez mais mecânica e despersonalizada? E será esta abordagem o meio de reprimirmos e lidarmos com as ansiedades que um paciente em fase terminal ou gravemente doente desperta em nós? O fato de nos concentrarmos em equipamentos e em pressão sangüínea não será uma tentativa desesperada de rejeitar a morte iminente, tão apavorante e incômoda, que nos faz concentrar nossas atenções nas máquinas, já que elas estão menos próximas de nós do que o rosto amargurado de outro ser humano a nos lembrar, uma vez mais, nossa falta de onipotência, nossas limitações, nossas falhas e, por último mas não menos importante, nossa própria mortalidade?

Urge, talvez, levantar uma questão: estamos nos tornando mais ou menos humanos? Embora este livro não pretenda julgar de forma alguma, a verdade é que, independentemente da resposta, o paciente está sofrendo mais, talvez não fisicamente, mas emocionalmente. Suas necessidades não mudaram através dos séculos, mudou apenas nossa aptidão em satisfazê-las.

II. Atitudes diante da morte e do morrer

Os homens são cruéis, mas o homem é bondoso.

Tagore
Pássaros errantes, CCXIX

Em que a sociedade contribui para a defensiva

Vimos até agora como o ser humano reage à morte e ao morrer. Examinando nossa sociedade, perguntamo-nos logo sobre o que acontece com os homens numa sociedade propensa a ignorar ou a evitar a morte. Quais os fatores, se é que existem, que contribuem para a crescente ansiedade diante da morte? O que acontece num campo da medicina em evolução em que nos perguntamos se ela continuará sendo uma profissão humanitária e respeitada ou uma nova mas despersonalizada ciência, cuja finalidade é prolongar a vida em vez de mitigar o sofrimento humano? Um campo da medicina em que os estudantes têm possibilidade de escolha entre dezenas de tratados sobre RNA e DNA mas nenhuma experiência no simples relacionamento médico-paciente, antiga cartilha de todo médico de família bem-sucedido? O que acontece numa sociedade que valoriza o QI e os padrões de classe mais do que a simples questão do tato, da sensibilidade, da percepção, do bom senso no contato com os que sofrem? O que acontece numa sociedade profissionalizante onde o jovem estudante de medicina é admirado pelas pesquisas que faz e pelo desempenho no laboratório nos primeiros anos de faculdade, mas não sabe responder uma simples pergunta que lhe faz um paciente? Se déssemos ao relacionamento humano e interpessoal a ênfase que dispensamos ao ensino dos novos avanços técnicos e científicos, não há dúvida de que faríamos progresso, mas não se este novo conhecimento for ministrado ao estudante à custa de um contato interpessoal cada vez menor. O que será de uma sociedade que concentra mais seu valor nos números e nas massas do que no indivíduo? Uma sociedade em que a tendência é reduzir o contato entre professor e aluno, substituindo-o pelo ensino de circuito fechado de televisão, pelas gravações, pelos filmes, instrumentos todos que atingem um maior número de estudantes mas de um modo bem despersonalizado?

Esta mudança de enfoque do indivíduo para a massa tem se revelado mais dramática em outros setores de interação humana. Se se quiser constatar, será suficiente observar as transformações que ocorreram nas últimas décadas. Antigamente, o homem era capaz de enfrentar o inimigo cara a cara. Era-lhe propiciado um encontro pessoal com um inimigo visível. Agora, soldados e cidadãos se previnem com armas de destruição em massa que não oferecem a ninguém a possibilidade, sequer a consciência, de uma aproximação. A destruição tanto pode cair do azul do céu e arrasar multidões, haja vista a bomba de Hiroxima, como pode surgir invisível sob forma de gases ou outros meios de guerra química, ceifando e matando. Não mais é o homem em luta por seus direitos e convicções ou em luta pela salvaguarda e honra de sua família, é o país inteiro que está em guerra, inclusive mulheres e crianças, afetadas direta ou indiretamente, sem meios de sobreviver. Eis o contributo da ciência e da tecnologia para um medo sempre crescente de destruição e, por conseguinte, medo da morte.

Surpreende, então, que o homem tente se defender mais? Diminuindo a cada dia sua capacidade de defesa física, aumentam de várias maneiras suas defesas psicológicas. O homem não se pode manter sempre em contradição. Não pode fingir estar continuamente a salvo. Se não podemos negar a morte, pelo menos podemos tentar dominá-la. Podemos fazer um racha nas pistas, podemos constatar nos jornais que a morte ronda nos feriados; trememos, e nos alegramos ao constatar que "ainda bem que não fui eu; desta eu escapei".

Grupos de pessoas, tanto os grupos de rua como os países inteiros, podem usar sua identificação grupal para exprimir o medo de destruição atacando e destruindo os outros. A guerra será, talvez, uma necessidade de defrontar a morte, de conquistá-la, de dominá-la para escapar dela incólume; uma forma peculiar de negar nossa própria mortalidade. Um de nossos pacientes, condenado pela leucemia, disse, numa dúvida atroz: "Não posso morrer agora. Não pode ser vontade de Deus, pois Ele me salvou na Segunda Guerra Mundial quando fui baleado."

Uma senhora mostrava surpresa e incredulidade quanto à "morte injusta" de um jovem recém-egresso do Vietnã que morrera num acidente de carro, como se o fato de ter escapado nos campos de batalha o isentasse da morte, ao voltar para casa.

Assim, é provável vislumbrar a possibilidade de paz estudando as atitudes perante a morte nos líderes dos países, naqueles que tomam decisões finais de guerra e paz entre os povos. Se fizéssemos um esforço sobre-humano para encarar nossa própria morte, para analisar as ansiedades que permeiam nosso conceito de morte e para ajudar os semelhantes a se familiarizarem com tais pensamentos, talvez houvesse menos destruição ao nosso redor.

As agências de notícias bem poderiam dar sua contribuição para que o povo enfrentasse a realidade da morte, evitando expressões gerais como "solução da questão judaica", querendo definir o massacre de milhares de homens, mulheres e crianças. Ou, para citar um fato mais recente, a tomada de uma colina no Vietnã, desbaratando um ninho de metralhadoras com pesada baixa para os *vietcongs*, bem poderia ser descrita em termos de tragédia humana e perda de seres humanos de ambos os lados. Há tantos exemplos em todos os jornais e outros meios de comunicação, que é desnecessário enumerá-los aqui.

Em resumo, acho que, com o avanço rápido da técnica e as novas conquistas científicas, os homens tornaram-se capazes de desenvolver qualidades novas e novas armas de destruição de massa que aumentam o temor de uma morte violenta e catastrófica. Sob o ponto de vista psicológico, o homem tem que se defender de vários modos contra o medo crescente da morte e contra a crescente incapacidade de prevê-la, e precaver-se contra ela. Psicologicamente, ele pode negar a realidade de sua morte por um certo tempo. Em nosso inconsciente, não podemos conceber nossa própria morte, mas acreditamos em nossa imortalidade. Contudo, podemos aceitar a morte do próximo, e as notícias do número dos que morrem nas guerras, nas batalhas e nas auto-estradas só confirmam a crença inconsciente em nossa imortalidade, fazendo com que – no mais recôndito de nosso inconsciente – nos alegremos com um "ainda bem que não fui eu".

Se já não é possível rejeitar a morte, podemos tentar dominá-la pelo desafio. Se podemos dirigir em alta velocidade nas auto-estradas, se podemos regressar do Vietnã, devemos, então, sentir-nos imunes contra a morte. O que ouvimos quase diariamente nos noticiários é que matamos dez vezes mais inimigos em comparação com nossas baixas. É isto que queremos seja verdade, a projeção de nosso desejo infantil de onipotência e imortalidade? Se um país inteiro, se uma sociedade inteira sofre deste medo e rejeição da morte, deve lançar mão de defesas que só podem ser destrutivas. As guerras, os tumultos, o aumento do índice de criminalidade podem ser sintomas da decrescente incapacidade de enfrentar a morte com resignação e dignidade. Talvez devamos voltar ao ser humano individual e começar do ponto de partida para tentar compreender nossa própria morte, aprendendo a encarar menos irracionalmente e com menos temor este acontecimento trágico, mas inevitável.

Qual o papel da religião nestes tempos de transição? Antigamente, havia maior número de pessoas que acreditava incondicionalmente em Deus, inclusive numa vida futura, onde as pessoas seriam aliviadas de dores e sofrimentos. Havia uma recompensa nos céus e se tivéssemos sofrido muito na terra seríamos reconhecidos após a morte, dependendo da coragem, do denodo, da paciência e da dignidade com que tivéssemos carregado nosso fardo. O sofrimento era mais comum, como o nascimento era um evento mais natural, mais longo, mais doloroso; contudo, quando a criança nascia, a mãe estava desperta. Havia uma finalidade e uma recompensa futura no sofrimento. Hoje em dia, as mães são anestesiadas, na tentativa de evitar dores e agonia; o parto é até programado para que o nascimento se dê no dia do aniversário de um dos pais, ou não caia no dia de outro acontecimento importante. Muitas mães só acordam horas depois de a criança ter nascido, bastante drogadas, sonolentas demais para se regozijarem com o nascimento do filho. Não há muito sentido no sofrimento, uma vez que se podem administrar sedativos contra dores, pruridos ou outros incômodos. Há muito sumiu a crença de que o sofrimento aqui na terra será recompensado no céu. O sofrimento perdeu sua razão de ser.

Entretanto, com essa mudança, há menos pessoas que acreditam realmente na vida após a morte, o que talvez seja por si só uma negação de nossa mortalidade. Pois bem, se não podemos antever a vida depois da morte, temos de refletir sobre ela. Se no céu não temos recompensa alguma por nosso sofrimento, então o sofrimento perde a sua finalidade. Se participamos das atividades paroquias visando apenas a um contato social ou a um baile, estamos nos privando do fim precípuo da Igreja, isto é, o de transmitir esperanças, dar um sentido às tragédias terrenas e tentar captar e dar sentido aos acontecimentos dolorosos de nossa vida que, de outra forma, seriam inaceitáveis.

Por mais paradoxal que seja, enquanto a sociedade tem contribuído para que rejeitemos a morte, a religião tem perdido adeptos entre os que acreditavam numa vida após a morte, isto é, na imortalidade, diminuindo assim a rejeição sob este aspecto. No que tange ao paciente, foi uma troca desvantajosa. Enquanto a rejeição religiosa, ou seja, a crença no significado do sofrimento aqui na terra e a recompensa no céu após a morte, tem oferecido esperança e sentido, a rejeição propalada pela sociedade nada disso oferece, aumentando apenas nossa ansiedade, contribuindo para acentuar nosso senso de destruição e agressão: matar para fugir à realidade e ao confronto com nossa própria morte.

Uma antevisão do futuro nos revela uma sociedade em que as pessoas são cada vez mais "mantidas vivas", tanto com máquinas que substituem órgãos vitais, como com computadores que as controlam periodicamente para ver se alguma função fisiológica merece ser substituída por equipamento eletrônico. Podem ser implantados centros de processamento em número cada vez maior, onde sejam coletados todos os dados técnicos e onde uma luz se acenda avisando que o paciente morreu, para que o equipamento se desligue automaticamente.

Outros centros podem gozar de maior popularidade. Neles os mortos são imediatamente congelados e levados a um edifício especial sob baixa temperatura, aguardando o dia em que a ciência e a tecnologia tiverem avançado o suficiente para descongelá-los e devolvê-los à vida e à sociedade, a qual poderá estar tão assustadoramente superpovoada que se farão necessários comitês especiais para decidir quantos podem ser descongelados, como há hoje comitês que decidem quem deve receber um órgão disponível e quem deve morrer.

Pode parecer horrível e inacreditável; no entanto, a triste verdade é que tudo isto já acontece agora. Não existe lei neste país que impeça que negociantes façam dinheiro em cima do temor da morte, que negue aos oportunistas o direito de propagarem e venderem a alto preço uma promessa de vida após anos de congelamento. Já existem tais organizações e, enquanto possamos rir de pessoas que indagam se a viúva de um congelado pode receber o seguro ao contrair novas núpcias, são demasiado sérias as perguntas para serem ignoradas. Na realidade, essas pessoas demonstram alto grau de rejeição, necessário a alguns para evitar enfrentar a morte como uma realidade. Parece ter chegado o momento de as pessoas de todas as profissões e religiões se unirem antes que a nossa sociedade se torne insensível; a ponto de se autodestruir.

Agora que volvemos ao passado considerando a capacidade humana de enfrentar a morte com serenidade, e vislumbramos um tanto amedrontados o futuro, voltemos ao presente e indaguemos seriamente o que podemos fazer, como indivíduos, com relação a tudo isto. O fato é que não podemos fugir de todo da tendência dos números crescentes. Vivemos numa sociedade onde predomina o homem da massa, em detrimento do homem como indivíduo. Queiramos ou não, serão maiores as classes nas faculdades de medicina. O número de carros nas rodovias aumentará. O número de pessoas mantidas vivas crescerá, se levarmos em conta apenas o avanço no campo da cardiologia e da cirurgia cardíaca.

Não podemos retroceder no tempo. Não podemos propiciar a todas as crianças a experiência de uma vida simples numa fazenda, em estreito contato com a natureza, nem a experiência do nascimento e da morte no ambiente natural da criança. Os religiosos podem não conseguir que se volte a acreditar na vida depois da morte, o que tornaria mais compensador o ato de morrer, mesmo através de uma forma de rejeição da mortalidade, num certo sentido.

Não podemos negar a existência de armas de destruição em massa, tampouco podemos regredir de alguma forma no tempo. A ciência e a tecnologia proporcionarão sempre mais transplantes de órgãos vitais e crescerá enormemente a responsabilidade das interrogações sobre a vida e a morte, sobre doadores e receptores. Problemas legais, morais, éticos e psicológicos serão postos diante das gerações presente e futura, que decidirão questões de vida e morte em número cada vez maior, enquanto tais decisões não forem tomadas também por computadores.

Embora todo homem, por seus próprios meios, tente adiar o encontro com estes problemas e estas perguntas enquanto não for forçado a enfrentá-los, só será capaz de mudar as coisas quando começar a refletir sobre a própria morte, o que não pode ser feito no nível de massa, o que não pode ser feito por computadores, o que deve ser feito por todo ser humano individualmente. Todos nós sentimos necessidade de fugir a esta situação; contudo, cada um de nós, mais cedo ou mais tarde, deverá encará-la. Se todos pudéssemos começar admitindo a possibilidade de nossa própria morte, poderíamos concretizar muitas coisas, situando-se entre as mais importantes o bem-estar de nossos pacientes, de nossas famílias e talvez até de nosso país.

Se pudéssemos ensinar aos nossos estudantes o valor da ciência e da tecnologia, ensinando a um tempo a arte e a ciência do inter-relacionamento humano, do cuidado humano e total ao paciente, sentiríamos um progresso real. Se não fosse feito mau uso da ciência e da tecnologia no incremento da destruição, prolongando a vida em vez de torná-la mais humana; se ciência e tecnologia pudessem caminhar paralelamente com maior liberdade para contatos de pessoa a pessoa, então poderíamos falar realmente de uma grande sociedade.

Encarando ou aceitando a realidade de nossa própria morte, poderemos alcançar a paz, tanto a paz interior como a paz entre as nações.

O caso seguinte, vivido pelo Sr. P., elucida o avanço médico-científico aliado ao aspecto humano:

> O Sr. P., de 51 anos de idade, foi hospitalizado com rápida e progressiva atrofia muscular por esclerose lateral, com envolvimento bulbar. Era incapaz de respirar fora do respirador, tinha dificuldade de tossir e escarrar, contraíra pneumo-

nia e a cicatriz da traqueostomia infeccionara, o que o impedia também de falar, sendo obrigado a guardar o leito, ouvindo o som horrível do ventilador, incapaz de comunicar aos outros seus pensamentos, suas necessidades e sensações. Talvez jamais nos aproximássemos dele, se um dos médicos não tivesse pedido ajuda. Veio visitar-nos numa noite de sexta-feira, pedindo simplesmente apoio para si e não para o paciente. Enquanto prestávamos atenção no que dizia, ouvimos a comunicação de uma gama de sentimentos de que normalmente não se fala. Na hora da internação, o médico fora incumbido de cuidar desse paciente e estava muito impressionado com o sofrimento do homem. Relativamente jovem, tinha um distúrbio neurológico que exigia uma atenção médica particular e cuidados especiais de enfermagem para que sua vida durasse um pouco mais. A mulher do paciente sofria de esclerose múltipla, tendo todos os membros paralisados há três anos. Ele esperava morrer durante a internação pois lhe era inconcebível a idéia de dois paralíticos morarem na mesma casa, um olhando para o outro, sem poderem se ajudar mutuamente.

Esta dupla tragédia provocou ansiedade no médico que envidava esforços sobre-humanos para salvar a vida do paciente, "custasse o que custasse", sabendo muito bem que isso contrariava os desejos dele. Seus esforços prosseguiram com sucesso, mesmo depois de uma oclusão coronária que veio complicar o quadro clínico. Enfrentou tudo isso com o mesmo *élan* com que enfrentara a pneumonia e as infecções Quando o paciente deu sinais de recuperação, surgiu a pergunta: E agora? Ele só podia viver sob cuidados médicos, com o respirador as vinte e quatro horas do dia, sem possibilidade de falar ou mover um dedo, intelectualmente vivo, plenamente consciente de seu estado, mas impossibilitado de qualquer ação. O médico captava as críticas implícitas a seu intento de salvar esse homem, deduzindo a raiva e a frustração do paciente para com ele. O que deveria fazer? Como se não bastasse, já era tarde demais para mudar as coisas. Quisera fazer o máximo como profissional para prolongar a vida do paciente e agora, que alcançara êxito, só obtivera censura (cabível ou não) e mágoa.

Decidimos tentar solucionar o conflito na presença do paciente, já que era peça importante no jogo. Quando expusemos a razão de nossa visita, ele mostrou-se interessado e visivelmente contente por ter sido incluído, prova de que o considerávamos e tratávamos com uma pessoa, apesar da impossibilidade de se comunicar. Ao apresentar o problema, pedi que balançasse a cabeça ou nos desse outro sinal se não quisesse discutir o assunto. Seus olhos falaram mais do que as palavras. Percebia-se que lutava para dizer mais, enquanto buscávamos meios que o fizessem tomar parte ativa. O médico, aliviado por ter partilhado suas dificuldades, criou coragem e desinflou o tubo do ventilador por alguns segundos, a intervalos curtos, permitindo que o paciente dissesse alguma coisa. Uma torrente de sentimentos inundou estas entrevistas. O paciente revelou que não tinha medo de morrer, mas sim de viver; que não só simpatizava com o médico mas lhe pedia "me ajude a viver agora que tentou salvar-me com tanto empenho". Paciente e médico, ambos sorriam.

Quando puderam comunicar-se, a tensão que pairava no ar se esvaneceu. Contei os conflitos do médico e o paciente ouviu atento. Perguntei-lhe de que modo poderíamos ajudá-lo melhor. Disse-nos, então, de seu pânico em não conseguir se comunicar seja falando, seja escrevendo, seja por outros meios. Ficou sumamente grato por aqueles poucos minutos de esforço conjunto e de comunicação que tornaram bem menos dolorosas as semanas seguintes. Mais tarde, observei com prazer que o paciente até considerava a possibilidade de obter alta e planejava mudar-se para a costa leste se pudesse conseguir lá o ventilador e os cuidados de enfermagem.

Esse talvez seja o exemplo que melhor retrata a situação em que muitos jovens médicos se encontram. Aprendem a prolongar a vida, mas recebem pouco treinamento ou esclarecimento sobre o que é a "vida". Aquele paciente julgava-se "morto dos pés à cabeça" e sua tragédia era a consciência plena de seu estado e a incapacidade de mover um dedo sequer. Quando o tubo o apertava e machucava, não podia nem dizer à enfermeira, que estava a seu lado as vinte e quatro horas do dia, mas que não aprendera a se comunicar. Em geral, somos taxativos em dizer que "não há mais nada a fazer" e dirigimos nossa atenção mais aos equipamentos do que à expressão facial do paciente, que nos pode transmitir coisas mais importantes do que as máquinas mais eficazes. Quando o paciente sentia pruridos, não era capaz de se mover, de se coçar, ou de soprar, e esta impossibilidade o preocupava a ponto de assumir proporções de pânico que quase o levaram à loucura. O fato de fazer regularmente uma visita de cinco minutos fez com que o paciente se acalmasse, suportando melhor o incômodo.

Isso amenizou os conflitos do médico, dando-lhe um relacionamento melhor, isento de culpa e de compaixão. Quando notou que estes diálogos diretos e explícitos poderiam transmitir tranqüilidade e alívio, continuou por sua conta, servindo-se de nós apenas como meros catalisadores para a continuidade nas conversas.

Sinceramente, acho que esta deveria ser a solução. Não acho proveitoso que se chame um psiquiatra sempre que o relacionamento médico-paciente esteja em perigo, ou que um médico não se sinta capaz ou não queira discutir problemas importantes com seu paciente. Achei um ato de coragem e um sinal de grande maturidade da parte deste jovem médico admitir suas limitações e conflitos e procurar ajuda, ao invés de contornar o problema e evitar o paciente. Nossa meta não deveria ser dispor de especialistas para pacientes moribundos, mas treinar pessoal hospitalar para enfrentar serenamente tais dificuldades e procurar soluções. Estou certa de que esse médico não terá tanta perturbação e conflito ao se deparar novamente com uma tragédia como esta. Tentará ser médico e prolongar a vida, mas levará em consideração também as necessidades do paciente, discutindo-as francamente com ele. O nosso doente, que, antes de tudo, era uma pessoa, sentia-se inabilitado para suportar a vida justamente por estar impossibilitado de fazer uso das faculdades que lhe restavam. Com esforço conjugado, muitas dessas faculdades podem ser despertadas, se não nos assustarmos vendo alguém sofrer desamparado. Talvez eu queira dizer o seguinte: podemos ajudá-los a morrer, tentando ajudá-los a viver, em vez de deixar que vegetem de forma desumana.

O início do seminário interdisciplinar sobre a morte e o morrer

No outono de 1965, quatro estudantes do Seminário Teológico de Chicago pediram minha colaboração num projeto de pesquisa que estavam desenvolvendo. Deviam compilar um trabalho sobre "as crises da vida humana" e eles eram unânimes em considerar a morte como a maior crise que o homem enfrenta. Surgiu a pergunta natural: Como fazer pesquisas sobre o morrer se é impossível conseguir os dados? Se eles não podem ser comprovados, nem se podem fazer experiências? Depois de uma pequena reunião, decidimos que a melhor forma de se estudar a morte e o morrer era pedir que os pacientes em fase terminal fossem nossos professores. Observaríamos os pacientes gravemente enfermos, examinaríamos suas reações e necessidades, avaliaríamos o comportamento dos que os cercavam e procuraríamos nos aproximar o máximo possível do moribundo.

Decidimos que entrevistaríamos na semana seguinte um paciente que estivesse às portas da morte. Combinamos a hora, o lugar, e o projeto parecia não apresentar dificuldade alguma. Como os estudantes não tinham experiência clínica e nenhum contato anterior com pacientes em fase terminal, prevíamos alguma reação emocional por parte deles. Eu faria a entrevista, enquanto eles ficariam ao redor da cama assistindo e observando. Depois nos reuniríamos em minha sala para discutir nossas reações pessoais e as respostas do paciente. Acreditávamos que, fazendo muitas entrevistas como esta, aprenderíamos a captar a alma dos doentes em fase terminal e suas necessidades, as quais, em contrapartida, estávamos prontos para satisfazer, na medida do possível.

Não tínhamos idéias preconcebidas, nem havíamos lido artigos ou publicações sobre o assunto, de modo que estávamos com a mente aberta para gravar apenas o que captássemos em nós e no paciente. Deixamos propositadamente de estudar a cartela clínica do paciente para evitar que isso alterasse ou interferisse em nossas observações. Não queríamos ter qualquer informação anterior como, por exemplo, qual seria a reação dos pacientes.

No entanto, estávamos bem preparados para estudar todos os elementos depois de gravar nossas impressões. Achávamos que assim compreenderíamos melhor as necessidades do enfermo e aguçaríamos nossas percepções. Finalmente, esperávamos que a sensibilidade dos estudantes mais amedrontados fosse atenuada pelas inúmeras comparações entre os doentes terminais de diferentes idades e formações.

Estávamos satisfeitos como nosso projeto e as dificuldades surgiriam dias depois.

Comecei a pedir licença aos médicos dos diversos serviços e setores para entrevistar os pacientes em fase terminal. As reações foram as mais variadas, desde vagos olhares de descrédito até mudanças bruscas no rumo da conversa. O resultado foi que não consegui uma só oportunidade de ao menos me aproximar dos pacientes. Alguns médicos "protegiam" seu pacientes, dizendo que estavam doentes demais, fracos demais, cansados demais, ou que eram avessos a conversas; outros se recusavam de chofre a tomar parte em tal projeto. Em defesa deles, devo justificar de algum modo essa atitude, pois eu mal começara a trabalhar nesse hospital e nenhum deles tivera ainda oportunidade de me conhecer ou julgar meu estilo e tipo de trabalho. Não tinham garantias, a não ser por mim, de que os pacientes não ficariam traumatizados ou que aqueles que desconheciam a gravidade de sua doença viessem a saber de seu verdadeiro estado. Além disso, os médicos ignoravam minha experiência pregressa junto a moribundos em outros hospitais.

Quis dizer isto para mostrar suas reações o mais fielmente possível. Esses médicos evitavam ao máximo falar da morte e do morrer, protegendo demais seus pacientes de uma experiência traumática com uma médica desconhecida da faculdade que acabara de se juntar às suas fileiras. De repente, parecia não haver pacientes moribundos neste enorme hospital. Meus telefonemas e visitas pessoais aos setores foram inúteis. Alguns médicos diziam educadamente que iriam pensar no assunto; outros, que não queriam expor seus pacientes a esse tipo de entrevista, pois isto iria cansá-los demais. Uma enfermeira, numa descrença total, indagou zangada se eu sentia prazer em contar a um jovem de vinte anos que ele só tinha uns quinze dias de vida! E retirou-se sem que eu pudesse explicar algo mais de nossos planos.

Afinal, encontramos um paciente que nos acolheu de braços abertos. Convidou-me a sentar, dando sinais de que estava ansioso para falar. Disse-lhe que não o entrevistaria naquele momento, mas que voltaria no dia seguinte com meus estudantes. Não me achava em condições psicológicas de ponderar o que ele me dizia. Fora tão difícil conseguir um paciente, que eu queria ter a participação dos estudantes. Não sabia que, quando um paciente neste estado diz "sente-se aqui, *agora*", amanhã pode ser tarde demais. Quando voltamos no dia seguinte, encontramo-lo reclinado em seu travesseiro, sem forças para falar. Procurou inutilmente levantar os braços e murmurou: "Obrigado por terem tentado." Morreu menos de uma hora depois, guardando para si o que nos queria dizer e o que desejávamos saber tão desesperadamente. Foi nossa primeira e mais dolorosa lição, mas foi também o início de um seminário que deveria começar como um experimento, mas que resultou numa valiosa experiência para muitos.

Depois deste encontro, os estudantes me procuraram na sala. Sentíamos necessidade de falar sobre nossa experiência e comunicar nossas reações recíprocas para melhor entendê-las. Esta atitude perdura até hoje. Tecnicamente, pouco mudou a este respeito. Continuamos a visitar, a cada semana, um paciente em fase terminal. Pedimos licença para gravar o diálogo, deixando o paciente inteiramente à vontade. Transferimo-nos do quarto do doente para uma pequena sala de entrevistas, onde podemos ser observados e ouvidos pelo auditório, sem vê-lo. O grupo de estudantes de teologia passou de quatro para cinqüenta, o que ocasionou a instalação de uma janela de observação.

Quando tomamos conhecimento de um paciente com disposição para o seminário, eu o abordo sozinha, ou com um dos estudantes e o médico-responsável, ou com o capelão do hospital, ou mesmo com ambos. Depois de breve apresentação, comunicamos sem rodeios a finalidade e a duração de nossa visita. Digo a cada paciente que temos um grupo inter-disciplinar do pessoal do hospital ansioso por aprender algo com ele. Fazemos, então uma pausa, aguardando a reação verbal ou não-verbal do paciente. E só começamos depois que ele nos convida a falar. Segue-se um diálogo típico:

Doutora: – Bom dia, Sr. X. Sou a Doutora R., e este é o Reverendo N., capelão do hospital. O senhor está disposto a conversar um pouco?

Paciente: – Pois não, queiram sentar-se.

Doutora: – Estamos aqui com um pedido especial. O capelão N. e eu trabalhamos com um grupo de pessoas que quer aprender mais sobre os pacientes em estado grave ou desenganados. Gostaria de saber se o senhor estaria disposto a responder algumas de nossas perguntas.

Paciente: – Perguntem primeiro e vejo se posso responder.

Doutora: – Como está de saúde?

Paciente: – Cheio de metástases...

(Outro paciente poderia dizer: "Vocês querem mesmo conversar com uma velha que está morrendo? Vocês que são jovens e sadios?")

Alguns não são muito acolhedores, a princípio. Começam queixando-se de seu sofrimento, de seu desconforto, de suas mágoas, até falarem de sua agonia. Aí, dizemos que gostaríamos que outros ouvissem exatamente isso e se não seria incômodo repetir tudo mais tarde.

Se o paciente estiver de acordo e o médico tiver dado ordem, preparamos o doente para que seja conduzido até a sala de entrevistas. Poucos são os que podem andar, a maioria se locomove em cadeira-de-rodas, alguns têm que ser transportados em macas. Quando estão tomando soro ou fazendo transfusões, temos o cuidado de transportar tudo para a sala. Os parentes não participam, embora alguns, às vezes, tenham sido entrevistados após o diálogo com o paciente.

Por princípio, não queremos que nenhum dos presentes tenha informação anterior sobre o paciente. Em geral, ao conduzi-lo para a sala, renovamos o propósito da entrevista, salientando o seu direito de encerrar a conversa em qualquer momento que julgar necessário. Uma vez mais, explicamos o motivo do vidro na parede, que permite que nos vejam e ouçam sem tirar o momento de privacidade com o doente, privacidade essa necessária para dissipar os últimos sinais de temor e preocupação.

Instalados na sala, a conversa flui fácil e rápida, começando com informações de caráter geral até atingir revelações muito pessoais, como o atestam as entrevistas gravadas, algumas das quais transcritas neste livro.

Após cada entrevista, o paciente é levado ao seu quarto, e o seminário continua. Nenhum paciente fica esperando nos corredores. Quando o entrevistador volta à sala de aula, discutimos o ocorrido juntamente com os ouvintes no auditório. Nossas próprias reações espontâneas vêm à tona, sem preocupação de que sejam justas ou irracionais. Discutimos as diversas reações, tanto as emocionais como as intelectuais. Discutimos as diferentes perguntas e abordagens e, finalmente, buscamos uma compreensão psicodinâmica de sua comunicação. Em seguida, estudamos seu potencial e suas fraquezas, além dos nossos, em contato com esta determinada pessoa, e concluímos recomendando certas atitudes, na esperança de dar lenitivo aos últimos dias ou semanas do paciente.

Nenhum dos nossos pacientes morreu durante a entrevista. O índice de sobrevivência tem variado de doze horas a alguns meses. Dos últimos doentes visitados, muitos ainda estão vivos, enquanto outros que estavam em estado grave sentiram-se melhor e voltaram para casa. Alguns dentre estes não tiveram recaída e estão passando bem. Ressalto isso, pois estamos falando sobre a morte com pacientes que não estão efetivamente morrendo, no sentido estrito. Discutimos este assunto com muitos deles, senão com todos, porque é algo com que se defrontaram por causa de uma doença quase sempre fatal; podemos interferir a qualquer instante, desde o momento do diagnóstico até os instantes que precedem a morte.

O debate tem muitas vantagens, como nos fez descobrir a experiência. Tem sido de grande valia para conscientizar os estudantes quanto à urgência de considerar a morte como uma possibilidade real, não só para os outros, como para si mesmos. Provou ser um meio eficaz de insensibilização, a qual vem lenta e dolorosamente. Muitos estudantes que vieram pela primeira vez desapareceram assim que terminou a entrevista. Uns conseguiram agüentar uma sessão inteira, mas não foram capazes de transmitir suas opiniões na hora do debate. Alguns descarregaram toda sua fúria e mágoa em outros participantes, no entrevistador, às vezes até nos pacientes. O último caso se deu entre um paciente que encarava a morte com aparente calma e serenidade e um estudante seriamente preocupado com o conflito. O debate mostrou que o estudante achava que o paciente estava fora da realidade, ou que até fingia, pois lhe era inconcebível que alguém pudesse enfrentar uma crise dessas com tamanha dignidade.

Outros participantes foram se identificando com os pacientes, sobretudo quando eram da mesma idade e tinham de tratar de tais conflitos durante ou depois do debate. Assim que os participantes do grupo começaram a se entrosar e descobrir que nada era tabu, as discussões se transformaram numa espécie de terapia de grupo, com muitos desabafos sinceros, muita ajuda mútua e, às vezes, com análises e descobertas dolorosas. Os pacientes quase nem percebiam o impacto e os efeitos duradouros que estas conversas produziam nos muitos e mais diversos estudantes.

Dois anos depois de ter sido criado, esse seminário passou à categoria de curso na Escola de Medicina e no Seminário de Teologia. É freqüentado também por inúmeros médicos visitantes, por enfermeiras, ajudantes de enfermagem, assistentes hospitalares, assistentes sociais, padres, rabinos, terapeutas de inalação e ocupação e, vez por outra, por membros da faculdade. Os estudantes de medicina e de teologia que o freqüentam como um curso regular participam também de uma aula teórica, ministrada ora pela autora, ora pelo capelão do hospital, onde são tratadas questões teóricas, filosóficas, morais, éticas e religiosas.

Todas as entrevistas são gravadas, ficando à disposição dos estudantes e professores. Ao fim do bimestre, cada estudante faz um trabalho sobre um assunto de sua livre escolha. Estes trabalhos, que variam desde conclusões absolutamente pessoais sobre o conceito e o medo da morte, até tratados altamente filosóficos, religiosos ou sociológicos sobre a morte e o morrer, serão compilados numa publicação futura.

Para manter o sigilo, é feita uma lista de todos os participantes, com nomes e identidade alterados em todas as gravações transcritas.

O seminário nasceu de um grupo informal de quatro estudantes que, em dois anos, aumentou para cinqüenta pessoas, formado por membros de todas as profissões auxiliares. No começo, levava-se uma média de dez horas por semana para que algum médico permitisse uma entrevista com um paciente. Hoje em dia, é raro irmos em busca de pacientes. São os médicos, os enfermeiros, os assistentes sociais que nos trazem dados. Muitas vezes – o que é mais encorajador –, os próprios pacientes que participaram do seminário transmitem sua experiência a outros doentes em fase terminal, que nos pedem, então, para tomar parte, seja para nos fazerem um favor, seja apenas para serem ouvidos.

O que nos ensinam os moribundos

Contar ou não contar, eis a questão.

Em geral, ao falar com médicos, capelães de hospital ou enfermeiras-chefe, ficamos impressionados como se preocupam com o fato de o paciente tolerar a "verdade". "Que verdade?" é o que pergunto usualmente. É sempre difícil encarar um paciente após o diagnóstico de um tumor maligno. Alguns médicos são favoráveis a que se diga aos parentes, mas escondem a realidade do paciente para evitar uma crise emocional. Outros são sensíveis às necessidades de seus pacientes e obtêm êxito ao cientificá-los da existência de uma moléstia séria, sem lhes tirar a esperança.

Pessoalmente, acho que esta pergunta jamais deveria ter surgido como um verdadeiro conflito. A questão não deveria ser "devo contar?" mas "como vou dividir isso com meu paciente?". Tentarei explicar esta atitude nas páginas seguintes. Para tanto, tenho que detalhar cruamente as várias experiências dos pacientes ao se defrontarem com o conhecimento súbito de seu fim. Como salientamos antes, o homem não tende a encarar abertamente seu fim de vida na terra; só ocasionalmente e com certo temor é que lançará um olhar sobre a possibilidade de sua própria morte. Não resta dúvida de que uma dessas ocasiões é a consciência de que sua vida está ameaçada por uma doença. O simples fato de um paciente ser informado de que tem câncer já o conscientiza de sua possível morte.

Diz-se freqüentemente que as pessoas relacionam um tumor maligno com doença fatal, encarando ambos como sinônimos. Basicamente, é verdade. Pode ser uma bênção ou uma maldição, dependendo de como se orientem o paciente e a família nesta situação delicada. O câncer, para muitos, ainda é uma moléstia fatal, a despeito do número crescente de curas reais ou de remissões significativas. Creio que deveríamos criar o hábito de pensar na morte e no morrer, de vez em quando, antes que tenhamos de nos defrontar com eles na vida. Se não fizermos assim, o diagnóstico de câncer, no seio da família, irá nos lembrar brutalmente de nosso próprio fim. Portanto, pode ser uma bênção aproveitar o tempo da doença para refletir sobre a morte e o morrer em relação a nós mesmos, independentemente de o paciente encontrar a morte ou ter a vida prolongada.

O médico que puder falar sem rodeios com os pacientes sobre o diagnóstico de um tumor maligno, não o relacionamento necessariamente à morte iminente, estará prestando um grande serviço. Ao mesmo tempo, deve deixar portas abertas à esperança, sobretudo quanto ao uso de novos medicamentos, novos tratamentos, novas técnicas e pesquisas. O importante é comunicar ao paciente que nem tudo está perdido; que não vai abandoná-lo por causa de um diagnóstico; que é uma batalha que têm de travar juntos – paciente, família e médico –, não importando o resultado final. Esse doente não temerá isolamento, abandono, rejeição, mas continuará confiante na honestidade de seu médico, certo de que, se algo houver a ser feito, é juntos que o farão. Esta aproximação é reconfortante, inclusive para a família, que, não raro, se acha demasiado impotente diante de tais situações. Todos dependem muito do conforto, verbal ou não, do médico. Sentem-se encorajados ao saber que se fará todo o possível, senão para prolongar a vida, ao menos para aliviar o sofrimento.

Se uma paciente aparece com um caroço na mama, um médico atencioso deve prepará-la para um eventual tumor maligno e dizer-lhe, por exemplo, que uma biópsia vai revelar a real natureza do tumor. Pode falar, com antecedência, da necessidade de uma cirurgia total, caso o tumor seja maligno. Esta paciente terá mais tempo de se preparar para a eventualidade de um câncer e, por conseguinte, para aceitar a cirurgia, se necessário. Quando a paciente acordar da operação, o doutor poderá dizer-lhe: "Sinto muito, mas tivemos de fazer uma cirurgia total." Se a paciente responder: "Graças a Deus era benigno", poderá acrescentar: "Gostaria que fosse verdade", e sentar-se por alguns momentos, silenciosamente, sem querer sair correndo. Durante vários dias, a paciente pode fingir não conhecer a verdade. Seria desumano um médico forçá-la a aceitar a realidade, quando ela diz claramente não estar pronta ainda para ouvir. O fato de ele ter avisado uma vez será suficiente para manter a confiança no médico. Mais tarde, quando a paciente se sentir mais forte e com coragem de afrontar a eventual confirmação de que sua doença é fatal, deve procurar o médico.

Outra paciente poderá reclamar: "Que horror, quanto tempo ainda tenho de vida, doutor?" O médico pode, então, explicar o quanto se tem conseguido nos últimos anos com relação ao prolongamento do curto período de vida desses pacientes e falar da possibilidade de uma cirurgia adicional que tem mostrado bons resultados. Pode também dizer francamente que ninguém sabe quanto tempo viverá. Acho que especificar o número de meses ou anos de vida é a pior conduta com qualquer paciente, por mais forte que ele seja. De qualquer modo, estas informações são inexatas e as exceções constituem a regra; portanto, não vejo razão alguma para levá-las em consideração. É raro haver necessidade de informar um chefe de família do pouco tempo de vida que lhe resta para que ponha em ordem seus negócios. Nestes casos, acho até que um médico compreensivo e cauteloso pode comunicar a seu paciente que é melhor pôr em ordem suas coisas enquanto dispõe de tempo e força, em vez de ficar esperando. É provável que este paciente capte a mensagem implícita enquanto for capaz de manter acesa a chama da esperança que todo e qualquer paciente deve manter, inclusive os que dizem que estão prontos para morrer. Nossas entrevistas têm demonstrado que todos os pacientes conservam uma porta aberta à possibilidade de continuarem vivendo e nenhum deles sustentou o tempo todo que não queria viver mais.

Quando perguntávamos aos nossos pacientes como é que tinham vindo a saber de sua doença mortal, observávamos que todos eles haviam tomado conhecimento de uma forma ou de outra, ora sendo avisados abertamente, ora não, mas que dependia, em grande parte, de o médico dar a notícia de uma maneira que fosse aceita.

Qual seria esta maneira? Como um médico distingue o paciente que quer ouvir a notícia de chofre do que prefere uma longa explicação científica ou do que foge do assunto a todo custo? Como fazer quando não conhecemos bem o paciente antes de tomarmos estas decisões?

A resposta depende de dois fatores. O mais importante é a atitude que assumimos e a capacidade de encarar a doença fatal e a morte. Se isto constitui um grande problema em nossa vida particular, se a morte é encarada como um tabu horrendo, medonho, jamais chegaremos a afrontá-la com calma ao ajudar um paciente. Falo em "morte" de propósito, mesmo que se tenha apenas de responder se um tumor é maligno ou não. O tumor maligno está sempre associado à idéia de morte iminente, a uma natureza destrutiva de morte e detona sempre todas as emoções. Se não somos capazes de encarar a morte com serenidade, como podemos ajudar nossos pacientes? Esperamos, então, que os doentes não nos façam este terrível pedido. Despistamos, falamos de banalidades, do tempo maravilhoso lá fora e, se o paciente for sensível, fará nosso jogo falando da primavera que virá, mesmo sabendo que para ele a primavera não vem. Estes médicos, quando interpelados, dirão que seus pacientes não querem saber a verdade, que nunca perguntaram qual era ela e acham que tudo está bem. De fato, sendo médicos, sentem-se grandemente aliviados por não terem de enfrentar a verdade, desconhecendo totalmente, o mais das vezes, que foram eles que provocaram esta atitude em seus pacientes.

Os médicos que não se sentem ainda à vontade mas se mostram avessos a essas discussões podem pedir que o capelão ou o sacerdote conversem com o paciente. Pode ser que se sintam melhor transferindo a outrem o pesado encargo, o que talvez seja melhor do que ignorar completamente. Por outro lado, pode ser que fiquem tão ansiosos que dêem ordens expressas para o capelão e o pessoal nada comunicarem ao paciente. O grau de franqueza ao dar estas ordens revela a ansiedade dos médicos mais do que gostariam de reconhecer.

Outros há que não têm quase dificuldade em tratar deste assunto e encontram um número bem menor de pacientes que não desejam falar de sua doença grave. Sei, por intermédio de muitos pacientes com quem tenho conversado, que os médicos que têm necessidade de negá-la encontram a mesma negação em seus pacientes, enquanto aqueles que são capazes de falar sobre a doença terminal encontrarão seus pacientes mais aptos a reconhecê-la e enfrentá-la. A necessidade de negação é diretamente proporcional à necessidade de negação por parte do próprio médico. Mas isto é somente a metade do problema.

Descobrimos, também, que diversos pacientes reagem diferentemente a tais notícias, dependendo de sua personalidade, do estilo e do modo de vida pregressos. As pessoas que, de um modo geral, se servem da rejeição como principal defesa tendem a valer-se dela mais do que outras. Pacientes que enfrentaram com mente aberta situações penosas no passado tendem a agir do mesmo modo na presente situação. É, portanto, de grande valia entrosar-se com um novo paciente para bem aquilatar suas potencialidades e fraquezas. Eis um exemplo disso:

> A Sra. A., de trinta anos de idade, pediu-nos que fôssemos visitá-la durante sua internação. Era uma senhora baixa, obesa, peseudo-alegre, que nos falava sorridente de seu "linfoma benigno". Já fizera vários tratamentos, incluindo cobalto e mostarda nitrogenada, que se sabe, no hospital, serem aplicados em tumores malignos. Sentia-se familiarizada e inteirada de sua doença após ter lido muito sobre ela. De repente, ficou chorosa e contou uma história um tanto patética de como o médico lhe falara do "linfoma benigno" ao receber o resultado da biópsia. "Linfoma benigno?", perguntei com uma certa expressão de dúvida na voz, aguardando silenciosamente uma resposta. "Por favor, diga-me se é benigno ou maligno", pediu ela, começando a contar a história de uma tentativa frustrada de engravidar, sem ao menos esperar por minha resposta. Durante nove anos esperara ter um filho, submetera-se a todos os testes possíveis e chegara até a ir a uma agência querendo adotar uma criança. Sua intenção foi rejeitada por várias razões, primeiro porque estava casada há apenas dois anos e meio, segundo, talvez, por causa de sua instabilidade emocional. Não foi capaz de aceitar o fato de não poder sequer adotar uma criança. Ei-la agora no hospital, sendo obrigada a assinar uma autorização para tratamento radioterápico, onde se lia explicitamente que isto provocava esterilidade, tornando-a definitiva e irreversivelmente

incapaz de gerar uma criança. Isto era inaceitável, apesar de ela ter assinado a autorização e ter se submetido aos trabalhos preliminares para o tratamento. Seu abdômen fora demarcado e deveria iniciar o tratamento na manhã seguinte.

Depreendi desta conversa que ela não estava ainda preparada para aceitar a situação. Perguntara sobre o tumor maligno mas não esperara a resposta. Dissera-me que não aceitava o fato de não ter filhos, apesar de ter aceitado o tratamento radioterápico. E continuou falando demoradamente de seu desejo frustrado, olhando fixamente para mim, a dúvida estampada em seus olhos. Disse-lhe que poderia falar mais de sua incapacidade de encarar a doença, e menos na inabilidade de enfrentar a esterilidade. Que eu poderia entender que ambas as situações eram difíceis mas não desesperadoras. Fui embora prometendo voltar no dia seguinte, após o tratamento.

Indo para a radioterapia, ficou confirmado o que já se pensava de sua moléstia maligna, mas esperava ainda que o tratamento a curasse. Durante as visitas informais subseqüentes, quase visitas sociais, a conversa girava em torno de crianças e de sua doença. Durante essas sessões, tornava-se cada vez mais chorosa, desmanchando sua aparência pseudo-alegre. Queria descobrir um "botão mágico" que fizesse desaparecer seus temores, livrando-a da pesada opressão no peito. Mostrava-se seriamente preocupada com a nova colega que viria para o quarto, "preocupada até a morte", como dizia, porque a doente estava em fase terminal. Como naquela ala o pessoal de enfermagem era muito compreensivo, comunicou seu medo e acabou sendo companheira de uma mulher jovem e animada, que era um grande alívio para ela. As enfermeiras aconselharam que chorasse quando tivesse vontade, em vez de sorrir o tempo todo, conselho que a paciente acatou. Tinha habilidade em escolher as pessoas com quem falar sobre sua doença e as menos dispostas para ouvir suas conversas sobre bebês. O corpo de enfermagem ficava surpreso vendo o conhecimento e a habilidade com que discutia realisticamente seu futuro.

Um dia, depois de alguns encontros proveitosos, a paciente perguntou à queima-roupa se eu tinha filhos. Respondi que sim, ao que ela deu por encerrada a visita dizendo-se cansada. As visitas seguintes foram permeadas de mágoa, referências descorteses ao pessoal da enfermagem, aos psiquiatras, a todos, até admitir invejar os jovens e as pessoas saudáveis, especialmente a mim, que parecia ter tudo. Quando percebeu que, apesar de ser uma paciente às vezes um tanto difícil, ninguém a desprezava, compenetrou-se da origem de sua raiva transferindo-a diretamente contra Deus por permitir que ela morresse tão jovem e tão frustrada. Por sorte, o capelão do hospital não era um homem rigoroso, mas bastante compreensivo, e conversava com ela quase nos mesmos moldes que eu, até que o sentimento de raiva cedeu lugar a uma depressão e, quem sabe, a uma aceitação definitiva de seu destino.

Até hoje, a paciente conserva essa dicotomia em relação ao seu problema principal. Aos olhos dos outros, ela se mostra uma mulher em conflito por causa da esterilidade; comigo e com o capelão, fala do significado de sua curta existência e da esperança que alimenta (com motivos óbvios) de prolongá-la. Seu maior temor, no momento em que estou escrevendo, é a perspectiva de que seu marido venha a se casar com outra mulher capaz de lhe dar filhos, mas logo confessa sorrindo: "Ele não é o Xá do Irã, apesar de ser um grande homem." Ela não dominou ainda completamente sua inveja pelos que vivem. O fato de não precisar reafirmar uma rejeição ou de dirigi-la para outro problema trágico, porém mais aceitável, faz com que conviva mais satisfatoriamente com sua doença.

Outro exemplo de problema do tipo "contar ou não contar" é o do Sr. D. Ninguém tinha certeza se ele sabia ou não da natureza de sua doença, mas a equipe estava convencida de que o paciente desconhecia a gravidade de seu estado, pois não permitia que ninguém se aproximasse dele. Jamais perguntava sobre sua saúde e vivia com um ar de desconfiança para com a equipe. As enfermeiras eram capazes de apostar que ele jamais aceitaria um convite meu para trocar idéias sobre esse assunto. Prevendo dificuldades, aproximei-me hesitante e perguntei simplesmente: "Como vai de saúde?" "Cheio de câncer", foi a resposta. O problema era que ninguém lhe havia dirigido ainda uma pergunta simples e direta. Interpretavam seu semblante austero como uma porta fechada. De fato, a ansiedade deles impedia que descobrissem o quanto o paciente desejava dividir sua dor com outros seres humanos.

Se uma doença maligna é apresentada como uma doença sem esperança provocando algo como "o que adianta, nada mais se pode fazer", começa um período difícil para o paciente e para quantos o rodeiam. O enfermo sentirá um crescente isolamento, uma perda de interesse por parte do médico e uma falta de esperança cada vez maior. Pode piorar a olhos vistos, ou mergulhar numa depressão profunda de onde será difícil emergir, a menos que alguém lhe incuta um sentimento de esperança.

As famílias de tais pacientes podem transmitir sentimentos de pesar e inutilidade, de desespero e desânimo, nada acrescentando ao bem-estar do paciente. Ele pode passar o curto espaço de tempo que lhe resta numa depressão mórbida, ao invés de tirar proveito para uma experiência enriquecedora, o que freqüentemente ocorre quando o médico age como já foi descrito.

Devo ressaltar que a reação do paciente não depende única e exclusivamente de como o médico lhe conta. No entanto, é fator importante o modo como uma notícia má é comunicada, fator este muitas vezes subestimado, a que se deveria dar maior atenção durante o ensino da medicina ou a supervisão de residentes.

Resumindo, acho que a pergunta formulada não deveria ser "Conto ao paciente?", mas, sim, "Como partilhar o que sei com o paciente?". O médico deveria antes examinar sua atitude pessoal frente à doença maligna e à morte, de modo a ser capaz de falar sobre assuntos tão graves sem excessiva ansiedade. Deveria prestar atenção nas "dicas" que lhe dá o paciente, possibilitando extrair dele boa disposição para enfrentar a realidade. Quanto mais gente envolvida com o paciente souber do diagnóstico do tumor maligno, mais cedo ele perceberá o seu verdadeiro estado, pois são poucos os atores capazes de conservar no rosto por muito tempo uma máscara aceitável de animação. A maioria dos pacientes, senão todos, acabam descobrindo de um modo ou de outro. Percebem quando se dá uma mudança de atenções, descobrem pelo jeito diferente com que deles se aproximam, pelas vozes baixas, por se evitarem comentários, pelo rosto choroso de um parente, ou pelo modo gentil e sorridente de algum familiar que não consegue disfarçar seus reais sentimentos. Os pacientes fingem não saber quando médicos e parentes são incapazes de revelar o verdadeiro estado de saúde e dão graças a Deus quando alguém se decide a contar, deixando que mantenham suas defesas durante o tempo que sentirem necessidade.

Quer se diga claramente ao paciente ou não, ele tomará conhecimento de algum modo, podendo até perder a confiança em algum médico que lhe contou uma mentira ou deixou de ajudá-lo a enfrentar a gravidade de sua doença, dando-lhe tempo de deixar seus negócios em ordem.

Saber compartilhar uma notícia dolorosa com um paciente é uma arte. Quanto mais simples o modo de dar a notícia, mais fácil é para o paciente ponderar depois, se não quiser "ouvi-la" no momento. Nossos pacientes apreciaram mais quando receberam a notícia na intimidade de um pequeno quarto do que no corredor de uma clínica movimentada.

O que mais os confortava era o sentimento de empatia, mais forte do que a tragédia imediata da notícia. Era a reafirmação de que se faria todo o possível, de que não seriam "largados", de que havia tratamentos válidos, de que sempre havia um fio de esperança, até mesmo nos casos mais avançados. Se se puder comunicar a notícia deste jeito, o paciente continuará depositando confiança no médico, que disporá de tempo para controlar as diferentes reações, facilitando a luta contra esta nova e difícil situação de vida.

Nas páginas seguintes, tentamos resumir o que aprendemos de nossos pacientes moribundos, no sentido de lidar com os vários mecanismos durante uma doença incurável.

III. Primeiro estágio: negação e isolamento

O homem se entrincheira contra si mesmo.

Tagore
Pássaros errantes, LXXIX

Ao tomar conhecimento da fase terminal de sua doença, a maioria dos mais de duzentos pacientes moribundos que entrevistamos reagiu com esta frase: "Não, eu não, não pode ser verdade." Esta negação *inicial* era palpável tanto nos pacientes que recebiam diretamente a notícia no começo de suas doenças quanto naqueles a quem não havia sido dita a verdade, e ainda naqueles que vinham a saber mais tarde por conta própria. Uma de nossas pacientes descreveu um longo e dispendioso ritual, como dizia ela, para assumir sua negação. Estava convicta de que as radiografias haviam sido "trocadas"; pediu que confirmassem o seu relatório clínico pois não poderia ter sido devolvido tão cedo e talvez tivessem marcado com seu nome o relatório de outro paciente. Como nada disso foi confirmado, pediu imediatamente para deixar o hospital e procurou outro médico, na vã esperança de "conseguir uma explicação melhor para meus problemas". Esta paciente andou de médico em médico, obtendo de uns respostas confortadoras, de outros a confirmação da suspeita anterior. Confirmada ou não, reagia sempre do mesmo modo; exames e reexames, admitindo parcialmente que o primeiro diagnóstico estava correto, mas não deixando de dar outras interpretações, na esperança de que a primeira conclusão fosse, de fato, um erro, nem perdendo contato com um médico para ajudá-la "a qualquer momento", como dizia.

Esta negação ansiosa proveniente da comunicação de um diagnóstico é muito comum em pacientes que são informados abrupta ou prematuramente por quem não os conhece bem ou por quem informa levianamente "para acabar logo com isso", sem levar em consideração o preparo do paciente. A negação, ou pelo menos a negação parcial, é usada por quase todos os pacientes, ou nos primeiros estágios da doença ou logo após a constatação, ou, às vezes, numa fase posterior. Há quem diga: "Não podemos olhar para o sol o tempo todo, não podemos encarar a morte o tempo todo." Esses pacientes podem considerar a possibilidade da própria morte durante um certo tempo, mas precisam deixar de lado tal pensamento para lutar pela vida.

Dou grande ênfase a isso porque encaro como uma forma saudável de lidar com a situação dolorosa e desagradável em que muitos desses pacientes são obrigados a viver durante muito tempo. A negação funciona como um pára-choque depois de notícias inesperadas e chocantes, deixando que o paciente se recupere com o tempo, mobilizando outras medidas menos radicais. Entretanto, isso não significa que o mesmo paciente não queira ou não se sinta feliz e aliviado em poder sentar-se mais tarde e conversar com alguém sobre sua morte próxima. Este diálogo deverá acontecer conforme a conveniência do paciente, quando ele (e não o interlocutor!) estiver preparado para enfrentar, e deve terminar quando o paciente não puder mais encarar os fatos, voltando a assumir sua posição anterior de negação. A ocasião em que se dá o diálogo não vem muito ao caso. Não raro, somos acusados de falar da morte com pacientes em estado grave quando o médico acha – muito justamente – que não estão morrendo. Sou a favor de falar sobre a morte e o morrer com pacientes bem antes que isso ocorra de fato, desde que o paciente o queira. Um indivíduo saudável e forte pode tratar melhor do assunto e ficar menos espantado com a aproximação da morte estando ainda a "quilômetros de distância", do que estando "às portas", como observou com tanta propriedade um nosso paciente. Além disso, é mais fácil para a família discutir esses assuntos em tempos de relativa saúde e bem-estar, cuidando da segurança financeira das crianças e dos demais, enquanto atua ainda o chefe da casa. Adiar este tipo de conversa não beneficia o paciente, mas serve para nos pôr na defensiva.

Comumente, a negação é uma defesa temporária, sendo logo substituída por uma aceitação parcial. A negação assumida nem sempre aumenta a tristeza, caso dure até o fim, o que, ainda, considero uma raridade. Entre os nossos duzentos pacientes em fase terminal, encontrei apenas três que rejeitaram até o último instante a aproximação da morte. Duas dessas mulheres falaram brevemente sobre o morrer, referindo-se a ele apenas como "um incômodo inevitável que, felizmente, acontece durante o sono", para acrescentar em seguida "espero que venha sem dor". Depois destas afirmações, retomaram a posição anterior de negação da doença.

A terceira paciente, também uma solteirona de meia-idade, adotara a negação durante a maior parte de sua vida. Era portadora de um grande e visível tipo de câncer ulcerado da mama, mas recusou tratamento até pouco antes de morrer. Devotava grande fé na *Christian Science*, apegando-se à sua crença até o último dia. Apesar de sua negação, um lado seu deve ter enfrentado a realidade da doença, pois afinal aceitara a hospitalização e, pelo menos, parte do tratamento que lhe foi oferecido. Quando a visitei pouco antes da cirurgia programada, referiu-se à operação como a "extirpação de parte da ferida para sarar mais facilmente". Deixou bem claro que só se interessava por detalhes da hospitalização, "que nada têm a ver com minha ferida". As visitas seguintes revelaram que ela evitava toda e qualquer comunicação do pessoal hospitalar que poderia acabar com a sua negação, isto é, falar sobre o seu câncer adiantado. À medida que enfraquecia, fazia uma maquiagem cada vez mais grotesca. A princípio era discreta, com um leve batom vermelho nos lábios e pouco ruge nas fazes, tornando-se aos poucos tão berrante e vermelha que ela mais parecia um palhaço. Quanto mais se aproximava o fim, mas sua roupa adquiria extravagância e colorido. Nos últimos dias, evitava olhar-se no espelho mas continuava a maquiar-se exageradamente, na tentativa de encobrir sua crescente depressão e a rápida deterioração do olhar. Indagada se podíamos fazer alguma coisa por ela, respondia: "Voltem amanhã!" Não dizia: "Deixem-me em paz!" ou "Não me aborreçam!", deixando aberta a possibilidade de que amanhã poderia ser o dia em que não teria mais defesas, tornando obrigatória a ajuda. Suas últimas palavras foram: "Acho que não agüento mais." E morreu menos de uma hora depois.

A maioria dos pacientes não se serve da negação por muito tempo. Podem conversar rapidamente sobre a realidade de seu estado e, de repente, demonstrar incapacidade de continuar encarando o fato realisticamente. Como sabemos, então, quando um paciente não quer mais enfrentar a situação? Ele pode falar sobre assuntos importantes para sua vida, pode comunicar idéias fantásticas acerca da morte ou da vida depois da morte (uma negação em si), só para mudar de assunto minutos mais tarde, quase contradizendo o que dissera antes. Ouvi-lo neste momento é comparável a ouvir um paciente que sofre de pequeno malestar, nada tão sério que ameace sua vida. Aí, tentamos entender as dicas e temos certeza de que este é o momento em que o paciente prefere voltar-se para coisas mais atraentes e alegres. Deixamos então que sonhe com coisas mais felizes, ainda que pouco prováveis. (Tivemos vários pacientes que sonhavam com situações aparentemente impossíveis mas que – para nossa surpresa – se tornaram realidade.) O que quero ressaltar é que em todo paciente existe, vez por outra, a necessidade da negação, mais freqüente no começo de uma doença séria do que no fim da vida. Posteriormente, esta necessidade vai e volta, e o ouvinte sensível, perspicaz, ao notar isso, deixa que o paciente faça uso de suas defesas sem se conscientizar de suas contradições. Em geral, só muito mais tarde é que o paciente lança mão mais do isolamento do que da negação. É quando fala de sua morte, de sua doença, de sua mortalidade e imortalidade, como se fossem irmãs gêmeas coexistindo lado a lado, encarando assim a morte, sem perder as esperanças.

Em suma, a primeira reação do paciente pode ser um estado temporário de choque do qual se recupera gradualmente. Quando termina a sensação inicial de torpor e ele se recompõe, é comum no homem esta reação: "Não, não pode ser comigo." Como somos todos imortais em nosso inconsciente, é quase inconcebível reconhecermos que também temos de enfrentar a morte. Dependendo de como se diz ao paciente, do tempo de que dispõe para se conscientizar gradualmente do inevitável desfecho e de como se preparou durante a vida para lutar em situações de sucesso, aos poucos ele se desprenderá de sua negação e se utilizará de mecanismos de defesa menos radicais.

Constatamos também que muitos de nossos pacientes usaram da negação diante de membros da equipe hospitalar que tinham de empregar esta forma de tática por razões próprias. Tais pacientes podem ser exigentes demais ao escolher entre os familiares ou a equipe hospitalar as pessoas com quem possam discutir assuntos ligados à sua doença ou sua morte iminente, enquanto fingem melhora aos olhos daqueles que não suportam a idéia do seu passamento. É possível que aí esteja a razão da discrepância de opiniões quanto à necessidade de o paciente saber de sua doença mortal.

A breve descrição do caso da Sra. K. é um exemplo de uma paciente que fez uso acentuado da negação por um longo período de tempo, e ilustra o modo como a tratamos desde a internação até a morte, que se deu vários meses depois.

A Sra. K. era uma mulher de seus vinte e oito anos, de cor branca, católica, mãe de duas crianças em idade pré-escolar. Foi hospitalizada com uma doença grave no fígado. Para mantê-la viva, eram necessários exames de laboratório diários e um regime muito cuidadoso.

Soubemos que ela visitara a clínica dois dias antes de ser internada, e que lhe haviam dito que não existia mais esperança de recuperação. A família informou que a paciente ficara "arrasada", até que uma vizinha garantiu que sempre havia uma esperança e a aconselhou a visitar um centro onde muitos já haviam sido curados. A paciente pediu o parecer do pároco, que lhe disse para não participar das sessões de cura.

No outro dia, após a visita à clínica – era um sábado –, a paciente foi ao centro e "logo sentiu-se maravilhosamente bem". No domingo, sua sogra a encontrou em transe, com as crianças como que abandonadas, sem comida, sem qualquer cuidado, e o marido trabalhando fora. Marido e sogra levaram-na para o hospital e saíram sem que o médico pudesse falar com eles.

A paciente solicitou a presença do capelão do hospital "para contar-lhe uma boa notícia". Entrando no quarto, foi recebido com euforia: "Oh, padre, foi maravilhoso! Fui curada. Vou mostrar aos médicos que Deus vai me curar. Estou bem demais agora." E, referindo-se ao conselho do pároco, não escondeu sua insatisfação ao dizer: "até mesmo minha igreja não entende como Deus age".

A paciente era um problema para os médicos pois não aceitava de modo algum sua doença, preocupando-se muito com sua alimentação; de vez em quando, empanturrava-se a ponto de entrar em estado comatoso; outras vezes, seguia as prescrições à risca. Daí o motivo de uma consulta psiquiátrica.

Quando a examinamos, mostrava-se animada de modo forçado, ria e gargalhava, repetindo que estava completamente boa. Percorria as alas visitando pacientes e o pessoal da enfermagem, tentando arrecadar dinheiro para presentear um médico em quem depositara inteira confiança, o que em parte revelava certa conscientização de sua condição atual. Continuava sendo um caso difícil de ser tratado, pela relutância quanto ao regime e à medicação, "não se comportando como uma paciente". Sua confiança no próprio bem-estar era inabalável, querendo confirmação a todo instante.

Conversando com seu marido, vimos nele um homem simples e pouco emotivo que acreditava piamente ser melhor sua mulher viver menos tempo, mas estando em casa ao lado das crianças, do que ter seu sofrimento prolongado com uma longa hospitalização, custos sem fim, e todos os altos e baixos da doença crônica. Não participava dos problemas dela, separando nitidamente seus sentimentos do contexto de seus pensamentos. Confessou a impossibilidade de ter um ambiente estável em seu lar, pois trabalhava à noite, deixando as crianças sozinhas durante a semana. Ouvindo-o e nos colocando em seu lugar, pudemos compreender que só poderia enfrentar sua presente situação de forma muito desapegada. Fomos incapazes de relatar-lhe algumas das necessidades dela, na esperança de que sua empatia diminuísse nela o desejo de negação, facilitando assim um tratamento mais eficaz. Deixou a sala como se tivesse cumprido um dever compulsório, incapaz de mudar de atitude.

Visitamos a Sra. K a intervalos regulares. Gostava de nossos bate-papos, que giravam em torno do seu dia-a-dia e de suas necessidades. Foi enfraquecendo paulatinamente e durante uns quinze dias só cochilava e segurava minha mão, sem falar muito. Depois disso, foi ficando cada vez mais confusa, desorientada, imaginando um quarto cheio de flores perfumadas trazidas por seu marido. Quando ficou mais lúcida, propusemos-lhe que fizesse artesanato para que o tempo passasse mais depressa. Sozinha no quarto, passou a maior parte das últimas semanas de portas fechadas, com poucas enfermeiras indo visitá-la, uma vez que não havia muito o que fazer. Justificavam esse afastamento com frases como estas: "Ela está muito confusa para entender" e "Nem sei o que dizer, com as idéias loucas que ela tem".

Sentindo aumentar o isolamento e a solidão, muitas vezes tirava o fone do gancho "só para ouvir uma voz".

Foi obrigada a seguir uma dieta sem proteínas, o que a fazia sentir fome e perder muito peso. Sentava-se na cama, segurando pacotinhos de açúcar, e dizia: "Este açúcar vai acabar me matando", e quando me sentava a seu lado ela dizia, segurando minha mão: "Suas mãos são tão quentes! Espero que esteja perto de mim quando eu sentir mais frio." E deu um suspiro significativo. Ela e eu sabíamos que, a partir daquele momento, a negação não tinha mais razão de ser. Estava pronta para pensar e falar de sua morte, pedindo apenas o conforto de uma companhia, e que não sentisse muita fome na fase final. Foi só o que falamos; ficamos caladas por alguns momentos e quando já ia retirar-me fez com que eu prometesse voltar trazendo comigo uma jovem e formidável terapeuta ocupacional que a ajudasse a confeccionar uns objetos de couro para sua família "para que se lembrassem dela".

A equipe hospitalar, os médicos, as enfermeiras, os assistentes sociais, os capelães não sabem o que perdem evitando estes pacientes. Se estamos interessados no comportamento humano, nas adaptações e nas defesas de que os seres humanos lançam mão para enfrentar essas dificuldades, não existe melhor lugar para aprender. Ficando lado a lado, ouvindo, retornando mais vezes, mesmo que o paciente não tenha vontade de falar no primeiro ou no segundo encontro, logo se desenvolve um sentimento de confiança pelo fato de se encontrar ali alguém solícito, disponível e assíduo.

Quando sentem que devem falar, abrem a alma e participam sua solidão, às vezes com palavras, outras com pequenos gestos e comunicações não-verbais. No caso da Sra. K., nunca tentamos romper sua negação, jamais a contradissemos quando nos assegurava seu bem-estar. Só a aconselhávamos a que tomasse os remédios e continuasse a dieta, se quisesse voltar ao convívio das crianças. Havia dias em que se empanturrava de comida não permitida, sofrendo duas vezes mais nos dias seguintes. Isso era inadmissível e o dissemos francamente. Era parte da realidade que não poderíamos negar junto a ela. De certa forma, dissemos implicitamente que estava gravemente enferma. Não o dissemos explicitamente porque era óbvio que não estava em condição de aceitar a verdade naquele estágio da doença. Só muito mais tarde, depois de passar por um estado de letargia comatosa, por retraimentos extremos, por estados de confusão e desilusão com o amor e o carinho de seu marido expressos nas flores, é que criou forças para encarar a realidade de seu estado e pedir comida mais saborosa e companhia nos últimos instantes, o que certamente não viria de sua família.

Rememorando este longo e significativo relacionamento, concluo que só foi possível porque a paciente sentiu que respeitávamos ao máximo seu desejo de não aceitar a doença. Nunca quisemos julgar qualquer tipo de problema que ela levantasse. (Claro que para nós era bem mais fácil, pois nos colocávamos na posição de visitantes, sem responsabilidade pelo equilíbrio de seu regime, nem obrigação de estar a seu lado o dia inteiro, passando de uma experiência frustrante para outra.) Continuamos a visitá-la mesmo quando se mostrava completamente fora de si, não se lembrando sequer de nossas fisionomias, nem do papel profissional que desempenhávamos. Ao longo dos fatos, vejo que o trabalho persistente e contínuo do terapeuta que lidou suficientemente com o seu próprio complexo de morte é que ajuda o paciente a vencer a ansiedade e o medo iminente. A Sra. K. pediu, em seus últimos dias no hospital, a presença de duas pessoas: uma, a terapeuta com quem mal trocara algumas palavras na época, só segurando sua mão de vez em quando e demonstrando cada vez menos preocupação com comida, dor ou desconforto. A outra, a terapeuta ocupacional que a ajudara a esquecer a realidade por algum tempo, fazendo que se sentisse uma mulher criativa e produtiva, confeccionando objetos que deixaria para sua família, pequenos sinais, talvez, de imortalidade.

Sirvo-me deste exemplo para mostrar que nem sempre afirmamos explicitamente que o paciente está, de fato, em fase terminal. Antes de mais nada, tentamos descobrir as necessidades dele, tentamos nos certificar de suas forças, de suas fraquezas, e procuramos comunicações abertas ou sutis para avaliar se um paciente quer encarar a realidade em determinado momento. Esta paciente, excepcional sob muitos aspectos, deixou bem claro desde o começo que era essencial a negação para que continuasse equilibrada. Embora, no hospital, muitos a considerassem uma pessoa claramente psicótica, os testes demonstraram que permanecia intato seu senso de realidade, a despeito das manifestações em contrário. Percebemos com isso que ela não podia aceitar a necessidade de sua família de vê-la morta "o mais cedo possível"; era incapaz de reconhecer a proximidade de seu fim quando mal começava a curtir seus filhos, e agarrava-se desesperadamente ao apoio dado pelo curandeiro que a convencera de sua excelente saúde.

Entretanto, outra parte dela estava bem consciente de sua doença. A paciente não brigava para deixar o hospital, aliás, acomodou-se muito bem lá. Cercou-se de várias coisas pessoais como se fosse viver ali por longo tempo. (Nunca deixou o hospital.) Aceitou também nosso regulamento. Comia o que lhe era prescrito, com algumas exceções quando exagerava. Reconheceu mais tarde que não podia viver com tantas restrições e que o sofrimento era pior do que a morte. Pode-se encarar o fato de comer excessivamente alimentos não recomendados como uma tentativa de suicídio, na medida em que teriam levado a um rápido desfecho, caso o pessoal do hospital não interviesse com tanto vigor.

De certa forma, esta paciente demonstrou uma oscilação entre a negação quase total de sua doença e a tentativa contínua de provocar a própria morte. Rejeitada pela família, desconsiderada ou ignorada pelo pessoal do hospital, tornou-se figura de causar pena, cabelos em desalinho, sentada à beira da cama, desesperadamente só, discando o telefone para ouvir um ruído qualquer. Encontrou refúgio passageiro na ilusão de beleza, flores e carinho, que não podia obter na vida real. Não tendo uma formação religiosa sólida para ajudá-la a atravessar a crise, foram necessários semanas e meses de companhia, o mais das vezes silenciosa, para ajudá-la a aceitar a morte sem suicídio e sem psicose.

Até nossas reações diante desta jovem mulher foram as mais diversas. No começo, havia uma descrença total. Como podia fingir ser tão saudável quando sua alimentação era cheia de restrições? Como podia continuar no hospital, submetendo-se a todos aqueles testes, se estava realmente certa de seu bem-estar? Logo percebemos que não podia suportar estas perguntas e continuamos tentando conhecê-la melhor, falando de coisas menos dolorosas. O fato de ser jovem e animada, de ter filhos ainda pequenos e uma família que não a amparava, muito contribuiu em nossas tentativas de ajudá-la, apesar de sua negação renitente. Deixamos que negasse o quanto fosse necessário para sua sobrevivência e ficamos à sua disposição durante o tempo em que esteve internada.

Quando os funcionários do hospital contribuíam para isolá-la, brigávamos com eles, e estabelecemos como norma que a porta ficasse aberta, só para encontrá-la fechada na visita seguinte. Depois que nos familiarizamos mais com o caráter particular da paciente, passamos a estranhá-lo menos e a encontrar sentido nas atitudes, compreendendo melhor a necessidade que as enfermeiras sentiam de evitá-la. Mais para o fim, tornou-se um assunto pessoal, como um sentimento de ter em comum uma língua estrangeira com alguém incapaz de se comunicar com os outros.

Não resta dúvida de que nos envolvemos profundamente com essa paciente, bem além do envolvimento normal do hospital. Analisando as razões de tal envolvimento, convém dizer que era uma expressão de nossa frustração diante da incapacidade de fazer com que a família assumisse seu papel junto a esta patética paciente. A raiva que tínhamos talvez tenha surgido da vã expectativa de uma visita reconfortante do marido. E, quem sabe, a necessidade de nos querer multiplicar nessas circunstâncias talvez fosse expressão de um desejo inconsciente de que não sejamos rejeitados um dia, caso o destino nos reserve algo semelhante. Apesar de tudo, era uma mulher jovem, mãe de dois filhos pequenos... Voltando atrás, fico a imaginar se eu não estaria um pouco preparada demais para apoiar a negação dela.

Isso demonstra a necessidade de examinarmos mais de perto nossas reações no trabalho, pois elas se refletem no comportamento dos pacientes, contribuindo até para seu bem-estar ou sua piora. Estarmos propensos a olhar honestamente dentro de nós mesmos é uma contribuição para nosso crescimento e maior amadurecimento. Para tanto, não recomendo nenhum outro trabalho senão o de lidar com pacientes idosos, muito doentes ou às vésperas da morte.

IV. Segundo estágio: a raiva

Interpretamos o mundo erradamente
e dizemos que ele nos engana.

Tagore
Pássaros errantes, LXXV

"Não, não é verdade, isso não pode acontecer comigo!" Se for esta nossa primeira reação diante de uma notícia catastrófica, uma nova reação deve substituí-la quando finalmente formos atingidos: "Pois é, é comigo, não foi engano." Felizmente, ou infelizmente, são poucos os pacientes capazes de criar um mundo de faz-de-conta onde permaneçam dispostos e com saúde até que venham a falecer.

Quando não é mais possível manter firme o primeiro estágio de negação, ele é substituído por sentimentos de raiva, de revolta, de inveja e de ressentimento. Surge, lógica, uma pergunta: "Por que eu?". Dr. G., um dos nossos pacientes, posiciona assim a questão: "Acho que qualquer um em meu lugar olharia para outra pessoa e diria: 'Pois é, por que não poderia ter sido ele?', e isso já me passou diversas vezes pela cabeça... Um ancião, a quem conheço desde a infância, descia a rua. Tinha 82 anos de idade e, como dizemos nós, os mortais, estava no 'fim da picada'. Reumático, todo torto e sujo, era o tipo da pessoa que ninguém gostaria de ser. Logo o pensamento me atingiu em cheio: 'Por que não poderia ter sido o velho George em vez de mim?'" (Extraído da entrevista com o Dr. G.)

Contrastando com o estágio de negação é muito difícil, do ponto de vista da família e do pessoal hospitalar, lidar com o estágio da raiva. Deve-se isso ao fato de esta raiva se propagar em todas as direções e projetar-se no ambiente, muitas vezes sem razão plausível. Os médicos não prestam, não sabem que exames pedir e qual regime prescrever; mantêm os pacientes nos hospitais mais do que o necessário ou não respeitam os desejos deles quanto a certos privilégios; permitem que acomodem no quarto outro doente, mesmo grave, quando se paga tanto por um pouco de sossego e privacidade, etc. Na maioria das vezes, as enfermeiras são alvo constante da raiva dos pacientes. Tudo o que pegam, pegam errado; assim que deixam o quarto, a campainha toca de novo; nem bem se sentam para fazer o relatório para o pessoal do turno seguinte, já se acende a luz de chamada; quando vão arrumar a cama e fofar os travesseiros são acusadas de jamais deixá-los em paz; quando são deixados em paz, a luz se acende de novo para que elas venham ajeitar a cama com mais conforto. As visitas dos familiares são recebidas com pouco entusiasmo e sem expectativa, transformando-se em penoso encontro. A reação dos parentes é de choro e pesar, culpa ou humilhação; ou, então, evitam visitas futuras, aumentando no paciente a mágoa e a raiva.

O problema aqui é que poucos se colocam no lugar do paciente e perguntam de onde pode vir esta raiva. Talvez ficássemos também com raiva se fossem interrompidas tão prematuramente as atividades de nossa vida; se todas as construções que começamos tivessem de ficar inacabadas, esperando que outros a terminassem; se tivéssemos economizado um dinheiro suado para desfrutar mais tarde de alguns anos de descanso e prazer, viajando ou nos dedicando a passatempos prediletos, e, ao final, nos deparássemos com o fato de que "isso não é para mim". Que faríamos de nossa raiva, senão extravasá-la naqueles que provavelmente desfrutarão de tudo isto? Gente que vai e vem atarefada só nos fazendo lembrar que sequer podemos nos sustentar nas pernas. Gente que só faz pedir exames desagradáveis e prolonga a internação com todas as limitações, restrições e gastos, e que volta para casa no fim do dia e goza a vida. Gente que nos manda ficar quietos para não ter de recomeçar a transfusão ou a aplicação do soro, quando sentimos vontade de pular da cama e fazer qualquer coisa para mostrar que de algum modo ainda agimos.

A esta altura, o paciente sempre se queixa, para onde quer que se vire. Pode ligar a televisão e ver um grupo de jovens alegres ensaiando passos de dança moderna, mas que o irrita profundamente já que seus movimentos são limitados e dolorosos. Pode assistir a um filme de bangue-bangue e ver gente ser morta a sangue-frio sob o olhar indiferente de pessoas que continuam bebendo cerveja. E as compara com seus familiares ou com o pessoal do hospital. Pode ouvir o noticiário cheio de reportagens de destruição, guerra, incêndios, tragédias, tão distantes dele, indiferentes à luta e ao estado de um indivíduo que logo será esquecido. É quando procura ter certeza de que não está sendo esquecido e levanta a voz, e faz exigências, e se queixa, e reclama atenção, talvez como um último brado: "Não esqueçam que estou vivo! Vocês podem ouvir minha voz, ainda não estou morto!"

Um paciente que é respeitado e compreendido, a quem são dispensados tempo e atenção, logo abaixará a voz e diminuirá suas exigências irascíveis. Saberá que é um ser humano de valor, que necessita de cuidados, que deixam atuar nos mais altos níveis possíveis naquilo que ele pode. Será ouvido sem necessidade de explosões temperamentais, será visitado sem precisar tocar a campainha com tanta insistência porque será um prazer visitá-lo e não uma obrigação necessária.

O pior é que talvez não analisemos o motivo da raiva do paciente; nós a assumimos em termos pessoais quando, na sua origem, nada ou pouco tem a ver com as pessoas em quem é descarregada. Reagindo pessoalmente a esta raiva, a família ou os enfermeiros, por sua vez, retribuem com uma raiva ainda maior, alimentando o comportamento hostil do paciente. Podem evitar contato com os pacientes, podem encurtar as visitas ou entrar em atritos desnecessários em defesa de sua posição, ignorando que, muitas vezes, o problema é de somemos importância.

O caso do Sr. X. é um exemplo de raiva racional provocada pela reação de uma enfermeira. Há vários meses praticamente imóvel na cama, acabara de receber licença para sair do respirador durante algumas horas do dia. Tivera vida muito ativa e era penoso demais viver com tantas restrições. Sabia perfeitamente que seus dias estavam contados. Seu maior desejo era que mudassem sempre sua posição (estava paralisado até o pescoço). Pediu à enfermeira que não levantasse as grades laterais da cama pois, deste modo, se sentia como num caixão. A enfermeira, que era particular mas não simpatizava muito com ele, concordou em deixá-las permanentemente abaixadas. Ficava muito irritada quando perturbavam a sua leitura, mas sabia que o doente ficaria quieto se atendesse a seu pedido.

Na minha última visita ao Sr. X., notei que ele estava furioso, quando normalmente se mostrava cheio de dignidade. Não cessava de repetir para sua enfermeira: "Você mentiu para mim", encarando-a zangado e descrente. Perguntei o motivo de tal desabafo. Tentou explicar-me que ela levantara as grades laterais da cama quando ele pedira que o erguesse um pouco para ele colocar as pernas para fora "mais uma vez". A enfermeira interrompeu várias vezes esta explicação para dar a sua versão da história no mesmo tom de raiva, e dizia que fora obrigada a levantar as grades laterais para dar apoio, conforme as ordens dele. Começou uma acalorada discussão, ficando patenteada nesta frase a raiva da enfermeira: "Se tivesse deixado as laterais abaixadas, o senhor teria caído da cama e rachado a cabeça no chão." Se analisarmos de novo o acontecido, tentando entender sem julgar as reações, notaremos que ela também evitava o paciente, sentando-se a um canto com seus livros e procurando mantê-lo quieto "a todo custo". Sentia-se profundamente constrangida a tomar conta de um doente em fase terminal e nunca o encarava de frente, nem tentava dialogar com ele. Cumpria seu "dever", não saía do quarto mas, emocionalmente, afastava-se dele o mais que podia. Era a única maneira de essa mulher fazer o seu trabalho. Seu desejo era que ele morresse ("rachando a cabeça no chão") e exigia dele que ficasse deitado de costas, calado e imóvel (como se ele já estivesse num caixão). Ficava indignada quando ele pedia para mudar de posição, o que para ele era sinal que ainda estava vivo, mas que ela pretendia negar. Estava tão aterrorizada pela proximidade da morte que era obrigada a defender-se fugindo ou se isolando. Seu desejo de mantê-lo quieto e imóvel só reforçava o medo da imobilidade e da morte no paciente. Este ficava sem ter com quem conversar, só e isolado, sem alguém que o compreendesse em sua agonia e crescente raiva. Logo no início, quando seu último pedido foi recebido com maiores restrições (a prisão simbólica com as laterais levantadas), sua raiva contida deu lugar a este lamentável incidente. Se a enfermeira não se sentisse tão culpada por seus próprios desejos de destruição, talvez tivesse sido menos teimosa e radical, evitando que o incidente acontecesse e deixando que o doente externasse seus sentimentos e morresse mais tranqüilo, algumas horas depois.

Sirvo-me destes exemplos para ressaltar a importância de tolerarmos a raiva, racional ou não, do paciente. Desnecessário é dizer que isso só pode ser feito quando não se está tão temeroso; portanto, não tão esquivo. Temos de aprender a ouvir os nossos pacientes e até, às vezes, a suportar alguma raiva irracional, sabendo que o alívio proveniente do fato de tê-la externado contribuirá para melhor aceitar as horas finais. Só poderemos fazer isso quando tivermos enfrentado o medo da morte, os nossos desejos de destruição e nos tivermos compenetrado de nossas próprias defesas, que podem interferir nos cuidados com o paciente.

Outro tipo de paciente-problema é o acostumado a controlar tudo a vida inteira, que reage com raiva e fúria ao se ver forçado a abandonar os controles. Lembro-me do Sr. O., que foi internado com o mal de Hodgkin, causado, segundo ele, pela má alimentação. Homem de negócios, rico e bem-sucedido, jamais tivera problemas com comida, nem fora obrigado a fazer qualquer regime para emagrecer. Suas conclusões eram absolutamente irreais, embora insistisse em que ele, e somente ele, causara "esta fraqueza". Continuava com esta negação, apesar da radioterapia e de sua inteligência e cultura superiores. Afirmava que estava em suas mãos levantar-se e sair do hospital no momento em que decidisse comer mais.

Um dia, sua mulher veio ao meu consultório, com lágrimas nos olhos. Disse-me que estava difícil para ela suportar aquilo por mais tempo. Ele sempre fora um tirano, mantendo controle rígido sobre seus negócios e sua vida familiar. Agora que estava no hospital, recusava-se a transmitir aos outros as transações comerciais a serem feitas. Zangava-se quando ela o visitava e vociferava quando perguntava como estava ou tentava dar-lhe algum conselho. A Sra. O. precisava saber como lidar com um homem dominador, exigente e meticuloso, incapaz de aceitar suas limitações, que se recusava a compartilhar alguns fatos obrigatórios.

Mostramos a ela que seu marido sentia necessidade de se culpar por "sua fraqueza", que ele tinha de ter as situações sob controle. Pensamos que, numa fase em que ele perdera o controle da situação, ela poderia transmitir-lhe a sensação de que ele continuava controlando. Não deixou de visitar diariamente seu marido, mas telefonava antes para saber qual a hora mais conveniente e a duração da visita. Vendo que dependia dele estabelecer a hora e a duração, as visitas se tornaram breves mas eram encontros agradáveis. Ela parou também de aconselhá-lo com relação à comida e à freqüência com que deveria levantar-se, reforçando a atitude com frases como esta: "Aposto que só você pode decidir quando vai começar a comer isto ou aquilo." Ele voltou a comer, mas só quando os parentes e as enfermeiras deixaram de mandar que o fizesse.

A equipe de enfermagem usou da mesma tática, permitindo que ele controlasse certos horários para tomar soro, mudar a roupa da cama, etc., e – não há surpresa nisso – ele escolheu praticamente os mesmos horários de antes, sem qualquer sentimento de raiva e má vontade. Sua mulher e filha passaram a gostar mais das visitas, sentindo menos revolta e culpa por reações para com o marido e pai gravemente enfermo, cuja convivência era difícil quando estava são e quase insuportável quando ele começou a perder o controle da situação.

Para um conselheiro, um psiquiatra, um capelão ou outro membro da equipe, estes pacientes são particularmente difíceis, pois o tempo em geral é limitado e muito grande a carga de trabalho. Quando, finalmente, dispomos de um momento livre para visitar pacientes como o Sr. O., somos recebidos com frases como esta: "Agora não, venham mais tarde." É fácil esquecê-los, deixá-los à margem; afinal, foram eles que ditaram esta atitude. Tiveram sua hora e nosso tempo é limitado. Entretanto, os pacientes como o Sr. O. são os mais solitários, seja porque são difíceis de lidar, seja porque rejeitam de imediato qualquer ajuda, só aceitando-a quando lhes é conveniente. Nesse particular, o rico e o bem-sucedido, as pessoas muito importantes e dominadoras são talvez as mais pobres nestas circunstâncias, pois estão prestes a perder todo o conforto que tinham antes. No fundo somos todos iguais, mas os Srs. O. da vida não podem admitir isso. Lutam até o fim e, não raro, perdem a oportunidade de aceitar humildemente a morte, como um desenlace inevitável. Provocam rejeição e raiva e, apesar de tudo, são os mais desesperados de todos.

A entrevista seguinte nos dá um exemplo de raiva num paciente moribundo. A irmã I. era uma jovem freira que fora novamente hospitalizada com o mal de Hodgkin. Trata-se da transcrição verbal de uma discussão entre o capelão, a paciente e eu, durante sua undécima hospitalização.

A irmã I. era uma paciente irascível e exigente, hostilizada por muitos, dentro e fora do hospital, devido a seu comportamento. À medida que aumentava sua incapacidade de fazer as coisas, o problema se tornava mais crucial, especialmente para a equipe de enfermagem. Durante a hospitalização, acostumou-se a ir de quarto em quarto visitando os pacientes gravemente enfermos, tentando conhecer suas necessidades. Em seguida, postava-se diante da mesa das enfermeiras exigindo atenção para estes pacientes, provocando nelas um ressentimento por esta interferência e comportamento indevidos. Ela mesma estava muito doente, por isso não a admoestavam pela atitude inaceitável, mas demonstravam o ressentimento com visitas cada vez mais breves ao seu quarto, evitando contato, rareando os encontros. As coisas pareciam ir de mal a pior. Quando assumimos o caso, todos se mostraram aliviados por alguém querer tomar conta da irmã I. Perguntamos-lhe se queria participar do nosso seminário e tomar parte em nossos debates e conclusões, ao que se mostrou solícita em atender. A conversa seguinte se deu alguns meses antes de ela morrer.

Capelão: – Hoje de manhã, discutimos um pouco sobre a finalidade de nossa conversa. É do conhecimento de todos que os médicos e as enfermeiras se interessam muito em saber como atender melhor aos doentes gravemente enfermos. Não digo que a senhora tenha se tornado parte integrante daqui, mas muita gente a conhece. Não tínhamos andado nem trinta metros pelo corredor e já quatro pessoas diferentes haviam parado para cumprimentá-la.

Paciente: – Pouco antes de o senhor chegar, a arrumadeira que estava encerando o chão abriu a porta só para dizer-me "Olá". Eu nunca a tinha visto antes. Achei isso sensacional. E acrescentou: "Eu só queria ver como você era (risos); não sei por quê."

Doutora: – Para ver uma freira no hospital?

Paciente: – Talvez para ver uma freira acamada, ou porque tivesse me visto ou ouvido minha voz no corredor, ou, ainda, porque quisesse conversar e, portanto, decidira falar comigo. Não sei ao certo, mas tive essa impressão. Ela só me disse isso: "Eu só queria dizer olá."

Doutora: – Desde quando a senhora está no hospital? Dê um resumo dos acontecimentos.

Paciente: – Desta vez, faz praticamente onze dias.

Doutora: – E quando chegou?

Paciente: – Segunda-feira à noite, da outra semana.

Doutora: – Mas a senhora já esteve aqui antes.

Paciente: – Esta é a décima primeira vez que me interno.

Doutora: – Onze internações, desde quando?

Paciente: – Desde 1962.

Doutora: – A senhora já foi hospitalizada onze vezes desde 1962?

Paciente: – Sim.

Doutora: – Sempre por causa da mesma doença?

Paciente: – Não. O primeiro diagnóstico foi em 1953.

Doutora: – Hum!... O que diagnosticaram?

Paciente: – Mal de Hodgkin.

Doutora: – Mal de Hodgkin.

Paciente: – Mas este hospital dispõe do aparelho de radiação de alta potência que o nosso não tem. E, depois, na época em que fui internada havia a questão do diagnóstico, se fora correto ou não nos anos anteriores. Fui ao médico daqui e, em cinco minutos, confirmou-se o que eu tinha, isto é, o que eu já disse.

Doutora: – Mal de Hodgkin?

Paciente: – Sim, embora outros médicos tenham examinado as radiografias e achado que não seja isso. Na última internação, eu apresentava erupções pelo corpo todo. Não só erupções, mas feridas mesmo, porque eu coçara as partes irritadas. Posso dizer que estava coberta de feridas. Sentia-me como uma leprosa e eles achavam que eu estava com problemas psicológicos. Quando disse-lhes que portava o mal de Hodgkin pensaram que meu problema psicológico fosse exatamente eu insistir em ter este mal. Não sentindo mais os nódulos do passado, acreditaram que haviam sido debelados pela radiação e me disseram que agora não tinha mais nada. Foi quando eu disse que nada mudara, pois sentia os mesmos sintomas de antes. Então, um deles perguntou-me o que eu achava. Respondi-lhe: "Acho que tudo isto se relaciona com o mal de Hodgkin." E ele: "Você está absolutamente certa." Naquele instante, ele me devolvia o amor-próprio. Percebi ter encontrado alguém que me ajudaria sem tentar me convencer de que eu não estava doente realmente.

Doutora: – No sentido...? (Gravação ininteligível.) Isso era psicossomático.

Paciente: – Bem, pois é, foi uma boa jogada acreditar que o problema era que eu pensava ter o mal de Hodgkin. O fato é que não sentiram nenhum caroço no abdômen, que um flebograma revela facilmente, mas a radiografia ou as apalpações não. Foi uma experiência infeliz, mas tive de suportá-la, é tudo o que posso dizer.

Capelão: – Mas a senhora ficou aliviada.

Paciente: – É justamente isso o que quero dizer. Fiquei aliviada porque nenhum problema se resolveria enquanto se pensasse que eu estava emocionalmente doente, até que provei que minha doença era física. Não podia discutir isso com mais ninguém, nem ter sossego, pois sentia que não acreditavam que estivesse doente. Vocês me entendem, tinha quase que esconder minhas feridas e lavava o mais que podia as minhas roupas manchadas de sangue. Sentia-me repelida. Estou certa de que esperavam que resolvesse os meus próprios problemas.

Doutora: – A senhora é enfermeira profissional?

Paciente: – Sim.

Doutora: – Onde trabalha?

Paciente: – No hospital S. T. Quando tudo começou, eu acabara de ser substituída na Direção do Serviço de Enfermagem. Já fizera seis meses do programa de mestrado, quando decidiram que retomasse o ensino de Anatomia e Fisiologia. Quis recusar, pois haviam incluído

Química e Física nos cursos e já fazia dez anos que estudara Química e a atual era completamente diferente. Mandaram-me fazer um curso intensivo de Química Orgânica e eu fui reprovada. Era a primeira vez na vida que isso me acontecia. Meu pai morreu naquele ano e os negócios estavam indo à falência, porque os três irmãos não chegavam a um acordo sobre quem deveria prosseguir os negócios. Isso me amargurou bastante porque não imaginava que pudesse existir rivalidade numa família. Pediram que vendesse minha parte. Fiquei impressionada até em herdar parte dos negócios da família. Tudo me fazia acreditar que eu não tinha importância, que podia ser substituída no trabalho, que devia começar a ensinar uma matéria para a qual não estava preparada. Percebi que eram muitos meus problemas psicológicos. Esta situação durou durante todo o verão. Em dezembro, quando senti febre e calafrios e então já começara a lecionar, achei tão difícil e me sentia tão doente que tive mesmo de pedir para ir consultar um médico. Depois disso, nunca mais voltei ao médico. Esforçava-me ao máximo. Precisava ter certeza de que os sintomas fossem tão objetivos e a febre tão alta, que não seria necessário convencer ninguém. Antes que começassem a cuidar de mim.

Doutora: – O que está dizendo é bem diferente do que costumamos ouvir. Em geral, o paciente prefere rejeitar sua doença. Mas a senhora, de certa forma, teve de provar que estava fisicamente doente.

Paciente: – Naquela altura, como não havia outra forma de obter cuidados médicos, ia chegar ao ponto em que iria precisar deles desesperadamente; necessitava sentir-me livre para me deitar quando me sentisse arrasada. É só disfarçar e ir em frente...

Doutora: – A senhora não pode solicitar alguma ajuda, uma ajuda profissional quando tem um problema emocional? Ou as freiras não podem ter problemas emocionais?

Paciente: – Acho que tentavam me tratar sintomaticamente. Não negavam aspirina, mas eu sentia que nunca chegaria ao âmago da questão se não descobrisse* e, realmente, fui a um psiquiatra. Disse-me que eu estava emocionalmente doente porque estivera fisicamente doente durante muito tempo. Tratou de mim fisicamente. Insistiu para que fosse afastada do trabalho e descansasse pelo menos dez horas por dia. Deu-me doses maciças de vitaminas. E o clínico geral era o único que me queria tratar psicologicamente. O psiquiatra tratou de mim fisicamente.

Doutora: – Mundo complicado este, não?

Paciente: – Pois é. E o medo de consultar um psiquiatra! Achava que ele ia me causar um problema novo, mas não. Fez com que parassem de me importunar; sentiam uma certa satisfação por me terem levado ao psiquiatra. O tiro saiu pela culatra: ele cuidou de mim exatamente como eu precisava ser cuidada.

Capelão: – Pelo clínico geral.

Paciente: – Neste ínterim, já me haviam feito o tratamento radioterápico. Alguns remédios que ele passara foram suspensos porque achavam que eu estava com colite. O radiologista decidiu que a dor no abdômen era devida à colite. E assim suspenderam os remédio. Fizeram o possível para conseguir melhora, mas não me deram o suficiente para acabar aos poucos com os sintomas, que é o que eu teria feito. Mas não podiam ver os nódulos, não podiam senti-los, tateavam apenas onde estava a dor.

Doutora: – Para resumir um pouco e esclarecer melhor as coisas, o que a senhora está dizendo é que, no tempo em que foi diagnosticado o seu mal de Hodgkin, tinha também uma série de problemas. Seu pai morrera quase na mesma época, os negócios na família estavam a ponto de serem dissolvidos e ainda pediram para a se-

---

* A paciente estava sendo acusada de fingir doença, mas ela mesma estava segura de que a variedade de sintomas que sentia era causada por uma doença física. Para se certificar de que tinha razão, consultou um psiquiatra que confirmou suas convicções.

nhora renunciar à sua parte. No trabalho, fora incumbida de uma função de que não gostava.

Paciente: – É isso mesmo.

Doutora: – E o prurido, que é um sintoma bem conhecido do mal de Hodgkin, não era nem considerado como parte de sua doença. Achavam que era um problema emocional seu. E o clínico geral tratou da senhora como um psiquiatra e o psiquiatra como um clínico geral.

Paciente: – Sim, e me largaram sozinha. Deixaram de tentar cuidar de mim.

Doutora: – Por quê?

Paciente: – Porque recusei aceitar o diagnóstico deles e ficaram esperando que readquirisse o bom senso.

Doutora: – Estou vendo. Como encarou o diagnóstico do mal de Hodgkin? O que isto significou para a senhora?

Paciente: – Bem, logo no começo... vejam bem, eu diagnostiquei assim que senti, fui pesquisar nos livros e contei ao médico, que me disse que eu não devia pensar logo no pior. Mesmo assim, quando voltou da cirurgia e me contou, não achei que tivesse mais que um ano de vida. Embora não me sentindo muito bem, tentei esquecer de algum modo e pensei: "Vou viver enquanto puder." Mas, desde que todos estes problemas começaram, em 1960, nunca mais passei bem. Em certas horas do dia me sentia muito mal. Agora, porém, é fato consumado e não me dão mostras de não acreditarem que estava doente. Em casa, nunca disseram nada. Voltei ao médico que suspendera o tratamento radioterápico e tudo o mais, o qual nunca disse uma palavra sequer, exceto quando surgiram outros caroços, época em que ele estava de férias. Quando voltou, contei-lhe tudo. Achei que ele era sincero. Outros me disseram sarcasticamente que eu jamais tivera o mal de Hodgkin, que aqueles caroços eram, provavelmente, de origem inflamatória. Era puro sarcasmo, querendo dizer que sabiam mais do que eu. Decidimos tudo isto. Aquele médico pelo menos era sincero, isto é, havia esperado todo aquele tempo por algo objetivo. O médico daqui me disse para não esquecer que este homem tivera uns cinco casos como este em sua vida, com ligeira diferença de um para o outro. Realmente, é um problema para mim entender tudo isso. Portanto, ele sempre vai telefonar para cá e perguntar ao médico sobre a dosagem e tudo o mais. Tenho medo de que me trate por muito tempo porque não acho que seja o médico certo, no sentido de que se não tivesse continuado a vir aqui acho que não estaria mais viva. Primeiro, porque não oferecemos as mesmas facilidades, depois porque ele não conhece bem todos estes medicamentos. Ele testa com cada paciente, enquanto aqui já experimentaram com uns cinqüenta antes de mim.

Doutora: – O que significa para você ser tão jovem e ter uma doença que lhe pode tirar a vida? Talvez até em pouco tempo?

Paciente: – Não sou tão jovem assim. Tenho quarenta e três anos. Espero que considere isto jovem.

Doutora: – Espero que *você* considere isto jovem. (Risos.)

Capelão: – Para seu bem ou para o nosso?

Doutora: – Para o meu bem.

Paciente: – Se antes pensava assim, hoje não penso mais. Por exemplo, quando estive aqui no verão passado, vi um garoto de quatorze anos morrer de leucemia. Vi morrer uma criança de cinco anos. Passei o tempo todo com uma moça de dezenove anos sofrendo muito, vivendo frustrada por não poder ir à praia com as amigas. Já vivi mais do que eles. Não digo que sinto que tudo está cumprido. Não quero morrer, gosto da vida. Não queria dizer, mas senti pânico umas duas vezes, quando percebi que não havia ninguém por perto ou que ninguém ia aparecer. Isto quando sentia dores atrozes. Não incomodo as enfermeiras quando se trata de algo que eu mesma possa fazer, daí eu deduzir, às vezes, que não sabem exatamente como estou. Isto porque elas não entram e perguntam. É claro que poderia usar um coçador para as costas, mas, como vocês sabem, elas não me visitam sistematicamente, nem fazem comigo o que costumam fazer com outros pacientes que acham que estão doentes. Não posso arranjar um coçador para as costas. Tiro o cobertor, baixo a cama com a manivela. Faço tudo sem ajuda, mesmo que tenha de fazer devagar e, às vezes, até com dores. Acho que é bom para mim. Por isso, elas não fazem; acho até que ignoram como estou. Passo horas pensando no fim. Penso que se começar a sangrar algum dia, ou entrar em choque, vai ser a mulher da limpeza que vai me encontrar, não a equipe de enfermagem. Pois elas só entram aqui na hora dos remédios, isto é, duas vezes por dia, a menos que eu peça um comprimido para aliviar a dor.

Doutora: – Como você se sente com relação a tudo isto?

Paciente: – Hum?!

Doutora: – Como você se sente com relação a tudo isto?

Paciente: – Tudo bem, exceto quando as dores eram muitas, ou quando não conseguia levantar-me e ninguém se oferecia para cuidar de mim. Poderia pedir, mas não acho que fosse necessário. Penso que deveriam ter consciência de como estão seus pacientes. Não estou querendo tentar esconder nada, mas quando a gente procura fazer o máximo que pode ainda paga um preço por isso. Houve várias ocasiões em que me sentia muito mal, quando era acometida de diarréia, por causa da mostarda nitrogenada ou outra coisa qualquer, e jamais veio alguém verificar se eu evacuava ou perguntar quantas vezes me levantara. Eu é que tenho de dizer às enfermeiras o que está errado, isto é, que tivera dez evacuações. Ontem à noite, soube que a radiografia que tirara de manhã não prestara porque fora feita com excesso de bário. Tive de lembrá-las de que precisava tomar seis comprimidos para tirar radiografia hoje. Estou ciente de tudo isso, mas tenho cuidado de mim muitas vezes. Pelo menos quando estou na enfermaria, elas vêm, perguntam e acreditam que sou uma paciente. Aqui, não sei se eu mesma fui a causa disso, mas não me envergonho se o fui. Estou contente de ter feito a mim mesma tudo o que estava ao meu alcance, mas desisti um par de vezes quando senti dores intensas e ninguém atendia à campainha. Desisti inclusive porque pensava que ninguém chegaria a tempo, caso acontecesse alguma coisa. Achava que, se fazem assim comigo, fazem também com os outros. Antigamente quando ia visitar os outros pacientes era para descobrir o grau de suas doenças; então, postava-me na sala da chefia de enfermagem e dizia que fulano precisava de algum analgésico e estava esperando há meia hora...

Doutora: – E as enfermeiras, como reagiam?

Paciente: – Dependia. A meu ver, a única que se ressentiu mais foi a do turno da noite. Ontem à noite, uma paciente entrou no meu quarto e foi deitar-se comigo na cama. Acontece que eu sabia do caso e, como sou enfermeira, não me espantei. Acendi a luz e fiquei esperando. Pois bem, aquela senhora saíra de sua cama, pulando a proteção lateral. Seria bom que tivesse uma correia para prendê-la. Não contei nada a ninguém. Chamei a enfermeira e, juntas, levamos a paciente de volta para o quarto. Na mesma noite, outra mulher caiu da cama e, como eu estava no quarto perto dela, cheguei primeiro. Veja, cheguei bem antes da enfermeira! Uma moça de aproximadamente vinte anos estava morrendo e gemia alto. Resultado, não pude dormir. É norma deste hospital não deixar tomar comprimidos para dormir depois das três horas. Não sei por que, mas é assim. E a gente pensa: "Se eu tomasse uma dose suave de hidrato de cloral não sentiria tontura amanhã, só me ajudaria agora." Para eles, as normas valem mais do que o fato de poder dormir uma ou duas horas a mais. É uma norma daqui. As drogas que não causam dependência são tidas na mesma conta, como vocês sabem. Não se pode tomá-las. Se o médico prescreve uma codeína e meia cada quatro horas, não se pode tomar outra dose até as cinco. Isto é, não se pode repetir dentro das quatro horas *não importa o remédio*. Quer se trate de droga que crie dependência, quer não.

O conceito não muda. O paciente sente dor, precisa da droga. Não necessariamente nas quatro horas, sobretudo se é uma droga que não causa dependência.

Doutora: – Está chateada porque não há um pouco mais de atenção pessoal? Cuidados pessoais? É daí que vêm suas mágoas?

Paciente: – Bem, não é num plano pessoal. É apenas porque não entendem a dor. Se tivessem tido alguma...

Doutora: – O que mais a preocupa é a dor?

Paciente: – Bem, preocupo-me muito com os cancerosos com quem mantive contatos. Lamento que tentem evitar que os pacientes se viciem, quando estes não viverão o suficiente para tanto. Há uma enfermeira na outra sala que até esconde a injeção por trás das costas tentando dissuadi-los até o último instante. Receia estar contribuindo para alguém se viciar. O paciente não vai viver por muito tempo. Eles têm direito a isto realmente, porque não podem comer, nem dormir, a gente só existe quando está sofrendo muito. Pelo menos com a injeção é possível relaxar, viver, apreciar as coisas, conversar. Vive-se. Mas o fato é que a gente aguarda desesperadamente que alguém seja caridoso e traga algum alívio.

Capelão: – A senhora tem sentido isto desde que começou a vir aqui?

Paciente: – Tenho. Tenho sim. Isto é, notei isto. Pensei que fosse próprio de certos andares por causa do mesmo grupo de enfermeiras que aí trabalha. É uma coisa dentro de nós que dá impressão de que não respeitamos mais a dor.

Capelão: – Como a senhora explica isto?

Paciente: – Acho que estão ocupadas. Espero que seja isso mesmo.

Doutora: – Como assim?

Paciente: – Tenho andado por lá, e vejo-as conversando e, em seguida, saindo para descansar. Fico furiosa. Quando a enfermeira vai descansar e vem a auxiliar nos dizendo que a enfermeira está no andar de baixo com as chaves, temos que esperar. Quando a verdade era que o doente pedira o remédio antes mesmo que a enfermeira descesse para o café. Acho que deveria haver alguém encarregado de dar o analgésico para aliviar as dores, evitando que se padecesse mais meia hora antes de aparecer uma pessoa. Muitas vezes, levam até quarenta e cinco minutos para subirem. E não vão logo tratar da gente. Antes vão atender ao telefone, vão verificar os novos horários e as novas orientações do médico. Nunca observam antes se alguém pediu algum analgésico.

Doutora: – Para finalizar, a senhora se incomodaria se... eu mudasse de assunto? Queria aproveitar nosso tempo para examinar outros aspectos. A senhora concorda?

Paciente: – Claro.

Doutora: – A senhora disse que viu num quarto uma criança de cinco ou nove anos morrendo. Como concebe isto? Que fantasias tem sobre um fato assim? Que quadro imagina?

Paciente: – A senhora está querendo saber como eu aceito isso?

Doutora: – É. De certa forma, já respondeu a esta pergunta. A senhora não quer, ou não gosta de ficar só. No momento de crise, provocada por diarréia, dor ou qualquer outra coisa, a senhora gostaria de ter alguém a seu lado. Em outras palavras, a senhora não gosta que a deixem sozinha. Outra coisa é a dor. Tendo de morrer, gostaria que fosse sem agonia, sem dor e sem solidão.

Paciente: – Isto é mais do que verdade.

Doutora: – O que mais acha importante? O que deveríamos considerar? Não só em relação à senhora mas aos outros pacientes.

Paciente: – Lembro-me de D. F., que ficava desesperado vendo as paredes nuas de seu quarto, muito pouco atraentes. A mesma enfermeira que não nos quer dar os remédios trouxe para ele uns bonitos *posters* da Suíça. Colamos todos eles nas paredes. Antes de morrer, pediu a ela que os entregasse a mim. Fui visitá-lo algumas vezes e sempre falava dos *posters*, demonstrando com isso que significavam muito para ele. Assim sendo, pedi para a mãe da moça de dezenove anos, que ficava com ele diariamente, que trouxesse umas cartolinas e fomos pregando nas paredes de todos os quartos. Não pedimos licença à supervisora, mas usamos um tipo de fita adesiva que não estragava as paredes. Acho que ela não gostou muito. A meu ver, aqui tem muita burocracia. Estou certa de que belas paisagens podem lembrar, devem lembrar aos outros a vida, o viver, quiçá Deus. De fato, posso ver Deus na natureza. O que quero dizer é que não nos sentiríamos tão sós se tivéssemos algo que nos fizesse sentir parte da vida. Para D. F. isso significava muito. Acho que S., que vivia rodeada de flores, de visitantes que vinham sempre vê-la, de suas amigas, e recebia muitos telefonemas, haveria de ficar bastante aborrecida se se afastassem dela, pelo fato de estar gravemente enferma. Cada vez que recebia uma visita, parecia reviver, mesmo sofrendo dores atrozes. Não podia conversar com eles, como vocês sabem. Fico pensando nela. Minhas colegas só vêm aqui uma vez por semana, às vezes, nem isso. De modo que a companhia que tenho é dos visitantes ou dos pacientes que visito, o que me tem ajudado bastante. Quando choro ou me sinto deprimida, preciso fazer alguma coisa para não pensar em mim e, sentindo dor ou não, tenho de desviar a atenção para os outros, concentrando-me neles. Só assim consigo esquecer meus problemas...

Doutora: – O que acontece quando a senhora não consegue fazer isso?

Paciente: – Então eu sou... Então preciso de gente, mas ninguém aparece.

Doutora: – Pois bem, eis uma coisa em que podemos ajudar.

Paciente: – É. Mas nunca aconteceu. (Chorando.)

Doutora: – Mas vai acontecer. Essa é uma das metas.

Capelão: – Quer dizer que nunca vieram aqui quando a senhora precisava?

Paciente: – Só muito pouco. Como já disse, quando estamos doentes eles se afastam. Imaginam que não queremos conversar; mesmo quando não podemos responder, se eles se sentam à cabeceira, sentimos que não estamos sós. Quero dizer, seriam visitantes comuns. Tomara as pessoas vissem isso e, mesmo não se tratando de alguém fanático por orações, oxalá só rezassem um simples Padre-nosso conosco, já que não pudemos rezar durante dias porque bastava dizer "Padre-nosso" para todo o resto ficar confuso. A gente passa a se lembrar de coisas que têm sentido. Ouçam, se nada tenho a dar aos outros, deixam-me de lado. Se puder dar aos outros, mas há muita gente que nem imagina o quanto preciso.

Doutora: – É verdade. (Conversa confusa.)

Paciente: – E eu recebo deles quando não estou em estado crítico. Recebo muito, mas quando a necessidade não é muito grande.

Doutora: – Sua necessidade aumenta quando a senhora não se sente capaz de dar.

Paciente: – É. Cada vez que adoeço, preocupo-me muito com as finanças, com o custo da doença, com o emprego, se é que será meu ainda ao voltar. Outras vezes, preocupo-me com o fato de contrair uma doença crônica e ficar dependente dos outros. Vocês sabem, cada vez aparece algo diferente, de modo que sempre sinto alguma necessidade.

Doutora: – O que acontece com sua vida exterior? Não sei nada sobre seu passado ou como vive na realidade. O que acontece quando não pode trabalhar? Quem a sustenta, a Igreja, o lugar onde trabalha agora, ou sua família?

Paciente: – Claro que são eles. Fiquei hospitalizada três vezes no nosso hospital. Certa noite, sentia tantas dores que mal podia respirar. Desci ao térreo e procurei a enfermeira de plantão, que me levou de volta e aplicou-me uma injeção. Decidiram deixar-me na enfermaria. Enfermaria das freiras, onde só elas podem ficar. É um lugar solitário de doer. Vejam, lá não há televisão nem rádio, pois não fazem parte de nossa vida. Só quando passam programas educativos é que vemos televisão. Imagine, sem ninguém nos visitar! Preciso destas coisas, mas não nos proporcionam. Toquei neste assunto com meu médico e pedi que me desse alta, assim que a dor passasse e eu pudesse suportar, pois sei que, psicologicamente, preciso das pessoas. Se puder ir para meu quarto, deitar-me, vestir-me quatro ou cinco vezes por dia, descer para o refeitório, sinto pelo menos que estou viva. Não sinto aquela solidão. Mesmo quando tenho de ficar sentada na igreja, sem poder rezar porque não me sinto bem, fico porque estou com os outros. Entende o que quero dizer?

Doutora: – Entendo. Por que acha a solidão tão horrível?

Paciente: – Eu acho... Não, não acho a solidão horrível, porque há ocasiões em que preciso ficar só. Não é isto que quero dizer. A menos que a relacione com o fato de estar sendo abandonada nesta situação, não serei capaz de me ajudar. Seria bom se me sentisse auto-suficiente, sem precisar dos outros. Mas eu... Não é o fato de morrer só, é a tortura que a dor pode causar, como se a gente quisesse arrancar os cabelos da cabeça. A gente não liga de passar dias sem tomar banho pois isto requer um esforço enorme, como se a gente estivesse se tornando menos que um ser humano.

Capelão: – Ela gostaria de manter um certo senso de dignidade o mais possível.

Paciente: – Pois é. E, às vezes, não consigo sozinha.

Doutora: – Sabe, a senhora traduz muito bem em palavras tudo aquilo que andamos fazendo anos a fio e tentamos fazer de tudo quanto é jeito. Realmente, a senhora traduz bem em palavras.

Paciente: – A gente ainda quer ser gente.

Doutora: – Um ser humano.

Paciente: – É. Vou contar-lhes mais uma coisa: no ano passado, recebi alta aqui. Tive de voltar para casa, para o nosso hospital, numa cadeira de rodas porque a perna estava quebrada. Era uma fratura patológica. Todo mundo solícito empurrando aquela cadeira, mas me carregavam com uma distração enorme e me levavam para onde queriam e não para onde eu queria ir. Nem sempre podia dizer para onde queria ir. Preferia sentir dores nos braços e me empurrar até o banheiro a ter de dizer a todo mundo onde queria ir e deixar alguém me esperando do lado de fora do sanitário, enquanto eu o usava. Entende o que quero dizer? Chamavam-me de independente, etc., quando, na realidade, não era. Tinha de manter minha dignidade antes que a destruíssem. Acho que não rejeitaria ajuda como fiz, quando precisava realmente. Mas esta espécie de ajuda que muitos me dão *só me traz problemas*. Sabe como é? São gentis e sei que fazem de bom grado, mas não posso esperar que descubram. Por exemplo, há uma irmã que cuida de nós, que nos proporciona tudo e se sente rejeitada quando não aceitamos. Pois bem, eu me sentiria culpada. Sei que ela usa um colete nas costas. As irmãs de setenta e sete anos, que não estão muito bem, são designadas para a enfermaria. Bem, eu me levanto e arrumo a cama em lugar de pedir a uma delas. Mas se uma se oferece para arrumar e eu não aceito sente-se como se a estivesse rejeitando como enfermeira. Assim, tenho de cerrar os dentes e esperar que não volte no dia seguinte me dizendo que não dormiu de noite sentindo dores nas costas, porque vou me sentir como causadora disso tudo.

Capelão: – Hum! Ela faz a senhora pagar...

Paciente: – É.

Capelão: – Posso mudar de assunto...?

Doutora: – A senhora diz quando começar a ficar cansada, está bem?

Paciente: – Está bem, prossigamos. Tenho o dia todo para descansar.

Capelão: – Falando de fé, a doença afetou a sua? Fortaleceu ou enfraqueceu sua fé em Deus?

Paciente: – Não digo que a doença a tenha afetado porque jamais pensei nela nestes termos. Quis consagrar-me a Deus como freira. Queria ser médica e partir para as missões. Pois bem, não fiz nada disso. Vejam, nunca saí do país. Estou doente há muitos anos. Agora sei que era...

eu decidira o que queria fazer por Deus. Fui atraída por estas coisas e pensava que eram a vontade Dele. Mas é evidente que não são. Houve uma espécie de resignação. Mesmo se viesse a ficar boa um dia, iria querer as mesmas coisas. Queria ainda ir e estudar medicina. Um médico nas missões é algo formidável, bem mais do que uma enfermeira, mesmo porque os governos impõem certos limites às freiras.

Contudo, acho que minha fé sofreu os maiores abalos aqui. Não por causa da doença, mas de um paciente da outra ala. Um judeu muito educado. Encontramo-nos na sala de raio X, naquele cubículo. Estávamos esperando para tirar radiografia. De repente, ouvi uma voz me dizendo: "Por que você está tão feliz?" Olhei para ele e respondi: "Não estou particularmente feliz, só não tenho medo do que pode acontecer, se é isto o que o senhor quer dizer." Havia um olhar cínico em seu rosto. Foi assim que nos encontramos e descobrimos que estávamos em quartos quase em frente um do outro. Ele é judeu, mas não segue a tradição e tem antipatia pela maioria dos rabinos que encontrou. Um dia, num bate-papo, disse que na realidade Deus não existia. Que O fabricamos porque precisamos de um. Ora, jamais pensara nisso, mas ele acreditava piamente. Penso que era porque não acreditava em outra vida. Inclusive nossa enfermeira era uma agnóstica e dizia que talvez houvesse um Deus que começou o mundo. Conversavam comigo sobre isto. Penso que é sobre isto que vocês querem falar. Eles começaram. E ela me disse: "É claro que desde aquela época ele não toma conta do mundo." Jamais eu encontrara pessoas assim, antes de vir para cá. Foi a primeira vez que tive de avaliar minha fé. Na realidade, digo sempre: "É lógico que Deus existe. Olhem para a natureza e as outras coisas." Foi o que sempre me ensinaram.

Capelão: – Eles a estavam desafiando?

Paciente: – Sim. E também, pois é, também a quem me ensinou. Estariam eles mais certos do que quem criou estes pensamentos tolos? Falando mais claro, descobri que não tinha uma religião. Tinha a religião de outrem. Foi o que M. fez comigo. M. é o judeu. Ele sempre falava sarcasticamente e a enfermeira acrescentava: "Não sei por que cuido tanto da Igreja Católica Romana quando a odeio tanto!" Isto é, dizia quando me dava os remédios. Era para me irritar, sutilmente. Mas, para minha sorte, M. tentava ser reverente. E dizia: "Sobre o que você quer falar?" Ela: "Quero falar sobre Barrabás." Eu: "Bem, M., você não pode falar de Barrabás em vez de Cristo." Ela: "Aliás, qual é a diferença? Não se zangue, irmã." Ele tentava ser reverente e respeitoso, mas sempre me desafiava. Como se tudo fosse uma farsa, sabe?

Doutora: – A senhora gosta dele?

Paciente: – Gosto. Ainda gosto.

Doutora: – Isto ainda acontece? É alguém que ainda está aqui?

Paciente: – Não. Foi na segunda vez que me internei aqui. Mas sempre continuamos amigos.

Doutora: – Ainda mantém contato com ele?

Paciente: – Esteve aqui outro dia. Sim, mandou-me até um belo ramalhete de flores. Foi com o contato que tive com ele que consolidei minha fé. Realmente, agora é minha própria fé. É fé, não uma teoria aprendida de outrem, ou melhor, não entendo os caminhos de Deus e muitas coisas que acontecem, mas acredito que Deus é maior do que eu e quando vejo gente jovem morrer e todos dizerem, inclusive os pais: "Que perda!" e coisas semelhantes, posso entender. Digo: "Deus é amor", sabendo agora o que isto significa. Não são palavras, eu realmente penso assim que Ele, sendo amor, sabe que aquele é o momento exato na vida daquela pessoa, e se tivesse vivido mais, ou menos, não lhe poderia reservar um período maior de eternidade, ou talvez a pessoa fosse punida na eternidade, o que seria pior do que agora. Pensando em seu amor, consigo aceitar as mortes dos jovens e inocentes.

Doutora: – A senhora se incomoda se eu lhe fizer algumas perguntas bem pessoais?

Capelão: – Só uma, só um caso. Se ouvi bem, a senhora diz que está mais firme na fé, mais capacitada para aceitar sua doença agora do que quando ela começou. É o que concluo de tudo isto.

Paciente: – Não é bem assim. Digo isto com relação à minha fé pessoal, nada tem a ver com a minha doença. Mas não foi a doença, foi M. testando minha fé, mesmo sem querer.

Doutora: – Sua fé agora, não o que os outros lhe ensinaram.

Capelão: – Produto do seu relacionamento com ele.

Paciente: – Nasceu aqui. Aconteceu aqui, exatamente aqui neste hospital. Portanto, desenvolvi-a nestes anos e fortaleci-me nela. Agora sei realmente o que fé e confiança significam. Antes vivia lutando para entendê-las melhor. Mesmo sabendo mais, não se altera o fato de que há mais coisas que vejo e de que gosto. Digo a M.: "Se Deus não existe, nada tenho a perder, mas se existe adoro-O como Ele merece, com todas as minhas forças." Antes, era o Deus dos outros, um autômato, o resultado da minha educação, etc. Eu não estava... eu não estava adorando Deus. Pensava que estava. Acreditem-me, se alguém me dissesse que eu não acreditava em Deus tomaria isso como insulto. Agora, porém, vejo a diferença.

Capelão: – A senhora teria outras perguntas?

Doutora: – Tenho, mas acho que temos de parar dentro de cinco minutos. Talvez possamos continuar na próxima ocasião.

Paciente: – Gostaria de repetir uma coisa que uma paciente me disse: "Não me venha com esta história de dizer que é a vontade de Deus sobre mim." Jamais ouvira uma observação assim. Tratava-se de uma jovem mãe de vinte e sete anos, que ia deixar três filhos. "Detesto quando alguém me diz isto. Eu entendo, mas quando se vive com esta dor... Ninguém finge indiferença quando está sofrendo tanto." Nessas ocasiões, é bem melhor dizer: "Você está sofrendo", é melhor sentir que alguém entende o que você está passando do que ignorar ou querer acrescentar coisas. Quando se está melhor, tudo bem. Outra coisa: as pessoas não devem pronunciar a palavra câncer. Parece que ela atrai dor.

Doutora: – Como essa, há outras palavras também.

Paciente: – Para muitos, menos para mim. Sob vários aspectos, acho que tem sido uma doença benéfica, lucrei muito com ela, encontrei muitos amigos, muitas pessoas. Não sei se as doenças cardíacas ou o diabetes são mais aceitáveis. Olho para o pátio e me contento com o que tenho. Não invejo os outros. Mas quando se está muito doente não se pensa em nada disto. A gente fica esperando para ver se as pessoas vão magoar ou ajudar.

Doutora: – Que tipo de menina foi a senhora? Quando criança, o que a levou a se tornar freira? Foi decisão da família?

Paciente: – Fui a única a ir para o convento. Éramos dez filhos, cinco homens e cinco mulheres. Não me lembro de não ter querido ser freira. Mas, sabe, estudando um pouco mais de psicologia, fico pensando se não foi como transportar-me para algum lugar onde pudesse me sobressair. Onde eu fosse diferente de minhas irmãs, tão bem aceitas pela família. Minha mãe e elas eram boas donas-de-casa, enquanto eu gostava mais de livros e coisas parecidas. Contudo, o passar dos anos me fez ver que isso não era verdade. Às vezes, sinto vontade de não ser mais freira, porque é difícil demais, mas me lembro de que se Deus quis posso aceitar como sendo a vontade Dele. Seja como for, Ele poderia ter me mostrado outros caminhos, anos atrás. Inclusive este... e continuei pensando... Pensei nisto a vida toda, pois só isto valia a pena. Agora penso que também poderia ter sido uma boa mãe e uma boa esposa. Naquela época, pensava que ser freira era a única coisa que deveria ou poderia fazer. Não fui constrangida, agi livremente, mas não entendia. Tinha treze anos quando fui e só fiz os votos com vinte. Quero dizer que tive todo aquele tempo e mais seis anos para me decidir. Já faz tempo que fiz os votos perpétuos. Como no casamento, depende da gente. Aceita-se ou rejeita-se. Sabem como é, cada um faz o melhor para si.

Doutora: – A senhora ainda tem mãe?

Paciente: – Tenho sim.

Doutora: – Que tipo de mulher ela é?

Paciente: – Meus pais emigraram de XY. Minha mãe aprendeu a língua sozinha. É uma pessoa muito carinhosa. Acho que não compreendia muito bem meu pai. Ele era um artista e um bom vendedor, enquanto ela era retraída e reservada. Vejo agora que talvez guardasse um sentimento de insegurança. Valorizava muito o fato de "ser reservada", de modo que ser expansivo em nossa família era meio depreciativo. Eu tinha uma tendência para isso, queria sair, fazer coisas, freqüentar clubes diferentes, etc., ao passo que minhas irmãs preferiam ficar em casa bordando, para maior satisfação de minha mãe. Agora me chamam de introvertida. Achei isto difícil a vida inteira...

Doutora: – Não acho que seja introvertida.

Paciente: – Disseram-me isso há duas semanas. É raro encontrar alguém que converse comigo sobre assuntos menos corriqueiros. Há muitas coisas em que estou interessada... Nunca tive alguém com quem pudesse trocar idéias. Quando a gente descobre isso num grupo e senta-se à mesa com um guarda-livros, mais alguém e muitas de nossas Irmãs que não tiveram a oportunidade de receber a educação que tive, tenho a impressão de que eles se ressentem um pouco. Diria que pensam que me julgo superior. Portanto, quando encontro uma pessoa assim, simplesmente me calo para não dar margem a que pensem isso. A educação faz a gente ficar humilde e não orgulhosa. E não vou mudar de linguagem, isto é, se posso usar uma palavra precisa, não troco por outra mais simples. Se pensam que é linguagem rebuscada, não é. Posso falar com simplicidade com uma criança como qualquer um, mas não vou mudar meu modo de falar para adaptá-lo aos outros. Houve um tempo em que quis adaptar-me, isto é, ser o que todo mundo queria que eu fosse. Agora, não quero mais. Os outros também têm de aprender a me aceitar. Chego quase a exigir isso deles, eu espero calmamente que aconteça, mas não vou morrer por isso. As pessoas se zangam comigo, entretanto a zanga se encontra nelas mesmas. Não sou necessariamente eu que as deixo zangadas.

Doutora: – A senhora está zangada com as pessoas, também.

Paciente: – É, estou, mas o que me irritou foi essa pessoa me tachar de introvertida, sem se dar ao trabalho de discutir coisas fora da rotina. Não está interessada em novidades, nem no que acontece durante o dia. Em outras palavras, nunca se poderia falar com ela sobre a questão dos direitos sociais...

Doutora: – De quem a senhora está falando agora?

Paciente: – De uma Irmã no convento.

Doutora: – Oh! Bem que eu gostaria de continuar, mas é hora de pararmos. Sabe há quanto tempo estamos conversando?

Paciente: – Não. Acho que uma hora.

Doutora: – Mais de uma hora.

Paciente: – É, acho que sim. Este tipo de conversa flui rápido quando nos deixamos absorver.

Capelão: – Estou aqui matutando se a senhora não gostaria de nos fazer alguma pergunta.

Paciente: – Ficaram chocados comigo?

Doutora: – Não.

Paciente: – Por causa da minha espontaneidade, posso ter destruído a imagem do que...

Doutora: – Do que se espera que seja uma freira?

Paciente: – Pois é...

Capelão: – A senhora me impressionou, é o que lhe posso dizer.

Paciente: – Mas eu detestaria ferir alguém por causa da minha imagem...

Doutora: – Não, a senhora não feriu ninguém.

Paciente: – Gostaria que vocês não pensassem mal das freiras, nem dos médicos, nem de quem quer que seja, nem das enfermeiras...

Doutora: – Acho que não vou pensar mal, certo? Gostamos de ver a senhora como a senhora é.

Paciente: – Às vezes, fico imaginando que sou dura com elas.

Doutora: – Tenho certeza de que, às vezes, a senhora é.

Paciente: – O que quero dizer é que sendo freira e enfermeira não crio dificuldades para elas lidarem comigo.

Doutora: – Estou feliz em ver que não usa uma máscara de freira. Que continua a mesma.

Paciente: – Mas isso é outra coisa que lhe conto, é outro problema comigo. No convento, nunca pude sair do quarto sem o hábito. Aqui, poderia achar isto uma barreira, no entanto, há ocasiões em que saio do quarto de camisola e as Irmãs do convento ficam chocadas. Tentaram remover-me deste hospital. Achavam que não estava me comportando bem, permitindo que os outros entrassem no meu quarto quando quisessem. Tudo isto era chocante para elas. Mas não passava pela cabeça delas dar-me alguma coisa de que preciso, como visitar-me mais freqüentemente. E olhe que vêm muito mais aqui do que quando estou na enfermaria. Lá, podia ficar deitada, como aliás fiquei dois meses, e poucas Irmãs foram me ver. Tudo isso eu entendo, pois trabalham em ambiente de hospital e querem fugir dele nos dias de folga. De alguma forma, porém, faço saber aos outros que não preciso delas. Mesmo pedindo que voltem de novo, não tenho lá muita certeza. Julgam que tenho muita força, que vivo melhor sozinha, que elas não são importantes. Mesmo assim, não posso implorar que venham.

Capelão: – Isso destrói o significado da visita delas.

Paciente: – Não está direito. Não posso implorar aos outros aquilo de que preciso.

Capelão: – A senhora nos comunicou isto muito bem, com muito acerto. É importante a dignidade individual do paciente. Não ter de implorar, mas também não ser oprimido, nem manobrado.

Doutora: – Na minha opinião, caso possa terminar a entrevista com uma espécie talvez de conselho... Não gosto nem da palavra. Na minha opinião, quando sentimos dor e agonia e a estampamos no rosto como a senhora, fica difícil para a enfermeira saber se se precisa dela ou não. Acho até que pedir, muitas vezes, custa mais e não é o mesmo que implorar. Percebe? Talvez seja mais difícil fazer.

Paciente: – Estou com as costas doendo muito agora. Vou passar pela enfermaria e pedir um comprimido contra dores. Não sei quando vou precisar dele mas o fato de pedir já deveria ser suficiente, não? Pode não parecer, mas que sinto dores, sinto. Os médicos me dizem sempre que eu deveria me esforçar, tentar me sentir bem, isto é, passar o dia sem sofrer muito porque devo dar duro em algumas aulas quando voltar a trabalhar, sentindo ou não sentindo dores. Tudo bem, mas gosto quando percebem que a gente precisa mesmo se livrar das dores de vez em quando, só para relaxar um pouco.

Esta entrevista mostra claramente as necessidades da paciente. Vivia cheia de mágoas e ressentimentos que parecem ter origem na infância. Um entre dez filhos, sentia-se como estranha na família. Enquanto as outras irmãs gostavam de ficar bordando e agradando à mãe, ela parece ter puxado mais ao pai querendo sair e conhecer lugares, o que foi interpretado como não sendo do agrado da mãe. Parece ter comprometido seus anseios para ser diferente de suas irmãs, ter sua própria identidade e ser a boa menina que a mamãe queria, tornando-se freira. Perto dos trinta anos, quando adoeceu e se tornou mais exigente, ficou cada vez mais difícil continuar sendo "a boa menina". Parte de seu ressentimento com as freiras é reflexo do ressentimento com a mãe e as irmãs, a falta de aceitação por parte delas, uma repetição de seus sentimentos de rejeição. As pessoas ao seu redor, em lugar de entender a origem de sua mágoa, assumiam as dores e começavam a rejeitá-la mais ainda. O modo que encontrou para compensar o crescente isolamento foi visitar outros doentes, pedir remédios para eles, atender às necessidades deles (que, na verdade, eram as suas), ao mesmo tempo que mostrava seu descontentamento e censurava pela falta de cuidados. Esta exigência hostil afastou o pessoal da enfermagem, o que é compreensível, dando a ela uma racionalização mais aceitável de sua própria hostilidade.

Na entrevista, vieram à tona várias de suas necessidades. Deixamos que ela fosse ela mesma, hostil e exigente, sem demonstrarmos preconceitos e ressentimentos pessoais. Foi compreendida e não julgada. Deixamos que desse rédeas à sua revolta. Aliviada deste peso, foi capaz de mostrar outra faceta de sua personalidade, sobretudo a de uma mulher acolhedora, capaz de amar, de ver as coisas com profundidade, afetuosa. É claro que amou o judeu e acreditou nele para descobrir o real significado de sua religião. Ele abriu-lhe as portas para muitas horas de introspecção, possibilitando a ela, finalmente, encontrar uma fé inabalável em Deus.

Já no fim da entrevista, pediu novas oportunidades para conversar mais. E manifestou isso, sempre meio zangada, sob a forma de um pedido de comprimido para dores. Continuamos a visitá-la e ficamos surpresos ao constatar que não fazia mais visitas a outros pacientes desenganados e se mostrava mais acessível para com o pessoal da enfermagem. Menos irritadiça, passou a ser visitada com mais freqüência pelas enfermeiras, que pediram até uma reunião conosco "para entendê-la melhor". Como tudo mudou!

Numa de minhas últimas visitas, olhou-me mais uma vez e pediu algo que ninguém me pedira antes: que eu lesse para ela um capítulo da Bíblia. Nessa época, ela se encontrava bastante debilitada e se limitou a inclinar a cabeça, dizendo-me as páginas que devia ler.

Não gostei deste encargo pois me pareceu um tanto esquisito e meio fora das coisas que me pedem para fazer. Se me tivesse pedido para coçar-lhe as costas, ou esvaziar a comadre, ou coisas assim, iria me sentir mais à vontade. Entretanto, lembrei-me de ter dito que procuraríamos atender às suas necessidades e, de certa forma, me pareceu mesquinho chamar o capelão já que a necessidade era premente naquele instante. Minha preocupação era que minhas colegas podiam entrar e rir de minha nova função, mas me senti aliviada porque ninguém apareceu durante a "sessão".

Li os capítulos sem saber realmente o que estava lendo. Ela mantinha os olhos fechados e não pude decifrar suas reações. Ao terminar, perguntei-lhe se estava representando pela última vez ou se havia algo mais que eu não entendera. Foi a única vez que ouvi sua gargalhada, cheia de humor e admiração. Respondeu-me que eram ambas as coisas, mas que o objetivo principal era válido. Além de ter sido seu último teste sobre minha pessoa, foi ao mesmo tempo sua última mensagem para mim, da qual ela esperava que me lembrasse depois que fosse embora.

Dias mais tarde, visitou-me no consultório para se despedir. Estava muito bem vestida. Parecia animada, quase feliz. Não era mais a freira aborrecida que afastava todo mundo, mas uma mulher que encontrara um pouco de paz, ou até aceitação, que voltava para casa, onde viria a morrer logo depois.

Muitos de nós ainda lembramos dela, não pelos problemas que nos causou, mas pelas lições que nos deu. Assim, em seus últimos meses de vida, conseguiu tornar-se o que tanto queria ser: uma pessoa diferente das outras, não por um aspecto negativo, mas por ser aceita e amada.

V. Terceiro estágio: barganha

O machado do lenhador pediu à árvore
que lhe desse um cabo.
A árvore lho deu.

Tagore
Pássaros errantes, LXXI

O terceiro estágio, o da barganha, é o menos conhecido, mas igualmente útil ao paciente, embora por um tempo muito curto. Se, no primeiro estágio, não conseguimos enfrentar os tristes acontecimentos e nos revoltamos contra Deus e as pessoas, talvez possamos ser bem-sucedidos na segunda fase, entrando em algum tipo de acordo que adie o desfecho inevitável: "Se Deus decidiu levar-me deste mundo e não atendeu a meus apelos cheios de ira, talvez seja mais condescendente se eu apelar com calma." Estamos acostumados com este tipo de reação porque acontece o mesmo com nossos filhos: primeiro exigem, depois pedem por favor. Podem não aceitar nosso "não" quando querem passar uma noite em casa de algum amigo. Podem se zangar e bater os pés. Podem se trancar no quarto e demonstrar sua raiva nos rejeitando por algum tempo. Mas sempre terão outros pensamentos. Podem pensar em outra forma de abordar o problema. Podem se oferecer para executar algum trabalho em casa que, em circunstâncias normais, jamais conseguiríamos que fizessem. E nos dizem então: "Se eu ficar boazinha a semana toda e lavar a louça toda noite, você deixa eu ir?" Há uma chance remota de que venhamos a aceitar a barganha e a criança venha a conseguir o que antes lhe fora negado.

O paciente em fase terminal usa do mesmo expediente. Graças a experiências anteriores, ele sabe que existe uma leve possibilidade de ser recompensado por um bom comportamento e receber um prêmio por serviços especiais. Quase sempre almeja um prolongamento da vida ou deseja alguns dias sem dor ou sem males físicos. Uma cantora de ópera estava com um processo deformante maligno na mandíbula e no rosto, e não podendo mais exibir-se no palco pediu para "apresentar-se só mais uma vez". Quando soube que era impossível, deu o mais tocante *show* de toda a sua vida: pediu para participar do seminário e falar na frente do auditório, mas não por trás da janela de vidro espelhado. Diante da classe, abriu as cortinas da história de sua vida, contando seu sucesso e sua tragédia, até que foi chamada por telefone a voltar para seu quarto. O médico e o dentista esperavam-na para extrair seus dentes e continuar o tratamento radioterápico. Ela pediu para cantar uma última vez – para nós – antes de esconder seu rosto para sempre.

Outra paciente vivia aflita, sentia dores atrozes e não podia voltar para casa porque dependia de injeções que aliviavam suas dores. Tinha um filho que planejava se casar, como ela queria. Estava muito triste porque pensava que talvez não pudesse comparecer, nesse grande dia, ao casamento de seu filho primogênito e favorito. Num esforço conjunto, conseguimos ensinar-lhe a auto-hipnose, que lhe poderia proporcionar horas de alívio. Fizera toda sorte de promessas para viver o tempo necessário para assistir ao casamento. Na véspera, deixou o hospital como uma dama elegante. Vendo-a, ninguém poderia acreditar na sua real situação. Era "a pessoa mais feliz do mundo" e mostrava-se radiante. Fiquei a imaginar qual seria sua reação quando expirasse o tempo que tanto barganhara.

Nunca me esquecerei do momento da volta ao hospital. Estava exausta, abatida e antes que eu pudesse falar alguma coisa foi logo dizendo: "Não se esqueça de que tenho outro filho!"

A barganha, na realidade, é uma tentativa de adiamento; tem de incluir um prêmio oferecido "por bom comportamento", estabelece também uma "meta" auto-imposta (por exemplo, um *show* a mais, o casamento de um filho) e inclui uma promessa implícita de que o paciente não pedirá outro adiamento, caso o primeiro seja concedido. Nenhum de nossos pacientes "cumpriu as promessas". Em outras palavras, são como crianças que dizem: "Nunca mais brigo com minha irmã, se vocês deixarem eu ir." É desnecessário dizer que o menino vai brigar de novo com a irmã, como a cantora de ópera tentará apresentar-se mais uma vez. Não podendo viver sem *shows* futuros, deixou o hospital antes que se lhe extraíssem os dentes. A paciente descrita por último só queria nos ver novamente se admitíssemos o fato de que tinha outro filho, a cujo casamento queria assistir.

A maioria das barganhas são feitas com Deus, são mantidas geralmente em segredo, ditas nas entrelinhas ou no confessionário do capelão. Nas entrevistas particulares sem auditório, ficamos impressionados com o número dos que prometiam "uma vida dedicada a Deus" ou "uma vida a serviço da Igreja" em troca de um pouco mais de tempo de vida. Muitos pacientes prometiam também doar partes de seu corpo ou seu corpo inteiro "à ciência" (caso os médicos usassem seus conhecimentos científicos para prolongar-lhes a vida).

Psicologicamente, as promessas podem estar associadas a uma culpa recôndita. Portanto, seria bom se as observações feitas por esses pacientes não fossem menosprezadas pela equipe hospitalar. Ao considerar essas atitudes, um capelão ou um médico dedicados podem muito bem querer descobrir se o paciente está sentindo culpa por não ter freqüentado a igreja com mais assiduidade, ou se existem desejos hostis mais profundos e inconscientes que aceleram tais culpas. É por esse motivo que achamos de grande valia uma abordagem interdisciplinar no cuidado com nosso paciente, pois freqüentemente o capelão era o primeiro a ouvir estes assuntos. Continuávamos o tratamento até que o paciente se sentisse aliviado de temores irracionais ou do desejo de punição causado por culpa excessiva, que as novas barganhas e as promessas não cumpridas haviam imposto, quando a "meta" escolhida já fora superada.

VI. Quarto estágio: depressão

O mundo corre sobre as cordas do coração sofredor, compondo a música da tristeza.

Tagore
Pássaros errantes, XLIV

Quando o paciente em fase terminal não pode mais negar sua doença, quando é forçado a submeter-se a mais uma cirurgia ou hospitalização, quando começa a apresentar novos sintomas e tornar-se mais debilitado e mais magro, não pode mais esconder a doença. Seu alheamento ou estoicismo, sua revolta e raiva cederão lugar a um sentimento de grande perda. Esta perda pode apresentar muitas facetas: uma mulher com um câncer da mama pode reagir à perda de sua imagem; uma mulher com câncer do útero pode sentir que não é mais mulher. Nossa cantora de ópera reagiu com choque, desalento e a mais profunda depressão à necessidade de uma cirurgia facial e extração dos dentes. Mas esta é apenas uma dentre muitas perdas que tais pacientes têm de suportar.

Encargos financeiros vêm juntar-se ao tratamento e hospitalização delongados; pequenas extravagâncias no princípio, tornadas necessidades mais tarde, não podem ser suprimidas. O custo elevado desses tratamentos e hospitalizações tem obrigado muitos pacientes a venderem suas únicas posses, a não manterem a casa que construíram para a velhice, a não mandarem um filho para a faculdade e, quem sabe, a não realizarem muitos sonhos.

Pode ser até que venham a perder o emprego devido ao excesso de faltas ou à impossibilidade de poderem exercer suas funções. Mães e esposas podem ser obrigadas a trabalhar fora privando as crianças da atenção que recebiam anteriormente. Quando são as mães que adoecem, os filhos pequenos talvez tenham de ser levados para casas de parentes, aumentando a tristeza e o sentimento de culpa das pacientes.

Todos estes fatores de depressão são bastante conhecidos de todos os que tratam dos pacientes. O que, no entanto, não esquecemos é a aflição inicial a que o paciente em fase terminal é obrigado a se submeter para se preparar para quando tiver de deixar este mundo. Se eu tentasse diferenciar estes dois tipos de depressões, classificaria a primeira como uma depressão reativa e a segunda como uma depressão preparatória. A primeira é de natureza diferente e deve ser tratada diversamente da segunda.

Uma pessoa compreensiva não terá dificuldade em detectar a causa da depressão e sem se aliviar um pouco da culpa ou da vergonha irreais que freqüentemente acompanham a depressão. Uma mulher que se mostra preocupada por não se sentir mais mulher pode ser elogiada por alguma característica essencialmente feminina; pode ser tranqüilizada porque continua mulher tanto quanto antes da operação. A prótese da mama tem colaborado muito para a auto-afirmação de pacientes com câncer da mama. A assistente social, o médico ou o capelão podem discutir com o marido da paciente sobre como poder ajudar no sentido de proporcionar maior auxílio e apoio para que a paciente se sinta autoconfiante. As assistentes sociais e os capelães podem auxiliar muito nesta fase ajudando na reorganização do lar, sobretudo quando há crianças ou pessoas idosas solitárias, que necessitam de cuidados especiais. É impressionante como acaba rapidamente a depressão de um paciente quando estes problemas vitais são cuidados.

A entrevista da Sra. X. no capítulo X é um bom exemplo de uma mulher profundamente deprimida que se sentia incapaz de conviver com a própria doença e morte iminente porque havia muitas pessoas que precisavam de cuidados e aparentemente não havia quem as ajudasse. Perdera a capacidade de exercer seus antigos misteres, e não havia ninguém que pudesse substituí-la.

O segundo tipo de depressão, ao invés de se dar com uma perda passada, leva em conta perdas iminentes. Nossa primeira reação para com as pessoas que estão tristes é tentar animá-las, dizer que não encarem os fatos a ferro e fogo. Procuramos encorajá-las a olhar o lado risonho da vida, as coisas positivas e coloridas que as circundam. Geralmente, isto é conseqüência de nossas próprias necessidades, de nossa incapacidade de suportar por muito tempo uma fisionomia amuada. Esta forma de abordagem pode ser útil quando se trata do primeiro tipo de depressão em pacientes em fase terminal. O que ajuda uma mãe nesse estado é saber que as crianças estão brincando felizes no jardim do vizinho e que ficam lá enquanto o pai trabalha. Pode ajudar também saber que continuam rindo, brincando, indo a festinhas, que os boletins continuam com boas notas, etc. – expressões de que continuam fazendo as coisas, apesar da ausência da mãe.

Quando a depressão é um instrumento na preparação da perda iminente de todos os objetos amados, para facilitar o estado de aceitação, o encorajamento e a confiança não têm razão de ser. O paciente não deveria ser encorajado a olhar o lado risonho das coisas, pois isto significaria que ele não deveria contemplar sua morte iminente. Dizer-lhe para não ficar triste seria contraproducente, pois todos nós ficamos profundamente tristes quando perdemos um ser amado. O paciente está prestes a perder tudo e todos a quem ama. Se deixarmos que exteriorize seu pesar, aceitará mais facilmente a situação e ficará agradecido aos que puderem estar com ele neste estado de depressão sem repetir constantemente que não fique triste. Este segundo tipo de depressão geralmente é silencioso, em contraposição ao primeiro, que requer muita conversa e até intervenções ativas por parte dos outros em muitos assuntos, e o paciente tem muito para comunicar. No pesar preparatório há pouca ou nenhuma necessidade de palavras. É mais um sentimento que se exprime mutuamente, traduzido, em geral, por um toque carinhoso de mão, um afago nos cabelos, ou apenas por um silencioso "sentar-se ao lado". É esta a hora em que o paciente pode pedir para rezar, em que começa a se ocupar com coisas que estão à sua frente e não com as que ficaram para trás. É a hora em que a interferência excessiva de visitantes que tentam animá-lo retarda sua preparação emocional, em vez de incentivá-la.

O exemplo do Sr. H. ilustrará o estágio de depressão que piorou devido à falta de conhecimento e compreensão de suas necessidades por parte das pessoas que o circundavam, sobretudo dos parentes mais próximos. Com este exemplo, mostramos ambos os tipos de depressão, pois o Sr. H. demonstra remorsos por suas "falhas" no tempo em que tinha saúde; pelas oportunidades perdidas, quando havia tempo para estar com a família; e pesar pela incapacidade de fazer mais por eles. Sua depressão caminhava paralela a uma fraqueza sempre maior e uma inépcia para atuar como homem e provedor do lar. A perspectiva de um tratamento adicional promissor não lhe trouxe ânimo algum. As entrevistas revelaram tendência para se desapegar desta vida. Ficava triste por se ver forçado a lutar pela vida, quando estava pronto a se preparar para a morte. Esta discrepância entre o desejo e a disposição do paciente e a expectativa de quantos o cercam é que causa neles maior pesar e maior perturbação.

Se os membros das profissões auxiliares estivessem mais a par da discrepância ou do conflito entre o paciente e o seu ambiente, poderiam participar sua experiência às famílias dos pacientes e ser de grande ajuda para todos eles. Deveriam saber que este tipo de depressão é necessário e benéfico, se o paciente tiver de morrer num estágio de aceitação e paz. Só os que conseguiram superar suas angústias e ansiedades são capazes de alcançar este estágio. Se esta confiança pudesse ser dividida com seus familiares, seria evitada muita angústia.

A seguir, transcrevo a primeira entrevista com o Sr. H.:

Paciente: – Preciso falar muito alto?

Doutora: – Não, assim está bem. A gente diz, se não conseguir ouvi-lo. Você fala na altura que puder e pelo tempo que quiser. Você me disse que se for mantido em bom estado psicológico teremos um bom papo, pois estuda comunicações.

Paciente: – É que, fisicamente, estou tonto e cansado.

Doutora: – O que você entende por “manter em bom estado psicológico”?

Paciente: – É possível sentir-se fisicamente bem para falar, mesmo não estando. Basta ter uma espécie de incentivo psicológico. Assim, a gente se sente muito bem como quando se recebe uma boa notícia ou algo semelhante, foi isso o que quis dizer.

Doutora: – Na realidade, o que você quer dizer é que deseja falar de coisas boas e não de coisas ruins.

Paciente: – Diz que nós queremos?

Doutora: – É isso o que está dizendo?

Paciente: – Não, de jeito nenhum...

Capelão: – Acho que ele estava só dizendo que quer um pouco de apoio moral.

Doutora: – Pois é. É natural.

Paciente: – O fato é que se eu ficar sentado aqui por mais de cinco minutos tenho uma sensação de desmaio porque estou sentado. Tenho me sentido muito cansado e estado muito pouco fora da cama.

Doutora: – Está bem; então por que não entramos diretamente no assunto?

Paciente: – Ótimo.

Doutora: – Não sabemos praticamente nada sobre você. O que estamos tentando saber dos pacientes é como conversar com eles na qualidade de seres humanos, sem ter que examinar primeiro a ficha toda. Assim, só para começar, poderia dar-nos um resumo: sua idade, sua profissão e o tempo que está no hospital?

Paciente: – Faz mais ou menos duas semanas que estou aqui e sou engenheiro químico profissional. Sou formado em engenharia química e, além disso, freqüento cursos de comunicação na universidade.

Doutora: – (Gravação ruim.)

Paciente: – Não foi bem assim, porque quando eu estava fazendo engenharia química havia um curso de comunicações que se encerrou na época em que terminei engenharia.

Doutora: – Sei.

Capelão: – O que fez com que você se interessasse por comunicações? Fazia parte de seu trabalho como engenheiro químico ou era interesse pessoal?

Paciente: – Interesse próprio.

Doutora: – O que o trouxe ao hospital desta vez? É a primeira vez que fica num hospital?

Paciente: – Neste, é a primeira vez.

Doutora: – O que o trouxe aqui?

Paciente: – Bem, é que precisava de um tratamento melhor para meu câncer. Fiz uma operação em abril...

Doutora: – Abril deste ano?

Paciente: – ...em outro hospital.

Doutora: – Este ano? Então seu diagnóstico foi câncer?

Paciente: – E, sem nenhum outro diagnóstico, pedi internação neste hospital e consegui.

Doutora: – Estou percebendo. Como você recebeu esta notícia? Foi em abril que lhe disseram que estava com câncer?

Paciente: – Foi.

Doutora: – Como recebeu a notícia, como lhe contaram?

Paciente: – Bem, naturalmente foi um choque.

Doutora: – Hum! Pessoas diferentes reagem diferentemente a choques.

Paciente: – Bem, foi um choque maior do que o normal porque não me deram nenhuma esperança.

Doutora: – Nenhuma?

Paciente: – Nenhuma. O próprio médico me disse que seu pai se submetera à mesma cirurgia, no mesmo hospital, com o mesmo cirurgião e morrera um ano e meio depois, com a mesma idade, sem ter conseguido recuperar-se. E tudo o que eu poderia fazer era esperar pelo amargo fim.

Doutora: – Isto é cruel demais. A gente fica até pensando se esse médico não fez isso por causa do que aconteceu na família dele.

Paciente: – Pois é, o resultado final foi cruel, mas a causa foi ter sentido realmente na pele.

Doutora: – É compreensível, mas não desculpável, não acha?

Paciente: – Sim.

Capelão: – Como você reagiu quando ele fez isto, quando lhe contou?

Paciente: – É claro que me senti arrasado; fiquei em casa descansando, como ele mandara, sem fazer quase nada. Mas até que fiz muito, saí bastante, visitei os amigos, etc., etc. Mas quando cheguei aqui descobri que havia alguma esperança para meu estado, e que não era desesperador. Percebi, então, que agira mal, que fizera exercícios demais. Se tivesse sabido naquela ocasião, estaria agora em excelente forma.

Doutora: – Quer dizer que agora se culpa por ter exagerado?

Paciente: – Não, não estou dizendo isso. Eu não sabia de nada. Nenhum dos dois tem culpa. Não culpo o médico pelo que sofreu, nem me culpo pelo fato de não saber.

Doutora: – Antes de ir para aquele hospital, suspeitava de alguma coisa? Quais eram os sintomas? Sentia dores, desconfiava que houvesse algo de seriamente errado?

Paciente: – Bem, sentia-me cada vez mais depauperado, mas um dia tive um problema grave no intestino e fui submetido a uma colostomia. Foi a única operação que fiz.

Doutora: – O que eu queria saber mesmo é se o senhor estava preparado para este choque Teve alguma suspeita?

Paciente: – Nenhuma.

Doutora: – Nenhuma. O senhor se sentia bem. Até quando sentiu que era sadio?

Paciente: – Até me internar no hospital.

Doutora: – E por que se internou no hospital?

Paciente: – Só para que o médico pudesse me examinar porque estava tendo muita prisão de ventre e diarréia alternadamente.

Doutora: – Hum! Na verdade, o que quer dizer é que não estava preparado.

Paciente: – Totalmente despreparado. Não só me internaram no hospital poucas horas depois de ter chegado ao consultório, mas me operaram uma semana depois, mais ou menos.

Doutora: – Então havia urgência. E então fizeram a colostomia?

Paciente: – Fizeram.

Doutora: – Isso também é difícil de aceitar, não?

Paciente: – Como?

Doutora: – Isto é difícil de aceitar.

Paciente: – Oh, não! A colostomia é fácil.

Doutora: – Fácil de aceitar?

Paciente: – A idéia era que fosse apenas uma parte da coisa. Em outras palavras, supõe-se que a colostomia revele toda espécie de coisas, mas o que revelou não estava certo, aparentemente.

Doutora: – Como tudo se torna relativo, hein! Eu achava que a colostomia provocasse muita dor, mas quando a questão é de vida e morte, então, dos males o menor.

Paciente: – Certo. Não é nada quando é para se continuar vivo.

Doutora: – Pois é. Depois desta notícia, o senhor deve ter ficado pensando como vai ser quando morrer, quanto tempo ainda vai viver. Como é que um homem do seu tipo enfrenta estes problemas?

Paciente: – De fato, eram tantos os dissabores pessoais naquele período que não representavam muito para mim. É isso aí.

Doutora: – Jura?
Capelão: – Dissabores pessoais?
Paciente: – Uma série deles, durante um certo tempo.
Capelão: – Está disposto a falar sobre isso?
Paciente: – Pois não, tudo bem.
Doutora: – Quer dizer que sofreu muitas perdas pessoais?
Paciente: – Sofri. Meus pais e meu irmão morreram. Morreu também minha filha de vinte e oito anos, deixando duas crianças pequenas, que ficaram sob nossos cuidados durante três anos, até dezembro último. Este foi o maior choque de todos, porque a morte dela nos vinha constantemente à lembrança.
Capelão: – A presença das crianças em casa... De que ela morreu?
Paciente: – Morreu na Pérsia, devido ao rigor do clima.
Capelão: – No tempo em que estava fora do país?
Paciente: – Quarenta e cinco graus à sombra, quase o ano todo.
Capelão: – Estava longe de casa, então.
Paciente: – Ela não era do tipo de suportar vida rigorosa.
Doutora: – O senhor tem outros filhos? Ou era filha única?
Paciente: – Não, não, temos mais três.
Doutora: – Mais três. E como estão passando?
Paciente: – Bem.
Doutora: – Estão bem? Sabe o que não entendo? O senhor é um homem de meia-idade – ainda não sei a sua idade – e em geral, a essa altura, a pessoa já perdeu os pais. Naturalmente a dor de perder uma filha é bem maior, pois perder um filho é sempre mais doloroso. Por que diz que devido a tantas perdas sua vida parecia tão insignificante?
Paciente: – Não posso responder.
Doutora: – É paradoxal, não? Se sua vida fosse tão insignificante, seria muito fácil perdê-la, não? Está vendo o que não entendo?
Capelão: – Estou matutando aqui se foi isso mesmo que ele quis dizer. É isto que o senhor está tentando comunicar? Não tenho muita certeza. Ouvi o senhor dizer que

a notícia do câncer foi um choque diferente, dadas as perdas que teve.

Paciente: – Não, não quis dizer isso. Digo que, além do câncer, tive esses outros choques. Contudo, estava só tentando pensar numa pequena idéia que tinha, que era importante. Você levantou a questão de por que eu estaria mais interessado na morte do que na vida, uma vez que tinha mais três filhos.

Doutora: – Lembrei isto mais para vermos também o lado bom.

Paciente: – Não sei se vocês concordam, mas estes choques quando vêm não causam só impacto no pai, mas se refletem na família inteira, certo?

Doutora: – É verdade.

Capelão: – Sua mulher, então, deve ter passado maus bocados, também?

Paciente: – Minha mulher e os filhos, todos os filhos. E lá estava eu, digamos, vivendo num necrotério.

Doutora: – Por algum tempo, sim.

(Conversa confusa.)

Paciente: – A coisa ia para a frente e eu a encarava como um caso de pesar insolúvel.

Doutora: – Na realidade, o que está dizendo é que havia tanta dor que é muito difícil haver mais agora.

Paciente: – É isso mesmo.

Doutora: – Como podemos ajudá-lo? Quem pode ajudá-lo? Há alguém que possa ajudar nessa situação?

Paciente: – Acho que sim.

Doutora: – (Ininteligível.) Alguém ajudou o senhor?

Paciente: – Nunca pedi ajuda a ninguém, a não ser a vocês.

Doutora: – Alguém conversou com o senhor como estamos fazendo?

Paciente: – Não.

Capelão: – E sobre as outras perdas? Quando sua filha morreu, houve alguém com quem pudesse conversar? Ou com quem sua mulher tivesse conversado? Foi algo que os dois ficaram sofrendo calados? Trocaram idéias mutuamente?

Paciente: – Não muito.

Capelão: – O senhor agüentou calado?

Doutora: – Sua mulher continua abalada ainda hoje como naquela ocasião? Ou já se recuperou um pouco de tudo isso?

Paciente: – Nunca se pode dizer.

Doutora: – É uma mulher de difícil comunicação?

Paciente: – Ela não toca neste assunto, mas se comunica bem, é professora.

Doutora: – Que tipo de mulher ela é?

Paciente: – É uma mulher encorpada, bem-humorada, o tipo de pessoa que é aplaudida de pé no começo de cada período escolar e ganha um presente de valor no fim do ano.

Doutora: – Isto quer dizer muito, o senhor sabe.

Capelão: – Mulheres assim são raras.

Paciente: – Pois é.

Doutora: – Sim?

Paciente: – Faz tudo por mim e pela família.

Doutora: – Pelo jeito, parece ser uma pessoa que conversaria sobre tudo isso com um empurrãozinho.

Paciente: – É, a senhora acha isso, não é?

Doutora: – O senhor teme falar sobre esse assunto ou é ela que evita?

Paciente: – Repita, por favor.

Doutora: – Qual dos dois evita essa conversa?

Paciente: – Pois bem. Conversamos realmente algumas vezes. Como resposta, ela foi para o exterior cuidar das crianças. Assim fez durante dois anos no verão, inclusive no verão passado. Naturalmente, nosso genro pagou as despesas. Os netos estiveram conosco até dezembro, e depois voltaram. Então ela foi para lá passar as férias de dezembro e foi de novo no verão passar um mês. Ia ficar dois mas, por minha causa, ficou só um, porque foi no período de minha convalescença.

Capelão: – Fico imaginando sua vontade de conversar sobre seu estado quando a mente dela estava tomada por outro problema, agravado pela responsabilidade dos netos. Isso influenciou de algum modo seu desejo de compartilhar? Por outro lado, o senhor sentiu que não deveria dizer nada para não sobrecarregar sua esposa com mais problemas? Houve algum sentimento deste tipo?

Paciente: – Há outros problemas entre nós. Embora seja uma dessas pessoas muito responsáveis, como já disse antes, considera-me um homem que nunca trabalhou bem.

Doutora: – Como assim?

Paciente: – Eu não ganhava o suficiente. Com quatro filhos, era assim que ela se sentia. Acha que devo ser como o genro, sabe? E também que sou responsável por não ter educado convenientemente nosso filho mais novo, por ele ter um traço hereditário marcante. Vive me culpando até agora.

Doutora: – Culpa o senhor por isso?

Paciente: – Culpa-me por isso.

Doutora: – O que é que ele faz?

Paciente: – Estava na Fuzilaria Naval, mas foi dispensado.

Doutora: – E agora?

Paciente: – Acho que está procurando emprego como contínuo.

Capelão: – E os outros dois filhos?

Paciente: – Ela me culpa também pela lentidão do segundo filho na escola. Acha que se alguém desse uma mãozinha ele seria o primeiro da classe. Como eu disse, ela é um dínamo de energia. Espero que, mais cedo ou mais tarde, perceba que ele não seria capaz. É só uma questão de hereditariedade. O primeiro vai regularmente bem, está prestes a se formar em eletrônica, porque ela o está ajudando.

Capelão: – Só porque ela o está ajudando?

Paciente: – Não é bem assim. Ele é brilhante, é o único que brilha, além da irmã.

Capelão: – O senhor falou também em hereditariedade. De quem acha que provém a falha? O senhor deu a impressão de que vem do senhor. Ou é sua mulher quem insinua isso?

Paciente: – Não sei se ela chega a tanto, nem sei se pensa que é hereditariedade. Ela acha que não é só uma questão de eu chegar a trabalhar bastante. Eu deveria fazer aquilo no tempo livre, além de ganhar mais dinheiro, que tem sido o tema de nossas vidas. Ela me ajudará no que for necessário, mas sempre vai me culpar por eu não fazer minha parte. Eu deveria ganhar no mínimo quinze mil dólares por ano.

Doutora: – Estou sentindo que o que o senhor quer realmente dizer é que sua esposa, por ser muito ativa e enérgica, pretende, de certo modo, que o senhor e os filhos sejam do mesmo jeito.

Paciente: – É isso mesmo.

Doutora: – E não admite muito que não seja igual a ela.

Paciente: – Exatamente.

Doutora: – Isso é, ativo e enérgico. Então diz: "Veja meu genro. Ganha um dinheirão." Provavelmente ele é muito ativo e enérgico.

Paciente: – Não só o genro, mas todos os conhecidos dela.

Doutora: – Acho que isso tem influência no paciente, porque quando adoece e fica mais fraco...

Paciente: – Como?

Doutora: – Quando os senhor adoce e fica mais fraco, torna-se menos ativo e enérgico, e ganha menos.

Paciente: – De fato, um dia disse-lhe isso. Quando cheguei aos 40 e definhava um pouco, disse entre meus botões: "Puxa, cara, se o negócio está assim agora, imagine como será mais tarde com ela ficando cada vez mais ativa."

Doutora: – Será terrível, não?

Paciente: – Porque ela está cada vez mais ativa.

Doutora: – O que, em outras palavras, significa que vai ser muito pior para o senhor. Ela não tolera ninguém em cadeiras-de-rodas, não é?

Paciente: – É extremamente intolerante com quem não brilha muito.

Doutora: – Mesmo fisicamente fraco, o senhor é capaz de ser brilhante e sabe disso.

Paciente: – Sei.

Doutora: – Mas ela não tolera quem é fisicamente incapaz de fazer as coisas.

Paciente: – É.

Doutora: – Porque o senhor sempre pode ser brilhante.

Paciente: – Bem, quando dizemos brilhante queremos dizer fazer as coisas com brilhantismo. Isso é o que ela quer.

Capelão: – Ouvi o senhor falar em "bem-sucedido".

Paciente: – Bem-sucedido, é isso mesmo.

Doutora: – Compreendo.

Capelão: – Que não se tenha só capacidade, mas que essa capacidade sirva para alguma coisa. Ocorre-me agora que, com esse tipo de coisa acontecendo, fica descartada qualquer ocasião para o senhor de falar sobre si e suas dores.

Paciente: – Exatamente; isso é válido também para os filhos.

Capelão: – Isso me interessa.

Paciente: – Definitivamente, sinto que nossos filhos são oprimidos pelas exigências excessivas da mãe. Além de ser professora, por exemplo, é exímia costureira. É capaz de cortar e fazer um terno em apenas um fim de semana. E garanto que fica mais bonito do que os ternos de duzentos e cinqüenta dólares que se vêem por aí.

Doutora: – Mas como o senhor se sente em meio a tudo isso?

Paciente: – Sinto que o fato de ela ser formidável não pesa muito na balança, pois não sei como vocês diriam – eu a admiro como um ídolo, sabem? Não pesaria muito se ela não insistisse tanto em que eu fosse igual a ela.

Doutora: – Então, como o senhor pode suportar sua doença?

Paciente: – Esse é o ponto principal, realmente.

Doutora: – É justamente o que estamos tentando descobrir, o modo como poder ajudá-lo.

Paciente: – Realmente, esse é o ponto principal. Porque se a gente tem uma doença, sofre, carrega um mal incurável, mas existe alguém que vive ao lado da gente e enfrenta todos os aspectos da dor, a gente sabe, a gente diz: bem, não sei como viver com o drama da morte de nossa filha, etc., e a resposta vem logo: "Mantenha a cabeça erguida, pensamento positivo!" De fato, ela é entusiasta do pensamento positivo.

Capelão: – Continua-se indo em frente, sem parar para pensar.

Paciente: – Correto.

Doutora: – Mas o senhor está disposto a pensar e falar sobre isso. O senhor deveria falar disso, tem de ter alguém com quem conversar.

Paciente: – Minha mulher interrompe no meio da frase. Com ela, não há condição de manter um bate-papo sobre qualquer desses assuntos.

Capelão: – Deduzo que o senhor tem muita fé dentro de si.

Paciente: – Pensei muito comigo mesmo como resolver estes problemas. A realidade é que trabalho bastante, exatamente como ela quer. Sempre fui, sempre fui um aluno muito brilhante. Na universidade, meu conceito era "A" e "B" em todas as matérias.

Capelão: – Ouço o senhor dizer que tem tanta capacidade, mas reconhece que o trabalho árduo não vai resolver esta espécie de conflitos que a vida lhe criou até agora. O senhor fez uma distinção entre pensar na vida e pensar na morte, lembra-se?

Doutora: – O senhor nunca pensa na morte?

Paciente: – Penso. O que ia dizer sobre isso?

Capelão: – Estava apenas conjecturando sobre aquilo que o senhor pensava da vida em relação à morte e vice-versa.

Paciente: – Pois é, temos de admitir isto, nunca pensei na morte como uma coisa em si, mas tenho pensado na inutilidade da vida nestas circunstâncias.

Capelão: – Na inutilidade?

Paciente: – Isto é, se eu morresse amanhã, minha mulher continuaria perfeitamente normal.

Doutora: – Como se nada tivesse acontecido?

Paciente: – É o que acho. Ela não sentiria falta.

Capelão: – Do mesmo jeito que se portou com as outras mortes? Ou um pouco diferente?

Paciente: – Depois da morte de minha filha, cuidou dos filhos dela. Mas se ela não deixasse filhos sua vida nada mudaria de jeito nenhum.

Capelão: – O fato de lhe terem dado alguma esperança é o que lhe dá forças para justificar um dos motivos de ter vindo para cá. Disseram-lhe que podem fazer algo pelo senhor e estão fazendo. O que calou fundo em seu desejo de viver? Apesar da inutilidade de seus sentimentos, existe algo em seu íntimo que despertou alegria e desejo de continuar. É fé?

Paciente: – Mais do que outra coisa diria que é uma espécie de esperança cega. O grupo da igreja que freqüento tem me apoiado bastante. Trabalho na Igreja Presbiteriana há muitos e muitos anos. Depois o fato de fazer um pouco do que minha mulher não gostava, como cantar no coral, ensinar na escola dominical, etc. O fato de ter sido capaz de fazer algumas coisas como essas que eu sabia serem úteis à comunidade, trabalho este que me ajudou. Contudo, cada minuto de trabalho nesse sentido foi considerado inútil, já que não contribuía para ganhar muito dinheiro.

Doutora: – Isto no conceito dela. E no seu, foi útil?

Paciente: – Acho que foi útil, muito útil.

Doutora: – Está vendo? O que acho mais importante é que o senhor ainda possui um senso de valor. É por isso que acho que a esperança tem significado para o senhor. O senhor ainda quer viver. Não quer mesmo morrer, quer? Por isso veio para este hospital.

Paciente: – Correto.

Doutora: – O que a morte significa para o senhor? É uma pergunta difícil mas talvez possa respondê-la.

Paciente: – O que a morte significa para mim?

Doutora: – O que a morte significa para o senhor?

Paciente: – A morte. Significa encerrar uma atividade válida. No meu caso, entendo por válido algo bem diferente de minha mulher. Não me refiro a atividades produtoras de dinheiro.

Capelão: – O senhor se refere a cantar no coral e a ensinar na escola dominical. Estar com as pessoas, coisas desse tipo.

Doutora: – É.

Paciente: – Sempre atuei no trabalho comunitário, nas mais diversas atividades. A única coisa que torna a vida inútil agora é o fato de me ver pelo prisma do outro médico, como não sendo mais capaz de retornar a estas coisas.

Doutora: – E o que o senhor está fazendo aqui agora?

Paciente: – Hein?

Doutora: – O que o senhor está fazendo aqui agora?

Paciente: – O que estou fazendo neste momento é trocar pontos de vista que poderiam ajudar.

Doutora: – Uma atividade válida. Pode ser de ajuda para o senhor, e certamente é para nós.

Capelão: – Atividade válida para o senhor, não para sua mulher.

Doutora: – É (risada). É por isso que eu queria esclarecer este ponto. O que o senhor está querendo dizer realmente é que vale a pena viver, desde que se possa ser de alguma valia e fazer algo de útil.

Paciente: – Mas é muito bom também ter alguém que reconheça. Se é alguém a quem se ama.

Doutora: – Acredita mesmo que ninguém mais gosta do senhor?

Paciente: – Não acredito que minha mulher goste.

Capelão: – Achei que ele se referia a isso.

Doutora: – Sim. E com relação aos filhos?

Paciente: – Acho que gostam de mim. Mas a esposa é a principal coisa, vocês sabem, é a mulher de um homem. Sobretudo se ele a admira muito. Ela é tão adorável! Porque é cheia de uma energia irradiante.

Capelão: – Isso sempre foi patente em seu casamento? Ou nota-se mais depois desta sua fase de perda e de dor?

Paciente: – Não há diferença. Na realidade, tem sido melhor depois das perdas e dores. Agora, por exemplo, ela tem sido muito compreensiva comigo, já faz algum tempo. Aliás, desde que entrei no hospital, mas sempre foi daquele jeito. Quando eu adoecia, ou coisa parecida, ela ficava realmente boa comigo, por um certo período, mas, ao mesmo tempo, não podia fugir ao fato de considerar que estava lá um pamonha que não ganhava dinheiro nenhum.

Capelão: – Como o senhor vê as coisas que lhe têm acontecido na vida? O senhor já falou em ir à igreja. Como considera as coisas que lhe aconteceram? Quanto à sua atitude perante a vida, o que outros chamariam fé na vida. Deus desempenha algum papel nisto?

Paciente: – Claro. Bem, em primeiro lugar, como cristão, Cristo atua como um mediador. É muito simples. Quando conservo na mente esta visão, as coisas se resolvem muito bem. Fico aliviado de meus... encontro soluções para problemas que envolvem os outros.

Capelão: – O que o senhor quer dizer realmente é que existe a necessidade de um mediador entre o senhor e sua mulher, ao nomear Cristo como um mediador em outros problemas seus. Já pensou nisso em relação à sua mulher e ao relacionamento de vocês?

Paciente: – Já, mas, infelizmente ou não, minha mulher é dinâmica demais.

Capelão: – Ouvindo o senhor, entendo que sua mulher é tão dinâmica e ativa que não há lugar para um Deus atuante na vida dela. Não haveria lugar para um mediador.

Paciente: – É o que acontece no caso dela.

Doutora: – O senhor acha que ela aceitaria conversar conosco?

Paciente: – Acho que sim.

Doutora: – Se o senhor pedir a ela? Tudo bem?

Paciente: – Minha mulher jamais pensaria em ir a um psiquiatra, especialmente comigo.

Doutora: – Hum! O que a apavora tanto nos psiquiatras?

Paciente: – Exatamente as coisas sobre que estamos falando. Acho que ela procura encobri-las.

Doutora: – Bem, vejamos se essa entrevista sai. Poderia ajudar bastante. Se o senhor não se importar, aparecemos de vez em quando, certo?

Paciente: – A senhora disse que vão aparecer?

Doutora: – E visitar você.

Paciente: – No meu quarto?

Doutora e capelão: – Sim.

Paciente: – Vou embora sábado que vem.

Doutora: – Ah, é? Então não temos muito tempo.

Capelão: – Sempre que voltar à clínica, o senhor vem visitar a doutora, não?

Paciente: – Tenho minhas dúvidas, mas pode ser. É uma viagem muito longa.

Capelão: – Ah, sei.

Doutora: – Bem, se este é o nosso último encontro, talvez tenha algumas perguntas que queira fazer.

Paciente: – Considero uma das maiores vantagens desta entrevista o fato de surgir uma série de perguntas em que não tinha pensado.

Doutora: – Também nos ajudou.

Paciente: – Acho que a doutora me fez ótimas sugestões e o senhor também. Mas de uma coisa estou certo: não vou ficar curado, a menos que tenha uma melhora radical.

Doutora: – Isto o assusta?

Paciente: – Assusta?

Doutora: – Não noto medo algum no senhor.

Paciente: – Não, não me amedrontaria por dois motivos. Primeiro, por me ter dedicado muito à religião, que se firmou no fato de eu tê-la transmitido a outras pessoas.

Doutora: – Portanto, pode dizer de si mesmo que é um homem que não teme a morte e que simplesmente a aceitará quando vier.

Paciente: – Pois é, não temo a morte, mas de certo modo temo a possibilidade de continuar minhas atividades anteriores. Porque, como a senhora vê, gostava menos de engenharia do que de tratar com as pessoas.

Capelão: – Aí surgiu seu interesse pela comunicação.

Paciente: – Em parte, sim.

Capelão: – O que me impressiona não é a ausência de medo, mas a preocupação, o senso de mágoa diante do relacionamento com sua mulher.

Paciente: – A vida toda lamentei não me poder comunicar com ela. Na verdade, posso até dizer que, se quisesse traduzir em termos matemáticos, acredito que noventa por cento de meu estudo de comunicação foram gastos na tentativa de chegar a um acordo com minha mulher.

Doutora: – Tentando comunicar-se com ela, não? Nunca teve ajuda profissional para isso? Sabe, tenho um pressentimento de que se poderia ainda fazer alguma coisa nesse sentido.

Capelão: – É por isso que o encontro de amanhã é tão importante.

Doutora: – Pois é. Assim, não me sentiria tão inútil; isso não é irrecuperável, sabe? O senhor ainda tem tempo para fazer isso.

Paciente: – Uma vez que estou vivo, há esperança para a vida.

Doutora: – Certo.

Paciente: – Mas a vida não é tudo no mundo. O tipo de vida, o motivo por que você a vive.

Capelão: – Foi bom ter vindo visitá-lo. Gostaria de vê-lo de novo hoje à noite, antes de eu ir para casa.

Paciente: – Gostaria muito... Ah!... (o paciente reluta em ir embora)... Vocês iam me perguntar alguma coisa e se esqueceram.

Doutora: – Eu?

Paciente: – É.

Doutora: – Que foi que esqueci?

Paciente: – Percebi, pelo que disseram, que a senhora era responsável não só por este seminário mas... Bem, vamos deixar de lado o que é de sua responsabilidade. Alguém estava interessado na relação entre a religião e a psiquiatria.

Doutora: – Começo a entender. Veja, muitos têm conceitos diferentes sobre o que estamos fazendo aqui. O que mais me interessa é conversar com os doentes ou com os pacientes desenganados. Conseguir entendê-los um pouco mais. Ensinar ao pessoal do hospital como melhor ajudá-los, e a melhor maneira de ensinar é ter como professor o próprio paciente.

Capelão: – O senhor queria fazer perguntas relacionadas com religião...

Paciente: – Queria. Por exemplo, quando acontece de se sentir mal, a maioria dos pacientes não vai em busca de um psiquiatra, mas de um capelão.

Doutora: – É verdade.

Paciente: – Muito bem. Alguém me perguntou antes – não sei se foram vocês ou outra pessoa – como me sinto em relação ao trabalho dos capelães. Fiquei estupefato quando precisei de um capelão no meio da noite e descobri que não havia nenhum de plantão. Acho isto simplesmente inacreditável. Quando é que mais se precisa de um capelão? É sobretudo à noite, podem crer. É quando a gente se vê de luvas de boxe enfrentando a si mesmo. É nessa hora que mais se precisa de uma capelão. Na maioria das vezes, depois da meia-noite...

Doutora: – Nas primeiras horas da madrugada.

Paciente: – Se fosse mostrado num diagrama, o ponto alto seria lá pelas três da manhã. Deveria ser assim: você tocaria a campainha, a enfermeira viria e você diria que "gostaria de falar com um capelão". Ele apareceria em cinco minutos e se teria condições de...

Doutora: – De se comunicar de verdade.

Paciente: – É.

Doutora: – É uma pergunta que o senhor gostaria que lhe tivéssemos feito, se está contente com o trabalho do capelão. Fiz esta pergunta talvez de modo indireto quando quis saber se alguém o tinha ajudado, se alguém tinha sido útil a você. O senhor não falou em capelão...

Paciente: – Esse problema está na própria Igreja, saber quando alguém precisa de um ministro.

Doutora: – Sim.

Paciente: – Geralmente, precisa-se dele às três da manhã.

Doutora: – Bem, o capelão N. pode responder, porque na noite passada ficou acordado o tempo inteiro, atendendo aos pacientes.

Capelão: – Não me sinto tão culpado quanto deveria; só dormi duas horas na noite passada. Sou capaz de entendê-lo, apesar de achar que se têm dito muito mais coisas a respeito do que se sente.

Paciente: – Acho que nenhuma outra coisa deveria ter precedência sobre esta.

Capelão: – Preocupação típica de quem busca ajuda.

Paciente: – Claro, o ministro presbiteriano que casou meus pais era desse tipo de homem. Nada o feria. Encontrei-o com noventa e cinco anos, com a audição boa como sempre, a vista boa como sempre, o aperto de mão como o de um homem de vinte anos.

Capelão: – Isto é símbolo também de algumas decepções que o senhor teve.

Doutora: – Também faz parte do seminário descobrir essas coisas, para podermos ser mais eficientes.

Paciente: – Tudo bem. No caso dos ministros, acredito que haja menos chance de um encontro quando se precisa deles do que no caso de um psiquiatra, o que é peculiar, pois supomos que um ministro não seja remunerado, ao passo que supomos que o psiquiatra só atenda por uma certa quantia. Portanto, temos aí um cidadão que ganha dinheiro, durante o dia, à noite, à hora que quiser, bastando apenas um acordo para que atenda também de noite. Agora, tente arrancar um ministro da cama durante a noite.

Capelão: – Está me parecendo que sofreu decepções com religiosos.

Paciente: – O atual pastor lá da igreja é muito bom, mas o problema é que vive rodeado de um bando de filhos. Pelo menos quatro. Quando é que ele pode sair? E me falam de jovens que estudam no seminário, etc. Não são muitos. Na verdade, foi um tanto difícil conseguir alguns para o trabalho de educação cristã. Mas acho que se a Igreja fosse operante não teria dificuldade em arrebanhar jovens.

Capelão: – Temos muitas coisas para conversar que não fazem parte deste seminário. Vamos nos reunir a qualquer hora e fazer uma revisão da Igreja. Concordo em parte com o que diz.

Doutora: – Tudo bem, mas estou satisfeita por ele ter trazido isto à baila aqui. Esta parte é importante. Como vai o serviço da enfermagem?

Paciente: – Aqui?

Doutora: – Sim.

Paciente: – Praticamente, todas as noites em que precisei de um capelão era porque durante o dia tivera de lidar com um tipo errado de enfermeira. Aqui, há algumas enfermeiras eficientes, mas tratam do paciente de modo errado. De fato, meu colega de quarto observou que "a gente ficaria curado duas vezes mais depressa se não existisse enfermeira". Ela briga o tempo todo, sabe lá o que é isso? A gente pede: "Me ajude a comer por causa da úlcera e dos problemas de fígado, etc. e tal..." Ela responde: "Estamos ocupadas demais, comer depende de você. Se quiser comer, coma; se não quiser, não coma!" Há outra que é muito boazinha e ajuda a gente, mas não sorri nunca. Para uma pessoa como eu, que geralmente está sorrindo e tem como característica a boa vontade, é meio triste olhar para ela. Ela vem toda noite, mas não dá nem um sorriso.

Doutora: – Como está seu colega de quarto?

Paciente: – Não tenho tido oportunidade de conversar com ele desde que começou o tratamento respiratório. Por outro lado, imagino que esteja indo bem, pois ele não tem tantos distúrbios diferentes como eu.

Doutora: – Reparou que no começo desta entrevista o senhor estipulou cinco ou dez minutos alegando que ficaria cansadíssimo? Pode continuar sentado confortavelmente?

Paciente: – Pois é, acontece que estou bem.

Doutora: – Sabe quanto tempo faz que estamos conversando? Uma hora.

Paciente: – Nunca pensei que pudesse agüentar uma hora.

Capelão: – Estamos preocupados em não cansá-lo demais.

Doutora: – Sim, acho realmente que deveríamos parar agora.

Paciente: – Acho que já falamos sobre muitas coisas.

Capelão: – Virei vê-lo à hora do jantar, antes de ir embora.

Paciente: – Ah, às seis horas?

Capelão: – Entre cinco e meia e seis horas, mais ou menos.

Paciente: – Ótimo, assim o senhor pode me ajudar a comer, pois a enfermeira é bem ruim.

Capelão: – Certo.
Doutora: – Gratos por ter vindo. Gostamos muito.

A entrevista com o Sr. H. é um bom exemplo do que chamamos de "entrevista de porta-aberta".

O pessoal do hospital o considerava um homem sisudo e não comunicativo e o seu palpite era de que ele não concordaria em conversar conosco. Foi logo advertindo no começo da sessão que teria um colapso se ficasse sentado mais do que cinco minutos; entretanto, após uma hora inteira de conversa, relutava em ir embora, mostrando-se bem disposto física e emocionalmente. Sua preocupação eram as perdas pessoais, sendo a mais séria a morte da filha, longe de casa. Contudo, o que mais o magoava era a perda da esperança. Foi o que contou primeiro, falando de como o médico lhe comunicara a doença: "...não me deram nenhuma esperança. O médico me disse que seu pai se submetera à mesma intervenção cirúrgica, no mesmo hospital, com o mesmo cirurgião e morrera um ano e meio depois, com a mesma idade, sem ter conseguido recuperar-se. E tudo o que eu poderia fazer era esperar pelo amargo fim...".

O Sr. H. não desistiu e internou-se em outro hospital, onde lhe deram esperança.

Mais adiante, expressa outro sentimento de falta de esperança, isto é, a impossibilidade de ver a sua mulher compartilhar alguns de seus interesses e valores da vida. Sempre fizera com que se sentisse um fracassado, culpado pela falta de aproveitamento dos filhos, por não trazer bastante dinheiro para casa. Ele sabia muito bem que era tarde demais para satisfazer os anseios e as expectativas dela. À medida que se sentia mais fraco e incapaz de trabalhar, rememorando sua vida passada, conscientizava-se ainda mais da discrepância entre os seus valores e os dela. O abismo parecia tão profundo que a comunicação se tornara quase impossível. Tudo isto aconteceu a esse homem durante o luto pela morte da filha, que reavivou a tristeza sentida pela morte dos pais. Pelo que falou, sentimos que foi tanto sofrimento que não podia acrescentar mais tristeza, deixando suspenso um diálogo que talvez lhe proporcionasse uma sensação de paz. Havia um sentimento de orgulho em toda essa depressão, um sentimento digno, apesar da falta de reconhecimento de sua família. Deste modo, não nos era possível ajudar, apenas desejar servir de instrumento numa conversa final entre ele e a mulher.

Finalmente, entendemos por que a equipe hospitalar ignorava até que ponto o Sr. H. estava ciente de sua doença. É que ele não pensava tanto no câncer quanto na revisão do significado de sua vida, buscando meios para dividi-la com a pessoa mais importante, sua mulher. Sua profunda depressão não se devia à doença incurável mas a não ter terminado o luto pela morte de seus pais e filha. Quando já existe muita dor, não se sente tanto quando uma dor nova atinge um corpo sadio. Entretanto, sentíamos que aquela dor poderia ser aplacada se encontrássemos meios de comunicar tudo isto à Sra. H.

Na manhã seguinte, tivemos um encontro com ela. Era uma mulher forte, potente, sadia, enérgica, como ele havia descrito. Confirmou quase tintim por tintim o que ele havia dito um dia antes: "A vida continuará a mesma quando ele deixar de existir." Ele era fraco, não podia nem cortar a grama porque seria capaz de desmaiar. Os homens da fazenda eram um tipo bem diferente, musculosos e fortes. Trabalhavam de sol a sol, e ele não se interessava nem em ganhar dinheiro... Sim, ela sabia que ele teria pouco tempo de vida, mas não podia levá-lo para casa. Planejava interná-lo numa clínica particular, onde iria visitá-lo... Dizia tudo isso num tom de mulher ocupada, atarefada com muitas outras coisas e que não podia ser perturbada. Naquele instante acho que perdi a paciência ou compreendi a falta de esperança do Sr. H., mas repeti com minhas próprias palavras a essência do que ele dissera. Resumi brevemente que o Sr. H. não preenchera as expectativas dela, que realmente não era muito bom em muitas coisas e que não seria pranteado quando morresse. Repassando a vida dele, poderíamos perguntar se havia algo que o fizesse lembrado...

De repente, ela me fitou e, com a voz cheia de sentimento, quase gritou: "O que é que a senhora quer dizer? Ele foi o homem mais honesto e mais fiel do mundo..."

Ficamos mais alguns minutos e contei alguma coisa que ouvíramos na entrevista. A Sra. H. admitiu que jamais tinha pensado nele nestes termos e se dispôs a dar um voto de confiança às qualidades dele. Voltamos juntas ao quarto do paciente e ela mesma transmitiu o que conversáramos no consultório. Jamais esquecerei o rosto pálido do paciente afundado no travesseiro, o olhar interrogativo, a expressão de admiração como a perguntar se conseguíramos dizer tudo. Então, seus olhos brilharam ouvindo sua mulher dizer: "...e eu disse a ela que você era o homem mais honesto e mais fiel do mundo, difícil de se encontrar hoje em dia. E que, voltando para casa, vamos passar pela igreja e apanhar algum trabalho, que tem tanto significado para você. Servirá para distraí-lo nos próximos dias...".

Haver certo calor autêntico em sua voz ao falar com ele e prepará-lo para deixar o hospital. "Jamais a esquecerei, enquanto viver", disse-me quando deixei o quarto. Sabíamos ambos que não seria por longo tempo mas, a essa altura, isso pouco importava.

VII. Quinto estágio: aceitação

Já posso partir! Que meus irmãos se despeçam de mim!
Saudações a todos vocês; começo minha partida.
Devolvo aqui as chaves da porta e abro mão dos meus direitos na casa.
Palavras de bondade é o que peço a vocês, por último.
Estivemos juntos tanto tempo, mas recebi mais do que pude dar.
Eis que o dia clareou e a lâmpada que iluminava o meu canto escuro se apagou.
A ordem chegou e estou pronto para minha viagem.

Tagore
Gitanjali, XCIII

Um paciente que tiver tido tempo necessário (isto é, que não tiver tido uma morte súbita e inesperada) e tiver recebido alguma ajuda para superar tudo conforme descrevemos anteriormente atingirá um estágio em que não mais sentirá depressão nem raiva quanto a seu "destino". Terá podido externar seus sentimentos, sua inveja pelos vivos e sadios e sua raiva por aqueles que não são obrigados a enfrentar a morte tão cedo. Terá lamentado a perda iminente de pessoas e lugares queridos e contemplará seu fim próximo com um certo grau de tranqüila expectativa. Estará cansado e bastante fraco, na maioria dos casos. Sentirá também necessidade de cochilar, de dormir com freqüência e a intervalos curtos, diferente da necessidade de dormir durante a fase da depressão. Não é um sono de fuga, nem um instante de descanso para aliviar a dor, um incômodo ou um prurido. É uma necessidade gradual e crescente de aumentar as horas de sono, como um recém-nascido, mas em sentido inverso. Não é um desânimo resignado e sem esperança, um senso de "o que adianta?" ou "não agüento mais lutar", embora se ouçam também estas frases. (Indicam também o começo do fim da luta, mas estas últimas não significam aceitação.)

Não se confunda aceitação com um estágio de felicidade. É quase uma fuga de sentimentos. É como se a dor tivesse esvanecido, a luta tivesse cessado e fosse chegado o momento do "repouso derradeiro antes da longa viagem", no dizer de um paciente. É também o período em que a família geralmente carece de ajuda, compreensão e apoio, mais do que o próprio paciente; à medida que ele, às vésperas da morte, encontra uma certa paz e aceitação, seu círculo de interesse diminui. E deseja que o deixem só, ou, pelo menos, que não o perturbem com notícias e problemas do mundo exterior. Os visitantes quase sempre são indesejados e o paciente já não sente mais vontade de conversar com eles. Geralmente pede que seja limitado o número de pessoas e prefere visitas curtas. É o período em que se "desliga a televisão". Nossas conversas, então, passam de verbais a não-verbais. O paciente já indica com um gesto de mão que nos sentemos um pouco. É provável que só segure nossa mão num pedido velado de que fiquemos em silêncio. Para quem não se perturba diante de quem está prestes a morrer, estes momentos de silêncio podem encerrar as comunicações mais significativas. Podemos juntos ouvir o canto de um pássaro lá fora. Nossa presença pode até ser uma garantia de que vamos ficar por perto até o fim. Quando já estiverem sendo providenciadas as coisas mais importantes, podemos simplesmente deixar que saiba que tudo está bem sem precisar dizer alguma coisa. É só uma questão de tempo até fechar os olhos para sempre. Isto pode lhe dar certeza, quando não puder mais falar, de que não foi abandonado, e um leve aperto de mão, um olhar, um recostar no travesseiro podem dizer mais do que muitas palavras "proferidas".

Uma visita à noitinha pode ser ótima para um encontro deste tipo, pois tanto para o visitante como para o paciente é o final do dia. É a hora em que o serviço do hospital não vem interromper estes momentos, nem a faxineira aparece para esfregar o chão. Estes breves momentos íntimos podem coroar o dia ao final das rondas médicas, quando ninguém mais o perturba. Não passam de breves momentos mas, para o paciente, é reconfortante sentir que não foi esquecido quando nada mais pode ser feito por ele. É gratificante inclusive para o visitante, pois isto vem mostrar que a morte não é uma coisa horrível, medonha, que tantos querem evitar.

Há alguns pacientes que lutam até o fim, que se debatem e se agarram à esperança, tornando impossível atingir este estágio de aceitação. Chega o dia em que dizem: "Não posso resistir mais." Quando deixam de lutar, a luta acaba. Em outras palavras, quanto mais se debatem para driblar a morte inevitável, quanto mais tentam negá-la, mais difícil será alcançar o estágio final de aceitação com paz e dignidade. A família e a equipe hospitalar podem achar que esses pacientes são resistentes e fortes e encorajá-los na luta pela vida até o fim, deixando transparecer que aceitar o próprio fim é uma entrega covarde, uma decepção ou, pior ainda, uma rejeição da família.

Como saber, então, quando um paciente está se entregando "cedo demais", quando sentimos que um pouco de esforço de sua parte aliado à ajuda médica poderia dar-lhe possibilidade de viver um pouco mais? Como distinguir esta "entrega" do estágio de aceitação, quando geralmente nosso desejo de prolongar a vida contrasta com o desejo dele de descansar e morrer em paz? Se não somos capazes de distinguir entre estes dois estágios fazemos mais mal do que bem a nossos pacientes, e nos sentimos frustrados em nossos esforços, além de fazermos de sua morte uma última e penosa experiência. O caso da Sra. W., que mostramos a seguir, resume brevemente o que acontece quando não se distingue uma coisa da outra.

> A Sra. W., cinqüenta e oito anos de idade, casada, foi hospitalizada com um tumor maligno no abdômen, que causava dores atrozes. Ela tinha conseguido enfrentar sua grave doença com coragem e denodo. Raramente se queixava e procurava fazer sozinha o maior número de tarefas. Recusava qualquer ajuda ao perceber que podia fazer sozinha e o pessoal

do hospital e seus familiares ficavam impressionados com seu bom humor e seu jeito de enfrentar a morte iminente com serenidade.

Logo depois de sua última internação no hospital, entrou de repente em depressão. A equipe hospitalar ficou confusa com esta mudança e solicitou a presença de um psiquiatra. Quando a procuramos, não estava no quarto, nem a encontramos mais tarde quando voltamos para uma segunda visita. Finalmente, fomos encontrá-la no corredor, fora da sala de raio X, deitada numa maca, cheia de dores e sem conforto algum. Ficamos logo sabendo que ela deveria submeter-se a duas séries demoradas de radiografia, mas que deveria aguardar os que estavam na frente. Mostrava-se aflita por causa de uma ferida que tinha nas costas, não havia comido nem bebido nada desde as últimas horas e, o pior de tudo, precisava ir urgentemente ao banheiro. Contou tudo isso em voz bem baixa, dizendo que se sentia "zonza de tanta dor". Ofereci-me para levá-la ao banheiro mais próximo. Olhou-me e respondeu com um leve sorriso nos lábios pela primeira vez: "Não, obrigada, estou descalça, prefiro esperar até voltar para o quarto. Lá posso ir sozinha."

Foi uma observação rápida, que nos revelou uma das necessidades da paciente: cuidar de si mesma tanto quanto possível, manter a dignidade e a independência sempre que pudesse. Estava exasperada por terem testado sua paciência a ponto de estar prestes a gritar alto em público, a evacuar num corredor, a gritar na frente de estranhos "que só cumpriam seu dever".

Dias mais tarde, quando conversávamos em circunstâncias mais favoráveis, era visível que se cansava cada vez mais e estava pronta para morrer. Falou rapidamente sobre seus filhos, seu marido, que seriam capazes de continuar sem ela. Sentia fortemente porque sua vida, sobretudo seu casamento, fora muito boa e cheia de sentido, não havendo muito que pudesse ainda fazer. Pediu que a deixassem morrer em paz, quis ficar só, desejando mesmo que seu marido não se envolvesse tanto. Disse que o único motivo que a mantinha viva era o fato de seu marido não conseguir aceitar que ela morresse. Chegava a ficar zangada com ele por não encarar os fatos e por agarrar-se tão desesperadamente a algo que ela estava desejosa e pronta para abandonar. Interpretei para ela como sendo um desejo de desligar-se deste mundo e ela balançou a cabeça agradecida quando a deixei só.

Nesse ínterim, a equipe médico-cirúrgica havia feito uma reunião com o marido da paciente, sem que nem ela nem eu soubéssemos. Enquanto os cirurgiões acreditavam que a vida dela poderia ser prolongada graças a outra intervenção cirúrgica, o marido implorava que fizessem tudo ao alcance para "atrasar o relógio". Perder a esposa era inaceitável para ele. Não podia compreender que ela não sentia mais necessidade de ficar com ele. A necessidade dela de se desligar, de tornar a morte mais fácil, era por ele interpretada como uma rejeição que ia além de sua compreensão. Não havia ninguém lá para explicar que aquele era um processo natural, até um progresso, um indício talvez de que um moribundo encontrara a paz e se preparava para enfrentar a morte sozinho.

A equipe decidiu operar a paciente na semana seguinte. Quando ela foi informada destes planos, enfraqueceu a olhos vistos. Passava quase a noite toda pedindo o dobro da medicação para suas dores. Cada vez que ia tomar injeção, pedia um remédio contra dor. Tornou-se intranqüila e ansiosa, sempre buscando ajuda. Não era mais a paciente de alguns dias atrás, a digna senhora que não podia ir ao banheiro porque estava sem chinelos!

Estas mudanças de comportamento deviam alertar-nos. São comunicações de nossos pacientes que tentam dizer alguma coisa. Nem sempre é possível para uma paciente recusar abertamente uma operação para prolongar a vida, diante de um marido desesperado e suplicante e de filhos que esperam que a mãe fique em casa por mais algum tempo. Enfim, não deveríamos menosprezar que o paciente guarde uma tênue esperança de cura diante da morte iminente. Como já salientamos, não está na natureza humana aceitar a morte sem deixar uma porta aberta para uma esperança qualquer. Portanto, não basta ouvir somente as comunicações verbais abertas de nossos pacientes.

A Sra. W. mostrara claramente que desejava que a deixassem em paz. Sentiu-se muito mais intranqüila e cheia de dor depois que lhe informaram sobre a cirurgia programada. Sua ansiedade aumentava à medida que se aproximava o dia da operação. Não tínhamos autoridade para cancelar a operação. O que fizemos foi apenas comunicar nossa total reserva e certeza de que a paciente não suportaria tal operação.

A Sra. W. não teve força suficiente para recusar a cirurgia, nem morrer antes ou durante a intervenção. Contudo, ficou totalmente psicótica ao chegar à sala de operação, manifestando idéias de perseguição, gritando e continuando assim até ser levada de volta para o quarto, minutos antes de a operação ser realizada.

Ela estava completamente fora de si, tendo alucinações visuais e idéias paranóicas. Parecia amedrontada, desnorteada e proferia palavras sem nexo. Mesmo assim, com todo esse comportamento psicótico, havia um certo grau impressionante de consciência e lógica. Assim que chegou ao quarto, pediu para me ver. Quando entrei no quarto no dia seguinte, ela olhou para o marido, atônito, e disse: "Converse com este homem e faça com que ele entenda." Virou, então, as costas para nós, mostrando claramente a necessidade de querer ficar só. Eu já tivera um primeiro contato com seu marido, que ali estava sem palavras. Não podia entender o comportamento "maluco" de sua esposa, que sempre fora uma senhora honrada. Para ele, era difícil suportar o rápido agravamento da doença física da mulher, mas não podia compreender sobre o que seria nosso "louco diálogo".

Disse, com lágrimas nos olhos, que estava completamente confuso com essa mudança brusca; que seu casamento fora de uma felicidade ímpar; que era absolutamente inaceitável a doença fatal de sua mulher. Nutria esperanças de que a operação faria com que voltassem a estar "juntinhos como sempre" durante os muitos anos de seu feliz casamento. O desapego da mulher o preocupava, e mais ainda o seu comportamento psicótico.

Ficou em silêncio, quando lhe perguntei se as necessidades da paciente estavam acima das dele. Aos poucos, foi percebendo que jamais dera ouvidos às necessidades dela, pois não passava pela sua cabeça que pudessem ser diferentes das suas. Não podia compreender como um paciente chega a um ponto em que a morte nada mais é do que um grande alívio e que se torna mais fácil morrer quando se é ajudado a despregar-se de todos os relacionamentos importantes da vida.

Tivemos uma conversa demorada. À medida que falávamos, as coisas iam pouco a pouco se esclarecendo, entrando nos eixos. Contou inúmeros casos, como a confirmar que ela tentara comunicar suas necessidades, as quais ele não ouvia por estarem em oposição às suas. Ao sair da sala, o Sr. W. apresentava um rosto desanuviado e não quis que o acompanhasse ao quarto da paciente. Sentia-se mais forte para falar com franqueza com sua mulher sobre o desfecho de sua doença e parecia quase contente de que a operação tivesse sido cancelada, graças à "resistência" dela, como ele chamou. Foi essa a sua reação diante da psicose dela: "Meu Deus, ela é capaz de ser mais forte do que nós todos. Ela nos enganou mesmo. Deixou claro que não queria ser operada. Talvez a psicose tenha sido a válvula de escape para não morrer sem estar preparada."

Alguns dias mais tarde, a Sra. W. confirmou que não se consideraria pronta para morrer se não soubesse que o marido a deixaria partir. Ela queria que ele sentisse como ela, em vez de "fingir sempre que vou ficar boa". Seu marido tentara permitir que ela tocasse no assunto, embora lhe fosse penoso e ele "falhasse" muitas vezes, como quando se agarrava à esperança do tratamento radioterápico, ou tentava pressioná-la a voltar para casa, prometendo contratar uma enfermeira particular para cuidar dela.

Nas duas semanas seguintes, vinha conversar de vez em quando sobre sua mulher, seus anseios, inclusive sobre sua eventual morte. Finalmente, acabou aceitando o fato de que ela ficaria cada vez mais fraca e menos capaz de tomar parte em muitas coisas, antes tão cheias de sentido em suas vidas.

Logo que a operação foi definitivamente cancelada e seu marido admitiu a morte iminente, compartilhando isso com ela, recuperou-se de sua breve fase psicótica. Passou a sentir menos dores e reassumiu seu papel de senhora distinta, continuando a fazer tudo o que sua condição física permitia. A equipe técnica tornou-se cada vez mais sensível às manifestações mais sutis, respondendo com tato, tendo sempre em mente a necessidade básica da paciente: viver com dignidade até o fim.

A Sra. W. simbolizava a maioria de nossos pacientes moribundos, embora tenha sido a única que eu visse valer-se de uma fase psicótica tão aguda. Estou certa de que foi uma defesa, uma tentativa desesperada de evitar a operação que iria prolongar sua vida, operação que chegou tarde demais.

Como dissemos antes, descobrimos que os pacientes que melhor reagem são aqueles que foram encorajados a extravasar suas raivas, a chorar durante o pesar preparatório, a comunicar seus temores e fantasias a quem puder sentar-se e ouvi-los em silêncio. Deveríamos tomar consciência do enorme trabalho em alcançar este estágio de aceitação, levando a uma separação gradativa (decatexia), onde não há mais diálogo.

Descobrimos dois meios mais fáceis de atingir este objetivo. Um tipo de paciente chegará a ela através de pouca ou nenhuma ajuda dos circunstantes, a não ser uma compreensão silenciosa, sem qualquer interferência. É o paciente mais velho, que se sente no fim da vida, que trabalhou, que sofreu, que educou os filhos e cumpriu seu dever. Foi alcançado o objetivo de sua vida e goza de certa satisfação ao recordar os seus dias de labor.

Outros, menos afortunados, podem alcançar idêntico estado de mente e corpo, quando dispõem de tempo suficiente para se prepararem para morrer. Vão precisar de mais ajuda e compreensão por parte de quem os circunda, à medida que se esforçam para atravessar os estágios anteriormente descritos. Temos visto a maioria de nossos pacientes morrer no estágio de aceitação, sem medo e desespero. Talvez se compare melhor com o que Bettelheim descreve sobre a primeira infância: "De fato, foi uma idade em que nada nos era pedido e tudo o que queríamos nos era dado. A psicanálise vê a primeira infância como um período de passividade, uma idade de narcisismo primário, quando vivenciamos o eu como sendo tudo."

Assim, quando chegarmos ao fim de nossos dias tendo trabalhado, sofrido, nos doado e nos divertido, voltaremos ao estágio por onde começamos, e se fecha o ciclo da vida.

As duas entrevistas seguintes são exemplos de marido e mulher que buscam o estágio de aceitação.

O Dr. G., dentista, pai de um filho de vinte e quatro anos, era um homem profundamente religioso. No capítulo IV, sobre a raiva, servimo-nos do exemplo dele quando surgiu a pergunta "por que eu?". Foi quando se lembrou do velho George e se perguntou por que não tomavam a vida daquele homem em vez da sua. À parte o quadro de aceitação presente durante a entrevista, vê-se também um aspecto de esperança. Conscientemente, sabia bem de seu estado e, como profissional, logo percebeu que teria chance remota de continuar trabalhando. Mesmo assim, até pouco antes da entrevista, não estava disposto ou não se sentia capaz de encarar o fato de fechar seu consultório. Mantinha uma recepcionista para receber os clientes e agarrava-se à esperança de que Deus repetiria o incidente que acontecera com ele durante os anos de guerra, em que escapou, sem ser atingido, de um tiro a curta distância. "Ser alvejado a uma distância de seis metros e não ser atingido é uma demonstração de que existe um outro poder, além do fato de você ser um indivíduo que se defende bem."

Doutora: – Pode nos dizer há quanto tempo está no hospital e as razões que o trouxeram para cá?

Paciente: – Pois não. Como vocês provavelmente devem saber, sou dentista e exerço a profissão há muitos anos. Em fins de junho, senti uma dor súbita que não julguei anormal, fiz radiografia imediatamente e fui operado pela primeira vez no dia 7 de julho.

Doutora: – De 1966?

Paciente: – De 1966. Foi quando me dei conta de que havia noventa por cento de possibilidade de que fosse um tumor maligno, mas foi uma consideração superficial de minha parte, já que era a primeira experiência e a primeira vez que sentia uma dor. Superei bem a operação, convalesci admiravelmente, mas tive um bloqueio intestinal subseqüente, tendo de me submeter a uma nova cirurgia no dia 14 de setembro. Desde 27 de outubro não estava satisfeito com minha recuperação. Minha mulher entrou em contato com um médico daqui e viemos para cá. Estou em constante tratamento, desde aquela data. Eis, em resumo, meu período de hospitalização.

Doutora: – Em que ponto da doença você soube realmente o que tinha?

Paciente: – Na realidade, soube que poderia ser um tumor maligno logo que vi as radiografias, pois um tumor nesta região específica tem noventa por cento de possibilidade de ser maligno. Mas, como eu disse, não julguei que pudesse ser tão grave e eu estava passando bem. O médico não me falou sobre a gravidade do meu estado, mas comunicou à família assim que saiu da sala de operação. Pouco tempo depois, fui com meu filho a uma cidade vizinha. Sempre fomos uma família muito unida; começamos a conversar sobre o meu estado geral, quando ele me perguntou: "Mamãe lhe disse alguma vez o que você realmente tem?" Respondi-lhe que não. Sei que foi uma dor profunda para ele, mas me contou que ao fazerem a primeira operação constataram que não só era um tumor maligno como, também, metastático e cobria todos os órgãos do corpo. A sorte era que não afetara nem o fígado nem o baço. Aos dez anos de idade, meu filho tinha começado a conhecer Deus e desde essa época temos trocado experiências nesse sentido. Cresceu e foi para a faculdade, mas foi esta experiência que fez com que amadurecesse muito.

Doutora: – Qual a idade dele agora?

Paciente: – Vai completar vinte e quatro anos no domingo que vem. Percebi seu grau de maturidade depois da nossa conversa.

Doutora: – Como você reagiu ouvindo isso pela boca de seu filho?

Paciente: – Bem, para ser franco, eu já desconfiava mais ou menos disso, porque já tinha notado diversas coisas. Não sou tão leigo no assunto. Há vinte anos sou membro de um hospital, e faço parte da equipe, portanto entendo dessas coisas. Naquela ocasião, meu filho me disse também que o cirurgião-assistente dissera à minha mulher que eu viveria de quatro a quatorze meses. Eu não senti nada. Vivo em paz comigo mesmo desde que descobri isso. Não tive um período sequer de depressão. Suponho que, em meu lugar, a maioria das pessoas apontaria para os outros e diria: "Por que isto não aconteceu com ele?" Foi o que me passou pela cabeça diversas vezes, mas só em rápidas pinceladas. Lembro-me de uma vez em que fomos ao consultório buscar a correspondência e vimos um homem que eu conhecia desde pequeno, descendo a rua. Tem oitenta e dois anos e já deu o que tinha de dar, como costumamos dizer. Tem reumatismo, é aleijado e sujo, o tipo da pessoa que ninguém gostaria de ser. O pensamento bateu forte: "Por que foi acontecer logo comigo e não com o velho George?" Mas não chegou a ser um pensamento profundo. Possivelmente, foi a única coisa em que pensei. Antevejo o meu encontro com Deus, mas, ao mesmo tempo, gostaria de ficar na terra o máximo possível. O que sinto mais profundamente é ter que me separar da família.

Doutora: – Quantos filhos o senhor tem?

Paciente: – Só um.

Doutora: – Filho único.

Paciente: – Como eu disse, temos sido uma família muito unida.

Doutora: – Sendo tão unidos, e você, por ser dentista, estando quase certo de que era um câncer ao ver as radiografias, por que não conversou com sua esposa ou com seu filho?

Paciente: – Não sei ao certo. Só sei que minha mulher e meu filho esperavam que fosse uma cirurgia extensa e esperávamos um resultado satisfatório após um período curto de dores. Já não ligava muito em procurá-los. É compreensível que minha mulher tenha ficado arrasada ao saber da verdade. Meu filho (aí entra a sua maturidade) foi um baluarte de força naquele período. Mas minha mulher e eu temos conversado francamente sobre o assunto e estamos em busca de tratamento porque sinto que Deus pode me curar. Ele é capaz. Qualquer que seja o método de cura, eu aceitarei. Não sabemos o que a medicina vai fazer, nem sabemos de onde vêm suas descobertas. O que é que faz com que uma pessoa arranque uma raiz do chão e afirme que pode ser útil no tratamento disso ou daquilo, como já aconteceu? Em todos os nossos hospitais, encontramos agora pequenas coisas se desenvolvendo em larga escala porque acham que têm relação direta com a pesquisa sobre o câncer. Como se chegaria a esta conclusão? A meu ver, é um mistério e um milagre, e acho que isto vem de Deus.

Capelão: – Pelo que deduzo, a fé tem muito sentido para você, não só durante a doença mas também antes.

Paciente: – É verdade. Há dez anos, cheguei ao conhecimento vivo de Nosso Senhor Jesus Cristo através de um estudo das Sagradas Escrituras, que não concluí. No que me toca, ficou patente a descoberta de que eu era um pecador. Não tinha percebido isso ainda, porque sou e sempre fui uma pessoa de bem.

Doutora: – O que o levou a isso dez anos atrás?

Paciente: – Vai ainda mais longe. Quando estive no exterior, conheci um capelão que conversava muito sobre os fatos acontecidos na guerra, como o que se deu comigo. Não acredito que alguém possa ser alvejado mais de uma vez, escapar ileso e não perceber que existe alguma coisa a seu lado, sobretudo quando o atirador se encontra a alguns passos de você. Como digo, sempre fui um bom sujeito, nunca blasfemei, nem disse palavrão, nunca bebi, nem fumei, nem liguei para nada disso. Não paquerei as mulheres, isto é, não em demasia, e sempre fui um rapaz muito bom. Portanto, não poderia imaginar que fosse um pecador até o momento em que o capelão programou um encontro. Havia cerca de três mil pessoas. No encerramento, não me lembro bem agora que oração ele fez; só sei que pediu que se aproximassem os que queriam se dedicar a Deus. Não sei por que me aproximei, o fato é que senti um chamado. Depois, analisei minha decisão: sentia-me mais ou menos como quando tinha seis anos, época em que pensava que o mundo iria desabrochar cheio de beleza e tudo iria mudar. Na manhã em que completei seis anos, minha mãe me encontrou diante de um espelho de uns três metros quadrados que tínhamos na sala e disse: "Feliz aniversário, Bobby!" E perguntou: "O que você está fazendo?" Respondi que estava me olhando no espelho. "O que é que você vê?" "Estou com seis anos, mas pareço o mesmo, sinto-me o mesmo e, graças a Deus, sou o mesmo." Mas, quando cresceu minha experiência, descobri que não era o mesmo, que já não suportava mais certas coisas que suportava antes.

Doutora: – Por exemplo...

Paciente: – Por exemplo, perceber de repente no relacionamento com as pessoas que encontramos – uma coisa que os homens de negócios fazem com certa freqüência – que muitos contatos estão sendo feitos em bares. Antes de um encontro profissional, muitos homens vão ao bar do motel ou do hotel, sentam-se, bebem e fazem amigos. Não ligava muito para isso. Não bebia, mas não chegava a me chatear. Mais tarde, porém, comecei a me aborrecer porque não acreditava naquilo. E quase não podia aceitar. Eu já não fazia as coisas de antes. Foi quando percebi que estava diferente.

Doutora: – Tudo isso o ajudou, agora que tem de lidar com sua própria morte e sua doença fatal?

Paciente: – Ajudou muito. Como disse, tenho estado em absoluta paz comigo mesmo desde que acordei da anestesia depois da operação. Não podia gozar de maior paz.

Doutora: – Não tem medo?

Paciente: – Honestamente, não posso dizer que tenho medo.

Doutora: – Dr. G., você é um homem singular. Raramente encontramos homens que encaram a própria morte sem nenhum medo.

Paciente: – É que espero entrar no reino de Deus quando morrer.

Doutora: – Por outro lado, conserva ainda alguma esperança de cura ou de uma nova descoberta médica, não?

Paciente: – Certo.

Doutora: – Acho que é isto que estava dizendo antes.

Paciente: – A Bíblia promete cura se pedirmos ao Senhor. Roguei ao Senhor e fiz uma promessa. Por outro lado, quero que se faça a Sua Vontade. Isto, acima de tudo, acima de minha própria opinião.

Doutora: – Você mudou alguma coisa no seu dia-a-dia desde que soube do seu câncer? Algo mudou em sua vida?

Paciente: – Com relação a atividades? Vou sair do hospital daqui a uns quinze dias e não sei o que vai acontecer. Tenho vivido mais ou menos no hospital, dia após dia. Como você conhece a rotina do hospital, sabe como são as coisas.

Capelão: – Se ouvi bem o que disse antes, sinto que algo me soa familiar. O que diz é o que Cristo disse antes de ir para a cruz: "Não a minha, mas a Tua Vontade seja feita."

Paciente: – Não tinha pensado nisso.

Capelão: – É o sentido do que você disse. Desejou esperançoso que, se possível, não fosse a sua hora; entretanto, submeteu esse desejo a outro mais profundo, ou seja, que se fizesse a vontade de Deus.

Paciente: – Sei que tenho muito pouco tempo de vida, talvez alguns anos com o tratamento que estou fazendo agora, talvez alguns meses. É lógico, ninguém garante que vai voltar para casa à noite.

Doutora: – Tem alguma idéia concreta de como será?

Paciente: – Não. Sei que tudo já foi providenciado. É o que nos garantem as Sagradas Escrituras, e nisto deposito minhas esperanças.

Capelão: – Acho que devemos parar por aqui. Faz pouco tempo que você conseguiu se levantar. Talvez só mais alguns minutos.

Paciente: – Estou me sentindo bem.

Capelão: – Está? Eu disse à doutora que não nos demoraríamos com você.

Doutora: – Deixemos que decida e nos avise quando sentir o mais leve cansaço. Como se sente com esta conversa franca sobre um assunto tão temível?

Paciente: – Bem, eu não acho que seja tão temível assim. Depois que o Reverendo I. e o Reverendo N. saíram daqui esta manhã, tive tempo para pensar. Nada me afetou, sobretudo se almejo ser útil a alguém que esteja enfrentando a mesma situação e não esteja tendo a mesma fé que tenho.

Doutora: – Na sua opinião, o que podemos auferir das entrevistas a pacientes moribundos e desenganados que possa contribuir para melhor ajudá-los a enfrentar a situação, sobretudo os que não têm a sorte de ser como você? Porque você tem fé e está claro que isto o ajuda muito.

Paciente: – É algo que tenho analisado bastante, desde que adoeci. Sou do tipo que quer saber o prognóstico completo, enquanto há outros que, ao descobrirem uma doença mortal, ficam completamente arrasados. O que fazer ao abordar um paciente só a experiência pode dizer.

Doutora: – Esta é uma das razões por que entrevistamos os pacientes aqui com a equipe de enfermagem e o pessoal do hospital. Podemos observar cada paciente e selecionar os que querem falar mesmo e os que preferem não tocar no assunto.

Paciente: – Acho que as primeiras visitas deveriam ser neutras, até vocês descobrirem a profundidade com que o paciente se conhece, suas experiências, sua religião e sua fé.

Capelão: – Vejo que a Dra. R. se referiu a você como sendo um homem de sorte, mas acho que você quer dizer que desta experiência surgem coisas importantes como, por exemplo, o relacionamento com seu filho, situado num plano diferente, e o fato de reconhecer que o crescimento proveio disto tudo.

Paciente: – É, também achava que tínhamos sorte. Ia justamente comentar isto porque não sinto que esta área específica seja uma questão de sorte. O fato de reconhecer Deus como Salvador é algo que suplanta a sorte. É uma experiência maravilhosa, muito profunda, que nos prepara para as vicissitudes da vida e as provações que temos de enfrentar. Todos temos de enfrentar provações ou doenças. Isto nos prepara para aceitá-las, porque, como disse antes, ser alvejado a uma distância de seis metros e escapar ileso é uma demonstração de que existe um outro poder além do fato de você ser uma pessoa que se defende bem. Sempre ouvimos dizer que não existem ateus nas trincheiras, e é verdade. Lá, vemos os homens se aproximarem de Deus. Quando a vida deles corre perigo, não só nas trincheiras, mas quando sofrem um acidente grave e, de repente, percebem que estão acidentados, chamam automaticamente pelo nome de Deus. Não é uma questão de sorte. É uma questão de procurar e achar o que Deus nos reserva.

Doutora: – Não mencionei a palavra sorte casualmente, mas como uma possibilidade que se concretiza, como algo feliz e venturoso.

Paciente: – É, entendo. É uma experiência feliz, sim. É maravilhoso poder sentir esta experiência durante um período de doença como este, quando há pessoas que rezam por você e você sente isso. É uma tremenda ajuda para mim; aliás, tem sido.

Capelão: – Interessante, fiz esta observação à Dra. R. logo que viemos para o seminário: não só você sentiu que as pessoas se lembravam de você, mas sua mulher foi capaz de transmitir alguma força aos que tinham parentes moribundos aqui, rezando por eles.

Paciente: – Há uma outra coisa que ia mencionar. Minha mulher mudou muito neste período. Ficou muito mais forte. Dependia muito de mim. Como provavelmente já perceberam, sou uma pessoa muito independente e assumo minhas responsabilidades à medida que elas vão surgindo. Portanto, ela não teve oportunidade de fazer muitas das coisas que algumas mulheres fazem, como tomar conta dos negócios da família, o que a tornou muito dependente. Mas mudou muito. Agora ela é mais profunda, mais forte.

Doutora: – Você acha que ajudaria se conversássemos um pouco com ela, ou isto seria demais?

Paciente: – Não acho que iriam magoá-la. Ela é cristã, sabe, e sempre soube desde criança, que Deus é seu Salvador. A propósito, quando criança, foi curada de uma vista. Os especialistas iam mandá-la para o hospital em Saint Louis para ablação de um olho ulcerado. Foi curada milagrosamente e, nesta cura, arrastou outras pessoas, inclusive um médico, ao conhecimento de Deus. É metodista convicta, mas este foi o elemento que cimentou sua fé. Tinha mais ou menos dez anos de idade, mas a experiência com este médico foi o elemento de consolidação em sua vida.

Doutora: – Sofreu alguma provação mais forte, antes da doença, ou uma tristeza muito grande nos dias de juventude, para comparar o que sofreu na ocasião com o que sofre hoje?

Paciente: – Não. Tenho sempre me analisado e fico pensando como cheguei a este ponto. Só sei que foi mediante a ajuda de Deus, porque nunca passei por uma prova extrema, a não ser o perigo que corri combatendo na Segunda Guerra Mundial. Foi minha primeira provação e a primeira vez na vida em que enfrentei realmente a morte, sabia que a estava enfrentando para onde quer que me voltasse.

Doutora: – Acho que devemos parar. Quem sabe poderemos voltar de vez em quando.

Paciente: – Gostaria muito.

Doutora: – Muito obrigada por você ter vindo.

Paciente: – Gostei muito de ter vindo.

A esposa do Dr. G. veio visitá-lo no momento em que o levávamos para a sala de entrevistas. O capelão, que a conhecia de visitas anteriores, explicou rapidamente o que íamos fazer. Ela ficou interessada e a convidamos para juntar-se a nós mais tarde. Enquanto entrevistávamos seu marido, ficou esperando no quarto ao lado e só entrou quando ele foi levado de volta ao seu quarto. Por isso, teve pouco tempo para refletir e formular pensamentos. (Em geral, procuramos dar tempo suficiente entre a entrevista e o convite para dar liberdade de escolha ao entrevistado.)

Doutora: – Está se sentido colhida de surpresa por vir visitar o marido e acabar entrando para uma entrevista como esta? Conversou com o capelão sobre o nosso seminário?

Sra. G.: – Mais ou menos.

Doutora: – Como reagiu à notícia da súbita e grave doença de seu marido?

Sra. G.: – Bem, devo dizer-lhe que a princípio fiquei muito chocada.

Doutora: – Até aquele verão, ele era um homem saudável?

Sra. G.: – Era, sim.

Doutora: – Nunca andou muito doente, nem se lamentando, nada?

Sra. G.: – Apenas se queixando de algumas dores.

Doutora: – E então?

Sra. G.: – Fomos ao médico que sugeriu o raio X. Então fizeram a cirurgia. Até então não me havia compenetrado da gravidade do caso.

Doutora: – Quem lhe contou a notícia e como lhe comunicaram?

Sra. G.: – Nosso médico é um amigo muito chegado a nós. Antes de meu marido entrar na sala de operação, esse médico me chamou e disse que poderia ser um tumor maligno. "Não é possível!", foi o que exclamei. E acrescentou: "Pois é, estou alertando-a." Portanto, estava um pouco preparada, mas quando me disseram que era mais sério não aquilatei que estávamos recebendo más notícias. "Não tivemos sorte", disse o médico. Foi a primeira frase de que me lembro. Fiquei muito abalada pensando que ele não iria durar muito. Três ou quatro meses, foi o que me disse um dos médicos. Quanto tempo a gente leva para entender tudo isso? Então, a primeira coisa que fiz foi rezar. Rezei enquanto ele estava na mesa de operação. Fiz uma prece, um tanto egoísta, para que não se tratasse de um tumor maligno. É lógico, o ser humano é assim. Queremos que seja à nossa maneira. Enquanto não coloquei tudo nas mãos de Deus, não senti a paz de que tanto precisava. O dia da operação foi horrível e aquela noite parecia não ter fim. Mas encontrei a paz que me deu coragem. Encontrei muitas passagens na Bíblia que me deram forças. Em casa, temos um altar de família. Devo dizer que, antes de isso acontecer, encontramos uma frase em Jeremias 33, 3, que decoramos e repetimos sempre: "Vem a mim, eu te ouvirei e te mostrarei grandes e poderosas coisas que desconhecias."

Doutora: – Isto foi antes de saberem da notícia?

Sra. G.: – Duas semanas antes, mais ou menos. Esse versículo me tocou e fiquei repetindo. E outras passagens no livro de João que me tocaram bastante: "Se pedirdes *qualquer coisa* em Meu nome, eu vo-la darei." Eu queria que se fizesse a vontade de Deus, mas só me encontrei por estes meios. Consegui ir em frente porque temos sido muito fervorosos e temos um filho. Nessa ocasião, meu filho morava fora, na universidade. Os universitários estão sempre ocupados com muitas coisas, mas ele veio até mim e procuramos ajuda literalmente nas Escrituras. Ele fazia preces maravilhosas comigo, e o pessoal de nossa igreja era bastante amigo. Vinham visitar-nos e liam passagens confortadoras na Bíblia, passagens que já lera tantas vezes mas que não tinham para mim o sentido que têm agora.

Capelão: – A esta altura, elas parecem ganhar força e quase traduzem seus sentimentos.

Sra. G.: – Toda vez que abria a Bíblia, encontrava alguma frase que parecia ter sido escrita para mim. Cheguei a pensar que talvez pudesse auferir algum bem de tudo aquilo. Foi como encarei a situação e hoje encontro forças diariamente para enfrentá-la. Meu marido tem uma fé muito grande e quando soube do seu estado me disse: "O que é que você faria se lhe dissesse que só tem de quatro a quatorze meses de vida?" Coloquei tudo nas mãos de Deus e confio Nele. Logicamente, queria que se fizesse por meu marido tudo o que estivesse ao alcance da medicina. Nossos médicos disseram que nada mais havia a fazer. Cheguei a sugerir cobalto, algum tipo de raio X ou o tratamento radioterápico, etc. Não aconselharam; disseram apenas que era um caso fatal.

Meu marido não é também do tipo que desiste facilmente. De modo que, quando conversei com ele, lembrei-lhe de que ele conhecia a Deus, que a única forma pela qual Deus age é através do homem, e Ele inspira os médicos. Foi o que lemos num artigo de uma revista que um vizinho nos trouxe. Nem consultei meu marido, simplesmente entrei em contato com o médico do hospital.

Doutora: – Havia um artigo?

Sra. G.: – Havia, numa revista. Pensei: "Eles estão tendo sucesso. Sei que não há cura, mas estão sendo bem-sucedidos. Vou falar com eles." Escrevi uma carta, mandei por entrega rápida e o médico a recebeu no sábado de manhã. Sua secretária não estava, por isso foi ele quem ligou: "Sua carta me despertou muito interesse, foi muito esclarecedora, mas preciso de um relatório minucioso. Veja se consegue com seu médico e mande-o como enviou a carta. A senhora pôs ontem no correio e já recebi hoje de manhã." Foi o que fiz. Não demorou e ele telefonou: "Estão remodelando este setor. Assim que conseguir um leito, chamo a senhora." E acrescentou: "Não lhe posso fazer muitas promessas, mas não acredito muito nesse enfoque fatalista." Fiquei radiante. Havia alguma coisa a mais que poderíamos fazer, ao invés de ficar sentados e esperar, como haviam dito os médicos. Então, tudo pareceu caminhar a passos largos. Viemos de ambulância. Devo dizer-lhes que na noite em que o examinaram não nos deram muita esperança. Fomos quase tentados a dar meia-volta e voltar para casa. Rezei de novo. Naquela noite, deixei o hospital e fui para a casa dos meus pais, sem saber o que me esperava no dia seguinte. Deixaram que decidíssemos continuar ou não o tratamento. Fui, rezei de novo, e resolvi: vamos tentar tudo o que for possível. E pensei: "Esta decisão é do meu marido, não minha." Quando voltei ao hospital na manhã seguinte ele já tomara a decisão: "Vou em frente." Disseram que perderia de vinte a trinta quilos fora os que já tinha perdido com as operações. Realmente, eu não sabia o que fazer. Não me espantei muito porque sabia que não havia outro jeito. Depois que começaram o tratamento, ele piorou bastante. Mas, como eu disse, não nos haviam feito promessas, havia apenas um fio de esperança de que o tratamento pudesse ajudar a involuir o tumor, desobstruindo o intestino. Por sorte, a obstrução intestinal era parcial. Perdi a coragem várias vezes, durante todo esse tempo, mas sempre conversava com outros pacientes aqui no hospital, que tinham estado bem doentes. Agora penso: "Aqui estou eu a encorajá-los, e vejo como muitas vezes as coisas parecem pretas pro nosso lado. Mas continuo firme, continuo no mesmo caminho. Sei que as pesquisas avançam neste setor e sei também que a Bíblia diz que para Deus nada é impossível."

Doutora: – Embora aceite o destino, ainda tem esperanças de que aconteça alguma coisa.

Sra. G.: – Exatamente.

Doutora: – Você fala no plural *nós*, nós fizemos operação, nós decidimos ir em frente... é como se você e ele estivessem realmente sintonizados a fazer as coisas juntos.

Sra. G.: – Na realidade, se não é para ele ficar bom, se chegou a sua hora, acho que está nas mãos de Deus.

Doutora: – Qual a idade dele?

Sra. G.: – Completou cinqüenta anos no dia em que chegou aqui.

Doutora: – No dia em que veio para o hospital...

Capelão: – A senhora diria que esta experiência uniu ainda mais a família?

Sra. G.: – Claro que nos uniu mais! Se não por outra coisa, tem havido uma dependência maior de Deus. Julgamos ser muito auto-suficientes, mas em horas como esta descobrimos que não se é tanto. Aprendi a defender e a viver cada dia e parar de programar. Temos o hoje, mas não podemos ter o amanhã. E, se a doença for fatal para meu marido, tudo deve estar nas mãos de Deus. Oxalá alguém possa ter mais esperança ou força em Deus através de nossa experiência.

Capelão: – A senhora tem tido um bom relacionamento com o pessoal do hospital? Sei que tem um ótimo relacionamento com os outros pacientes, pois temos conversado bastante com eles na tentativa de ajudar seus familiares. Sentei-me lá e fiquei ouvindo alguns. Lembrei-me do que a senhora me dissera há pouco, ao contar que se descobriu conversando com otimismo com os outros. Tem sido assim com as pessoas de fora? Que tipo de apoio tem recebido do pessoal do hospital? O que é que um membro da família sente, a esta altura, com relação a alguém tão próximo da morte como é o caso do seu marido?

Sra. G.: – Bem, como sou também enfermeira, tenho conversado muito com elas. Tenho encontrado algumas, cristãs fervorosas, que dizem que a fé em Deus influi muito, assim como o esforço e a persistência. De modo geral, não tenho tido dificuldade de conversar com elas, que são sempre tão francas, tão abertas, qualidades que aprecio muito. Acredito que os membros da família ficam menos confusos se os fatos forem contados e explicados, mesmo quando a esperança é nula. Acho que as pessoas aceitam mais. Realmente, acho o hospital muito bom, acho que formam uma excelente equipe.

Capelão: – Esta verdade a senhora diz pela senhora e também pelo que observou de outras famílias que estiveram aqui?

Sra. G.: – Sim.

Capelão: – Elas querem saber?

Sra. G.: – Querem. Muitas famílias dizem que aqui todos são maravilhosos e que se eles não sabem ninguém mais sabe. Noto que as pessoas saem às varandas ensolaradas e conversam com diversos visitantes. Dizem que este é um lugar maravilhoso. Estão plenamente satisfeitos.

Doutora: – Alguma coisa que poderíamos melhorar?

Sra. G.: – Todos poderíamos melhorar. Percebi que há falta de enfermeiras. Às vezes, os chamados não são atendidos quando deveriam ser, mas, de um modo geral, acho que isso é comum em todo lugar. É só uma carência, uma falta, mas em relação a trinta anos atrás, quando eu era enfermeira, mudou muito. Os doentes em estado mais grave são alvo de muita atenção, embora não havendo enfermeiras especializadas.

Doutora: – Alguma pergunta? Quem contou a seu marido que ele estava muito doente?

Sra. G.: – Fui eu que contei primeiro.

Doutora: – Como e quando contou?

Sra. G.: – Três dias depois da primeira cirurgia no hospital. No caminho para o hospital meu marido disse: "Se for maligno, não pestaneje." Foi o termo que usou. E respondi: "Não vou pestanejar, mas não será maligno." No terceiro dia, porém, nosso amigo médico saiu de férias. Isto foi em julho; aí, eu contei. Ele só olhou para mim e eu disse: "Acho que quer saber o que fizeram com você, não?" "Claro, ninguém me disse nada." "Eles tiraram quarenta centímetros do seu sigmóide." "Quarenta centímetros?! Quer dizer que ligaram o tecido são?" Não acrescentei mais nada até chegarmos em casa. Deixei passar três semanas depois da operação e um dia, sentados a sós na sala, contei-lhe o resto. E ele me disse: "Pois é, o que nos resta fazer, devemos fazer o melhor." É essa a atitude dele. Nos dois meses seguintes, voltou a trabalhar no consultório. Tiramos férias. Meu filho teve uma folga na faculdade e fomos todos para o Estes Park. Divertimo-nos bastante e ele até jogou golfe.

Doutora: – No Colorado?

Sra. G.: – Sim. Meu filho nasceu no Colorado. Meu marido fora transferido para lá a serviço do governo. Gostamos muito daquela região, onde passávamos as férias quase todo ano. Aquele período que passamos juntos só nos deu alegria porque de fato aproveitamos o máximo. Uma semana depois de ter reassumido o trabalho, surgiu esta obstrução intestinal, com novo crescimento do tumor operado.

Doutora: – Ele fechou o consultório de vez?

Sra. G.: – Não, só por cinco semanas. Voltou para casa depois da primeira cirurgia e o reabriu depois das férias. Faz só uma semana que esteve lá, trabalhou dezesseis dias após a operação de 7 de julho.

Doutora: – O que está acontecendo com o consultório agora?

Sra. G.: – Está fechado. A recepcionista só anota os recados. Todos querem saber quando ele volta. Então, nós... eu anunciei a venda, e gostaríamos de vendê-lo. Além do mais, é um período muito ruim do ano. Tenho um interessado que vem vê-lo este mês. Meu marido tem passado tão mal que o colocaram na lista dos doentes em estado crítico. Eu não poderia ir embora, mas tenho tanta coisa para fazer em casa! Meu filho é que tem ido e vindo.

Doutora: – O que ele está estudando?

Sra. G.: – Agora já terminou. Começou no pré-dental, mudou depois e agora está tomando conta das coisas em casa. Na escola, sempre foi muito seguro, mas depois que o pai piorou a direção da escola o dispensou por alguns meses, de modo que está tentando decidir o que fazer.

Doutora: – Acho que é hora de pararmos. Tem alguma pergunta?

Sra. G.: – Vocês estão fazendo tudo isto para ver se melhoram as coisas?

Doutora: – Pois é, há uma infinidade de motivos. O principal é captar dos próprios pacientes gravemente enfermos o que estão sentindo. Quais os temores, as fantasias, que tipo de solidão experimentam, e como compreendê-los e ajudá-los. Cada paciente que entrevistamos aqui apresenta diferentes tipos de problemas e conflitos. Vez ou outra, gostamos de encontrar familiares, saber como estão enfrentando a situação e como o pessoal do hospital pode ajudá-los.

Sra. G.: – Ouço muitas pessoas dizerem que não sabem como agüento. Ora, sei bem o quanto Deus age na vida de uma pessoa e sempre senti isso. Passei pelo treinamento de enfermeiras e sempre tive sorte de encontrar bons cristãos. Ouço e leio sobre assuntos variados, até sobre artistas de cinema. Se eles têm fé e acreditam em Deus, já é alguma coisa em que se basear. É exatamente isso que penso; acho que um casamento feliz se baseia nisso.

A esposa do Dr. G. é um bom exemplo de como uma família unida reage diante de uma notícia inesperada da existência de um tumor maligno. Sua primeira reação é choque, seguida logo de uma negação, "Não, não pode ser verdade". Então, ela tenta reencontrar o rumo neste tumulto e acha conforto nas Escrituras, eterna fonte de inspiração para essa família. Apesar da aparente aceitação, mantém firme a esperança (as pesquisas progridem) e reza por um milagre. Ao mesmo tempo que esta mudança no seio da família aprofundou as experiências religiosas, deu também tempo de se tornar mais auto-suficiente e independente.

A característica marcante desta dupla entrevista talvez esteja nas duas versões diferentes sobre como o paciente veio a saber. Isto é bem característico e deve ser bem compreendido, se não quisermos tomar as coisas pelo seu valor aparente.

O Dr. G. explica que seu filho tinha amadurecido e finalmente enfrentado a responsabilidade de partilhar a má notícia com ele. É óbvio que está orgulhoso de seu filho, de vê-lo homem crescido e maduro, capaz de assumir responsabilidades quando tiver de deixar sua mulher um tanto dependente. Por outro lado, a Sra. G. insiste em afirmar que foi ela que teve a coragem e a força para contar ao marido o resultado da operação, sem creditar ao filho esta difícil tarefa. Como se contradisse mais tarde em diversas ocasiões, parece difícil que sua versão seja a verdadeira. Entretanto, o desejo de ter contado ao marido revela também alguma coisa de suas necessidades. Quer se forte, capaz de enfrentar a situação e discutir sobre o assunto. Quer ser aquela que divide o bom e o ruim com o marido, que busca conforto e forças nas Escrituras para aceitar o que quer que aconteça.

É mais fácil que uma família seja ajudada por um médico seguro de si, que diga que será feito todo o possível, bem como por um pastor acessível que visite o paciente e a família o mais que puder, utilizando os mesmos recursos que a família sempre utilizou.

VIII. Esperança

Em desesperada esperança, vou e busco por ela em cada canto de meu quarto; não a encontro.
Minha casa é pequena, e jamais será recuperado o que dela uma vez se foi.
Mas Tua mansão é infinita, ó meu Deus, e procurando por ela cheguei à Tua porta.
Quedo-me sob o pálio dourado de Teu céu vespertino e ergo os olhos ansiosos para Tua face.
Cheguei ao limiar da eternidade, de onde nada pode sumir: nem esperança, nem felicidade, nem visão de um rosto por trás das lágrimas.
Oh! Mergulha minha vida vazia no oceano, imerge-a na mais profunda plenitude. Deixa-me sentir, uma vez só, aquele doce toque perdido na imensidão do Universo.

Tagore
Gitanjali, LXXXVII

Até aqui, discutimos os diferentes estágios por que as pessoas passam ao se defrontarem com notícias trágicas: mecanismos de defesa, em termos psiquiátricos, mecanismos de luta, para enfrentar situações extremamente difíceis. Tais estágios terão duração variável, um substituirá o outro ou se encontrarão, às vezes, lado a lado. A única coisa que geralmente persiste, em todos estes estágios, é a esperança. Assim foi com as crianças dos Acampamentos L 318 e L 417 no campo de concentração de Terezin, que mantiveram acesa a chama da esperança, embora somente cem das quinze mil crianças com menos de quinze anos tenham saído de lá com vida.

O sol formou um veio de ouro
Tão gracioso que meu corpo dói
Acima, o céu brilha num azul intenso
Convicto, sorri por algum engano.
O mundo cobre-se de flores, e parece sorrir.
Quero voar, mas para onde, a que altura?
Se as coisas podem florescer por entre arames
farpados,
Por que não eu? Não morrerei!

Anônimo, 1944
"Numa tarde ensolarada"

Ouvindo nossos pacientes em fase terminal, o que sempre nos impressionou foi que até mesmo os mais conformados, os mais realistas, deixavam aberta a possibilidade de alguma cura, de que fosse descoberto um novo produto, ou de que tivesse "êxito um projeto recente de pesquisa", como disse o Sr. J. (sua entrevista encontra-se neste capítulo). O que os sustenta através dos dias, das semanas ou dos meses de sofrimento é este tipo de esperança. É a sensação de que tudo deve ter algum sentido, que pode compensar, caso suportem por mais algum tempo. É a esperança – que de vez em quando se insinua – de que tudo isto não passe de um pesadelo irreal; de que acorde uma manhã com a notícia de que os médicos estão prontos para tentar um novo medicamento que parece promissor e que vão testar nele; de que talvez seja o escolhido, o paciente especial, como foi o paciente do primeiro transplante de coração, que deve ter se sentido como sendo o escolhido para desempenhar um papel especial na vida. Isto proporciona aos doentes em fase terminal um senso de missão especial, que os ajuda a erguer o ânimo e faz com que se submetam a exames e mais exames, quando tudo se torna penoso: de certo modo, para uns é uma racionalização de seus sofrimentos; para outros continua sendo uma forma de negação temporária, mas necessária.

Não importa que nome tenha, descobrimos que todos os nossos pacientes conservaram essa sensação que serviu de conforto em ocasiões especialmente difíceis. Demonstravam a maior confiança nos médicos que vislumbravam esta esperança – real ou não – e apreciavam quando apresentavam uma esperança, apesar das más previsões. Isto não significa que os médicos devam contar-lhes mentiras; significa apenas que fazemos nossa a esperança deles de que aconteça algo inesperado que possibilite uma recuperação, e vivam mais do que o previsto. Quando um paciente não dá mais sinal de esperança, geralmente é prenúncio de morte iminente. É possível que diga: "Doutor, acho que cheguei ao fim", ou "Acho que chegou a hora", ou, então, que assuma a atitude daquele paciente que sempre acreditou num milagre, e nos recebeu um dia com estas palavras: "Acho que o milagre é isso: estou pronto, e agora não tenho mais medo." Todos estes pacientes morreram no intervalo de vinte e quatro horas. Mantínhamos com eles uma esperança firme, que não lhes era imposta, quando finalmente desistiam sem desespero, mas num estágio de aceitação final.

Vimos que os conflitos relacionados com a esperança provinham de duas fontes principais. A primeira, e mais dolorosa, era a substituição da esperança pela desesperança, tanto por parte da equipe hospitalar, quanto por parte da família, quando a esperança ainda era fundamental para o paciente. A segunda fonte de angústia provinha da incapacidade da família para aceitar o estágio final de um paciente. Agarravam-se à esperança com unhas e dentes, quando o próprio paciente já se preparava para morrer, mas sentia que a família não era capaz de aceitar este fato (conforme ilustram os casos da Sra. W. e do Sr. H.).

O que acontece com o paciente que apresenta uma "síndrome pseudoterminal", isto é, que foi desenganado pelos médicos, mas apresentou uma melhora sensível após um tratamento adequado? De um modo ou de outro, estes pacientes foram "dados como perdidos". Pode ser que tenham dito "que nada mais resta a fazer por eles" ou pode ser que tenham sido mandados de volta para casa, numa antecipação não expressa de sua morte iminente. Quando são tratados com todos os meios disponíveis, serão capazes de achar que sua recuperação foi "um milagre", "uma nova chance na vida", ou "um tempo extra que não pedi", dependendo da forma de atuação e comunicação anteriores.

A mensagem relevante do Dr. Bell* é proporcionar a cada um a oportunidade de um tratamento o mais eficiente possível, sem considerar o paciente gravemente enfermo como estando em fase terminal, desistindo assim de salvá-lo. Gostaria de acrescentar que não devemos "desistir"

---

* V. Bibliografia *in fine.*

de nenhum paciente, esteja ou não em fase terminal. Quem está fora do alcance da ajuda médica merece maiores cuidados do que aqueles que ainda podem esperar. Desistir de um paciente pode fazer com que ele se entregue; nesse caso, qualquer ajuda médica posterior poderia chegar tarde demais, não encontrando o paciente em condições ou com o espírito pronto para "tentar mais uma vez". Muito mais importante é dizer: "Ao que me consta, fiz todo o possível para ajudá-lo, mas vou continuar tratando dele o melhor que puder." Este paciente guardará um fio de esperança, e continuará vendo em seu médico um amigo que ficará a seu lado até o fim. Não se sentirá abandonado nem desprezado, quando o médico o considerar fora de qualquer possibilidade de cura.

De um modo ou de outro, a maioria de nossos pacientes teve uma recuperação. Muitos deles abandonaram a esperança de emitir suas opiniões a quem quer que fosse. Outros se sentiram desolados e isolados, outros ainda se sentiram frustrados por não serem levados em consideração nas decisões importantes. Aproximadamente a metade de nossos pacientes foi mandada de volta para casa ou encaminhada a outras clínicas, sendo readmitida mais tarde. Todos eles demostraram satisfação ao discutir conosco seus pontos de vista sobre a gravidade de suas doenças e suas esperanças. Não encaravam as discussões sobre a morte e o morrer como prematuras ou contra-indicadas diante de uma "recuperação". Muitos desses pacientes falaram do prazer e do conforto ao voltar para casa, depois de resolvidas suas inquietações antes de receberem alta. Vários deles solicitaram um encontro com os familiares em nossa presença, a fim de tirarem as máscaras e gozarem juntos ao máximo a convivência das últimas semanas.

Muito ajudaria se as pessoas conversassem sobre a morte e o morrer, como parte intrínseca da vida, do mesmo modo como não temem falar quando alguém espera um bebê. Se agissem assim com mais freqüência, não precisaríamos nos perguntar se devemos tocar nestes problemas com o paciente, ou se deveríamos esperar pela última internação.

Como não somos infalíveis, e nunca estamos certos de quando será a última internação, é possível que isso seja mais uma racionalização que nos ajuda a fugir do problema.

Vários pacientes se mostraram deprimidos e morbidamente trancados em si mesmos, até falarmos com eles sobre a fase terminal de sua doença. Seus espíritos se iluminaram, recomeçaram a comer, e alguns até obtiveram alta, para surpresa de seus familiares e da equipe médica. Estou convicta de que prejudicamos mais evitando tocar no assunto do que aproveitando e encontrando tempo para sentar à cabeceira, ouvir e compartilhar.

Digo encontrar tempo porque os pacientes não diferem de nós quando temos nossos momentos em que desejamos desabafar o que nos oprime, ou desejamos voltar o pensamento para coisas mais animadoras, quer sejam reais ou não. Caso o paciente saiba que encontraremos um tempinho disponível quando *ele* sentir vontade de falar e quando formos capazes de decifrar o que diz nas entrelinhas, constataremos que a maioria deles realmente quer dividir suas preocupações com outro ser humano, reagindo, nestes diálogos, com alívio e uma esperança maior.

Se este livro não tiver outra finalidade senão sensibilizar os familiares do paciente em fase terminal e a equipe hospitalar para as comunicações implícitas dos moribundos, terá atingido sua meta. Se, na qualidade de membros de profissões auxiliares, pudermos ajudar o paciente e sua família a entrarem em sintonia com suas necessidades recíprocas e chagarem juntos a uma aceitação de uma realidade inexorável, evitaremos muita agonia e sofrimentos desnecessários por parte do moribundo, e mais ainda por parte da família que fica.

A entrevista do Sr. J. constitui um exemplo do estágio de raiva e revela o fenômeno da esperança sempre presente, muitas vezes de modo disfarçado.

O Sr. J. era um negro, com seus cinqüenta e três anos, que foi hospitalizado com *mycosis fungoides*, doença maligna da pele, que ele descreve com detalhes no decorrer de nossa entrevista. Essa doença obrigou-o a recorrer ao seguro de invalidez e se caracteriza por estados de recaídas e recuperações.

Um dia antes do nosso seminário, fui visitá-lo e o encontrei solitário e desejoso de conversar. Contou em rápidas pinceladas, de modo vivo e dramático, os vários aspectos dessa doença desagradável. Quase não me deixava ir embora e me puxava de volta várias vezes. Contrastando com aquele encontro não programado, demonstrava aborrecimento e raiva durante as sessões por trás do espelho. No dia anterior à sessão, começara a discutir sobre a morte e o morrer, mas na sessão dizia: "Não penso em morrer, penso em viver."

É importante saber, nos cuidados com os pacientes em fase terminal, que há dias, horas, minutos em que desejam falar sobre determinados assuntos. Como o Sr. J. um dia antes, podem contar espontaneamente sua filosofia de vida e morte, induzindo-nos a considerá-los pacientes ideais para uma sessão-modelo. Nossa tendência é ignorar que o mesmo paciente no dia seguinte poderá só querer conversar sobre aspectos risonhos da vida. São desejos que devem ser respeitados. Mas não nos ativemos a isto durante a entrevista, porque procuramos retomar alguns tópicos importantes, que ele levantara um dia antes.

Devo dizer que esta técnica é perigosa, sobretudo quando uma entrevista faz parte de um programa de ensino. Numa entrevista, perguntas e respostas jamais deveriam ser forçadas em proveito dos estudantes. A pessoa deveria vir sempre em primeiro lugar e as vontades do paciente deveriam ser sempre respeitadas, mesmo se isto significasse ter uma classe de cinqüenta alunos e nenhum paciente para entrevistar.

Doutora: – Sr. J., a título de apresentação, há quanto tempo está no hospital?

Paciente: – Desta vez, desde o dia 4 de abril deste ano.

Doutora: – Quantos anos tem?

Paciente: – Cinqüenta e três.

Doutora: – Já ouviu falar do que fazemos neste seminário?

Paciente: – Já. É a senhora que me faz as perguntas?
Doutora: – É.
Paciente: – Tudo bem. Pode prosseguir quando quiser.
Doutora: – Gostaria de ter um perfil melhor do senhor, uma vez que o conheço muito pouco.
Paciente: – Pois não.
Doutora: – O senhor sempre foi um homem saudável, casado, trabalhador...
Paciente: – Isso mesmo, três filhos.
Doutora: – Três filhos. Quando adoeceu?
Paciente: – Bem, fui considerado inválido em 1963, mas acho que foi por volta de 1948 que senti esta doença pela primeira vez. Tudo começou com pequenas erupções no lado esquerdo do peito e sob a omoplata direita. A princípio, nada havia de extraordinário naquilo. Usava pomadas comuns, loção de calamina, vaselina e outros produtos semelhantes adquiridos nas farmácias. Não incomodavam muito. Mas aos poucos – diria por volta de 1955 – estava tomada a parte inferior do meu corpo, embora em pequenas proporções. Criou-se uma escamação, um ressecamento, que me obrigava a usar grande quantidade de ungüentos oleosos para manter a pele úmida, dentro de um relativo bem-estar. Continuei trabalhando. Naquela época, cheguei a ter dois empregos, porque minha filha ia entrar na faculdade, e eu queria garantir o término de seus estudos. Por volta de 1957, a situação piorara tanto que comecei a consultar diversos médicos. Estive sob os cuidados do Dr. X. durante uns três meses, mas não obtive nenhum progresso. As consultas eram relativamente baratas, mas as receitas nos consumiam de quinze a dezoito dólares por semana. Quando se está criando uma família de três filhos com um salário de empregado, não se pode controlar uma situação destas, mesmo com dois empregos. Fui então a uma clínica, onde fizeram um exame superficial que não me satisfez. Não me preocupei em voltar lá. Fiquei indo daqui para ali, sentindo-me cada vez pior, até que, em 1962, o Dr. Y. me internou no hos-

pital P. Fiquei internado umas cinco semanas e a verdade é que nada aconteceu. Saí de lá e voltei para a primeira clínica. Finalmente, em março de 1963, internaram-me aqui neste hospital. Eu estava num estado tão deplorável que me aposentaram por invalidez.

Doutora: – Isto foi em 1963?

Paciente: – Em 1963.

Doutora: – O senhor tinha idéia de que tipo de doença era a sua?

Paciente: – Sabia que era *mycosis fungoides*, e todo mundo sabia disso também.

Doutora: – Quanto tempo faz que soube o nome da doença?

Paciente: – Já suspeitava há tempo, mas foi a biópsia que confirmou.

Doutora: – Faz muito tempo?

Paciente: – Não faz muito não, alguns meses antes que fosse feito o diagnóstico atual. Mas quando se fica desse jeito a gente lê tudo o que cai nas mãos. E ouve tudo também, e aprende o nome de diversas doenças. Pelo que li, a *mycosis fungoides* se encaixava bem no meu caso, o que foi confirmado mais tarde. Eu estava completamente arrasado. Meus tornozelos começaram a inchar, eu vivia transpirando constantemente e me sentia infeliz demais.

Doutora: – Você estava "completamente arrasado" e também se sentia "infeliz demais". É isso mesmo?

Paciente: – Claro. Sentia-me muito infeliz, coçando todo, criando escaras, transpirando, o tornozelo doendo, um ser humano completa, total e absolutamente desgraçado. É lógico que tudo isso deixa a gente ressentido. Vocês podem imaginar por que isso acontece comigo. Então a gente cai em si e pergunta: "Você não é melhor do que os outros, por que não poderia ter acontecido com você?" É uma espécie de reconciliação consigo mesmo, pois a gente começa a olhar a pele de todo mundo que encontra. E observa se não existe alguma mancha, algum sinal de dermatite, já que o fato de constatar se os outros têm manchas ou sofrem de alguma doença parecida passa a ser o único interesse na vida da gente. Sei que as pessoas também olham para a gente pelo nosso aspecto bem diferente.

Doutora: – Porque é um tipo de doença visível.

Paciente: – É um tipo visível de enfermidade.

Doutora: – O que esta moléstia representa para você? O que significa para você a *mycosis fungoides*?

Paciente: – Significa que até agora não curaram ninguém. Houve alguma diminuição durante algum tempo, ou por tempo indeterminado. Para mim, significa que alguém, em algum lugar, vai pesquisar. Há vários cérebros privilegiados trabalhando nesta pesquisa. Podem descobrir algum meio de cura, talvez até trabalhando em outra coisa. Significa que cerro os dentes e vou em frente, dia após dia, na esperança de que, uma certa manhã, me sentarei à beira da cama e ouvirei o médico dizer: "Quero lhe aplicar esta injeção." Será algo como uma vacina, ou coisa semelhante, que fará a doença desaparecer em poucos dias.

Doutora: – Algo que funcione!

Paciente: – Poderei voltar ao trabalho. Gosto do meu trabalho, porque conquistei a posição de supervisor.

Doutora: – O que é que o senhor fazia?

Paciente: – Na realidade, era chefe geral da principal agência de correio daqui. Esforcei-me para chegar à chefia geral. Havia sete ou oito agentes que me prestavam contas toda noite. Ocupava-me mais com os processos do que com a simples ajuda. Tinha boas perspectivas de progresso, pois conhecia meu trabalho e gostava dele. Não lamentava o tempo que passava trabalhando. Em casa, ajudava sempre minha mulher quando as crianças acordavam. Esperávamos que crescessem e pensávamos em desfrutar das coisas sobre as quais tínhamos lido e ouvido falar.

Doutora: – Por exemplo...

Paciente: – Viajar um pouco. Nunca tiramos férias. Nossa primeira filha foi uma criança prematura e durante muito tempo ficou morre-não-morre. Quando veio para casa, já tinha sessenta e um dias. Ainda guardo um pacote de recibos do hospital. A conta dela era de dois dólares por semana e, naquela época, não ganhava mais do que dezessete dólares, semanalmente. Costumava descer do trem, levar correndo duas garrafas do leite da minha mulher até o hospital, pegar duas garrafas vazias, voltar à estação e ir para o emprego na cidade. Lá, trabalhava o dia inteiro e levava para casa as duas garrafas vazias. Minha mulher tinha leite suficiente para todos os prematuros daquele berçário. Nós os mantínhamos muito bem alimentados e isto significa, para mim, que conseguimos superar todas as dificuldades. Em breve seria enquadrado numa faixa salarial em que não precisaria economizar centavo por centavo. Talvez pudéssemos pensar numas férias programadas em vez de ficar sem ir a lugar nenhum, pois este ou aquele filho precisava de dentista, ou disso ou daquilo. Era tudo para mim, significava alguns anos de vida mais ou menos tranqüilos.

Doutora: – Depois de uma vida longa, árdua, cheia de dificuldades.

Paciente: – Pois é, muitas pessoas passam por dificuldades piores e mais duras do que as minhas. Nunca considerei isso um esforço supremo. Trabalhei numa fundição, forjando peças. Trabalhava feito um condenado. Meus colegas diziam à minha mulher que eu trabalhava demais. Ela caía em cima de mim e eu me justificava dizendo que era uma questão de ciúme, que quando se trabalha com outros homens musculosos não se quer que os outros tenham mais músculos do que a gente; mas eu tinha, porque, quando ia trabalhar, trabalhava mesmo. Sempre que havia alguma melhora de categoria eu ganhava. de fato, chamaram-me ao escritório um dia e me disseram que, quando fossem promover um negro a chefe, eu seria o escolhido. Fiquei eufórico por um instante, mas quando saí, pensei: "Eles disseram *quando...*" e isto tanto pode ser agora, como no ano 2000. Fiquei tão desanimado que trabalhei abatido por um bom tempo. Mas, naquela época, nada era pesado para mim. Tinha muita força, muita juventude e acreditava que podia fazer tudo.

Doutora: – Diga-me uma coisa, Sr. J., como o senhor se sente agora que não é mais tão jovem e talvez não possa mais fazer tudo? Talvez não haja um médico com a sonhada injeção, talvez não haja cura...

Paciente: – É verdade. A gente aprende a aceitar essas coisas. A gente primeiro tem o pressentimento de que nunca mais vai ficar bom.

Doutora: – Que efeito isto produz no senhor?

Paciente: – Abala a gente. Tenta-se não pensar nestas coisas.

Doutora: – O senhor sempre pensou nisso?

Paciente: – Lógico. Há muitas noites em que não durmo bem. Penso em milhares de coisas durante a noite. Mas não fico remoendo muito. Tive uma infância feliz e minha mãe está viva. Vem sempre aqui me visitar. Sempre posso remoer as idéias e recordar algum fato passado. Costumávamos pegar o calhambeque e viajar por aí. Passeamos um bocado naquela época em que havia poucas estradas asfaltadas e as outras eram de terra batida. Íamos a algum lugar, atolávamos o carro na lama até as rodas e tínhamos que empurrá-lo ou puxá-lo. Por isso, acho que tive uma infância bem feliz, meus pais eram muito bacanas. Não havia caras emburradas, nem ânimos exaltados em nossa casa. Era uma vida agradável. Penso nessas coisas e me convenço de que sou um sujeito abençoado, porque há outros no mundo que só possuem miséria. Olho em volta e vejo que tenho tido uma série de dias premiados, como se costuma dizer.

Doutora: – O que você está realmente dizendo é que tem tido uma vida plena. Mas isso torna a morte mais fácil?

Paciente: – Não penso em morrer. Penso em viver. Sabe de uma coisa? Quando meus filhos estavam crescendo, costumava dizer a eles – e repetiria agora – que fizessem o melhor possível, independente das circunstâncias, e dizia inúmeras vezes que, mesmo assim, iriam sair perdendo. Dizia que não se esquecessem de que nesta vida deveriam ter sorte. Era uma expressão que eu usava. Sempre me considerei um cara de sorte. Quando olho para trás, penso naqueles rapazes que cresceram comigo e que agora estão na cadeia, em várias prisões, ou lugares semelhantes. Tive as mesmas chances que eles, mas não me perdi. Sempre pulei fora quando estavam prestes a fazer algo que não era certo. Tive muitas brigas por causa disso, pois me achavam medroso. Mas é melhor ter medo dessas coisas e lutar pelo que se acredita do que dar um chute e dizer: "Bem, vamos lá!" Porque, mais cedo ou mais tarde, invariavelmente, a gente se envolve em alguma coisa que pode meter você numa vida de onde não pode retroceder. Dizem que a gente pode sair das dificuldades, mas fica-se fichado e qualquer coisa que aconteça na vizinhança, não importa a idade que se tenha, pegam a gente e querem saber onde estava nesta ou naquela noite. Sempre tive a sorte de ficar livre de tudo isso. Portanto, quando examino tudo, devo reconhecer que tenho tido sorte e projeto isso no futuro. Ainda tenho um pouco de sorte. Tenho passado por maus bocados, porém, mais cedo ou mais tarde, a coisa tem de se equilibrar e chegará o dia em que sairei daqui e as pessoas nem me reconhecerão.

Doutora: – Isto evita que o senhor se desespere?

Paciente: – Nada evita que a gente se desespere. Não importa o equilíbrio que se tenha, somos passíveis de desespero. Mas direi que isto evita que eu sucumba. A gente se desespera. Chega-se a um ponto em que não se consegue dormir e em seguida tem-se de lutar. Quanto mais se luta, pior fica, pois pode tornar-se uma batalha física. A gente sua tanto como se estivesse fazendo um esforço físico, mas é tudo mental.

Doutora: – Como o senhor luta? A religião o ajuda? Certas pessoas o ajudam?

Paciente: – Não me considero um homem particularmente religioso.

Doutora: – O que lhe dá forças para agir assim há vinte anos? Já faz vinte anos, não?

Paciente: – É! Acho que as fontes de força vêm de ângulos tão diferentes que seria difícil dizer. Minha mãe tem uma fé constante e profunda. Se eu fizesse qualquer esforço, que não um esforço total nesse sentido, creio que a desapontaria. Portanto, posso dizer que é com a ajuda de minha mãe. Minha mulher tem uma fé profunda, portanto é também com a ajuda dela. Minhas irmãs também têm me ajudado – parece que são sempre as mulheres na família as mais religiosas, e as mais sinceras em suas orações... Para mim, a maioria das pessoas que rezam está pedindo alguma coisa. Sempre fui muito orgulhoso para pedir. Penso que talvez seja por isso que não consigo colocar um sentimento pleno no que digo aqui. Não posso expandir todos os meus sentimentos ao longo destas linhas.

Doutora: – Sua formação religiosa é católica ou protestante?

Paciente: – Agora sou católico, converti-me. Meus pais eram um batista e o outro metodista. Davam-se bem.

Doutora: – Como se tornou católico?

Paciente: – Combinava mais com a idéia que eu tinha da religião.

Doutora: – Quando aconteceu essa mudança?

Paciente: – Quando as crianças eram pequenas. Freqüentavam escolas católicas. Creio que foi no começo da década de 1950.

Doutora: – Teve alguma ligação com sua doença?

Paciente: – Não, porque na época a pele não me incomodava muito. Pensava que, assim que me equilibrasse melhor e fosse ao médico, iria sumir, entendeu?

Doutora: – Ah!

Paciente: – Mas isso nunca aconteceu.

Doutora: – Sua mulher é católica?

Paciente: – É, converteu-se na mesma época que eu.

Doutora: – Ontem o senhor me contou alguma coisa. Não sei se quer tocar no assunto outra vez. Acho que seria útil. Quando lhe perguntei como suportava tudo isso, o senhor me deu toda a escala de possibilidades de como o homem pode se tornar; por exemplo, acabar com tudo, pensar em suicídio; e me disse por que não faria isso. Falou também de uma abordagem meio fatalista... Pode repetir novamente?

Paciente: – O que eu disse foi o que um médico me disse uma vez: "Eu não suportaria, não sei como você agüenta. Eu me mataria."

Doutora: – Foi um médico que lhe disse isso?

Paciente: – Foi. Então respondi que estava fora de cogitação matar-me, pois sou covarde demais para tanto. Isto elimina uma possibilidade em que não devo mais pensar. Finalmente, liberto minha mente de obstáculos, à medida que sigo em frente, de modo que tenho cada vez menos em que pensar. Aboli a idéia de matar-me pelo processo de eliminar a morte. Cheguei à conclusão de que estou aqui, agora. Tanto posso virar a cara para a parede, como posso chorar. Ou então tentar extrair da vida todo prazer e divertimento possíveis, dada a minha situação. Posso assistir a um bom programa de televisão ou ouvir uma palestra interessante, e depois de poucos minutos posso não me dar mais conta da coceira e do desconforto. Chamo de bênção a todas essas pequenas coisas e imagino que se puder juntar muitas dessas bênçãos qualquer dia serão uma só, que se estenderá até o infinito e todo dia será um bom dia. Assim, não me preocupo muito. Quando começo a ficar deprimido, procuro me distrair ou tento dormir, porque, no fim das contas, dormir é o melhor remédio que já se inventou. Às vezes, nem durmo, apenas fico deitado quieto. A gente aprende a aceitar essas coisas; que mais se pode fazer? Pode-se pular, gritar, esbravejar, bater a cabeça na parede, mas depois de fazer tudo isso a coceira e a depressão não arredam o pé.

Doutora: – Parece que a coceira é o pior da doença. O senhor sente alguma dor?

Paciente: – Até agora, a coceira tem sido o pior, mas justamente na ponta dos meus pés há uma chaga, o que torna uma tortura colocar qualquer peso em cima deles. Diria que, até agora, a coceira, a secura e as escaras têm sido meu maior problema. Tenho uma guerra pessoal contra essas escaras. Chega a ser engraçado. Fico com a cama coberta de crostas, dou uma escovadela assim, e em geral qualquer tipo sai fácil. Mas essas escaras ficam pulando para cima e para baixo, no mesmo lugar, como se tivessem garras, chegando a exigir um esforço danado.

Doutora: – Para livrar-se delas?

Paciente: – Para livrar-me delas sim, porque lutam até o fim. Fico exausto, olho e lá estão elas. Cheguei até a pensar num pequeno aspirador, para ficar limpo. Ficar limpo passa a ser uma obsessão, porque tomar um banho e se besuntar todo logo depois, não dá para se sentir limpo. A gente sente logo que precisa de outro banho. Pode-se passar a vida inteira entrando e saindo do banheiro.

Doutora: – Quem tem sido mais prestativo neste problema, desde que o senhor chegou ao hospital?

Paciente: – Mais prestativo? Não se pode destacar ninguém, aqui todos se antecipam às minhas necessidades e ajudam. Fazem um monte de coisas em que nem havia pensado. Uma das moças notou que meus dedos eram uma chaga só e que eu tinha dificuldade de acender um cigarro. Ouvia-a dizer às outras: "Sempre que vieram aqui, verifiquem se ele não quer um cigarro." Isso é simplesmente incrível!

Doutora: – Elas cuidam bem, realmente.

Paciente: – É uma sensação maravilhosa, mas as pessoas gostam de mim em qualquer lugar onde estive, em toda a minha vida. Fico profundamente agradecido por isto. Humildemente agradecido. Acho que nunca me preocupei em ser benfeitor, mas posso apontar várias pessoas nesta cidade a quem ajudei em vários empregos. Nem mesmo sei por que, mas sempre foi característica minha deixar as pessoas mentalmente à vontade. Faço o possível para ajudar uma pessoa a se encontrar e muitos deles contam aos outros que os ajudei. Justamente por isso, todo mundo que conheci me ajudou também. Acho que não tenho nenhum inimigo no mundo. Não conheço ninguém que me deseje qualquer mal. Um colega do colégio esteve aqui há alguns anos. Conversamos sobre os dias em que estudávamos juntos. Lembramo-nos dos dormitórios, de quando alguém sugeria bagunçar o quarto de um determinado fulano, a qualquer hora do dia. A gente descia e expulsava o fulano do quarto. Brincadeira brutal, mas sadia. Ele contava ao filho como costumávamos tirá-los e amarrá-los feito feixes de lenha. Nós dois éramos bastante fortes e do tipo durão. De fato, juntávamos todos no corredor e nenhum jamais bagunçou o nosso quarto. Tínhamos um colega de quarto que era da equipe de corrida e corria os cem metros rasos. Antes que os cinco caras entrassem no quarto, passava pela porta e corria escada abaixo, uns oitenta metros. Quando escapulia, ninguém conseguia pegá-lo. Só voltava tarde, na hora de dormir, quando já tínhamos limpado e arrumado tudo.

Doutora: – Essa é uma daquelas bênçãos a que se refere?

Paciente: – Olho para trás e penso nas tolices que fizemos. Um noite, o quarto estava frio e apareceram alguns colegas. Apostamos quem suportaria mais o frio, cada um confiando em si mesmo. Decidimos abrir a janela. Não havia aquecimento algum, com 20°C abaixo de zero lá fora. Lembro-me de que estava com um gorro de lã, dois pijamas, um roupão e dois pares de meia. Acho que todos fizeram o mesmo. Mas quando nós acordamos naquela manhã tudo, até os copos, era gelo sólido. Quando a gente tocava as paredes, grudava porque estava tudo gelado. Levamos quatro dias para descongelar o quarto e aquecê-lo. Fazíamos tolices deste tipo. Muitas vezes, alguém me olha, me vê rindo sozinho e pensa que fiquei louco, que endoidei de vez. Mas é que estou me lembrando de algum caso destes. Ontem, a senhora me perguntou o que os médicos e as enfermeiras podiam fazer para melhor ajudar os pacientes. Depende muito do paciente. Depende muito do seu estado. Quando se está mal, não se quer ser molestado. A gente quer ficar deitado, quieto, sem ninguém examinando, nem tirando pressão sangüínea, nem medindo temperatura. É o seguinte: parece que toda vez que a gente consegue relaxar um pouco alguém entra por algum motivo. Acho que os médicos e as enfermeiras deveriam incomodar o menos possível. Porque assim que a gente se sente melhor levanta a cabeça e se interessa pelas coisas. É o momento certo para entrarem e começarem aos poucos a reanimar o paciente e encorajá-lo.

Doutora: – Será que as pessoas muito doentes não se sentem mais amedrontadas e infelizes quando são deixadas sozinhas?

Paciente: – Não acho. Não é uma questão de deixá-las sozinhas, não quis dizer isolar estas pessoas. Refiro-me a quando a gente está repousando tranqüilamente e vem alguém afofar os travesseiros sem ninguém pedir. A cabeça está apoiada confortavelmente. Mas como querem fazer o melhor a gente tolera. Ou quando alguém entra oferecendo um copo de água. Ora, se quisesse água teria pedido, mesmo assim põem água no copo. Fazem isso com a melhor das intenções, tentando proporcionar o maior conforto. Entretanto, se nos esquecessem em determinadas circunstâncias, a gente se sentiria melhor.

Doutora: – O senhor gostaria de ficar só agora?

Paciente: – Não, não muito. Na semana passada...

Doutora: – Digo agora, nesta entrevista. Está ficando muito cansado?

Paciente: – Cansado, sim. De qualquer forma, não tenho nada para fazer a não ser ir para o quarto e descansar. É que não vejo muito interesse em nos prolongarmos mais, porque depois de um certo tempo a gente se repete muito.

Doutora: – Ontem, o senhor estava interessado nisto.

Paciente: – Bem, tinha razão para estar interessado. Se me tivesse visto há uma semana, a senhora não sentiria vontade de me entrevistar, pois eu dizia tudo pela metade, com meios pensamentos. Não saberia nem meu próprio nome, mas melhorei muito.

Capelão: – Como se sente em relação ao que aconteceu nesta última semana? É mais um ponto ao qual você chama de bênção?

Paciente: – Espero que seja assim. Isto evolui em ciclos, como uma roda imensa, ela gira, e com o novo medicamento que me aplicaram espero que sejam atenuadas estas diferentes sensações. Espero sentir-me muito bem ou muito mal no começo. Passei pela fase ruim, agora terei uma fase boa. Vou me sentir muito bem, pois é assim que acontece. Mesmo que não tome remédio algum, mesmo deixando as coisas andarem.

Doutora: – Então, está entrando no ciclo bom agora, não?

Paciente: – Acho que sim.

Doutora: – Agora vamos levá-lo de volta ao quarto.

Paciente: – Eu gostaria.

Doutora: – Obrigada por ter vindo.

Paciente: – Realmente, não há de quê.

O Sr. J., a quem vinte anos de doença e sofrimento haviam transformado numa espécie de filósofo, apresenta muitos sinais de ira disfarçada. O que está querendo dizer realmente nesta entrevista é o seguinte: "Tenho sido tão bom, por que eu?" Descreve como era forte e vigoroso nos tempos de juventude; como suportava o frio e as privações; como cuidava dos filhos e da família; como trabalhava arduamente e nunca se deixava tentar pelos maus elementos. Depois de todo esse esforço, seus filhos crescidos, esperava dispor de alguns anos para viajar, tirar férias, saborear os frutos do seu labor. De modo mais ou menos franco, sabe que são vãs suas esperanças. Agora, gasta todas as suas energias para se manter sensato, para lutar contra a coceira, o desconforto e a dor que descreve com tanta propriedade.

Reexamina essa luta e vai eliminando, ponto por ponto, os pensamentos que lhe perpassam a mente. O suicídio está fora de cogitação, bem como uma aposentadoria compensadora. O seu campo de possibilidades diminui à medida que progride a doença. Suas expectativas e exigências se tornam menores e, finalmente, aceita o fato de viver entre uma recuperação e outra. Quando se sente mal, prefere que o deixem só, recolhe-se e tenta dormir. Quando melhora, deixa transparecer que está pronto para conversar de novo e se torna mais sociável. "A gente tem de ter sorte" significa que continua esperando que haja nova recuperação. Nem desiste de esperar que seja descoberta alguma cura, que seja produzido um novo medicamento, a tempo ainda de aliviá-lo dos sofrimentos.

Manteve viva essa esperança até o último dia.

IX. A família do paciente

O pai voltou do funeral.
Por trás da janela, seu filho de sete anos, olhos arregalados, amuleto dourado pendurado no pescoço, mergulhado em pensamentos difíceis demais para sua idade.
O pai pegou-o nos braços e o menino perguntou: "Onde está mamãe?"
"No céu", respondeu o pai, apontando para o azul imenso.
O menino ergueu os olhos e se quedou a contemplar o céu em silêncio. Sua mente confusa lançou um brado na noite: "Onde está o céu?"
Não ouviu resposta. E as estrelas pareciam lágrimas ardentes daquela escuridão taciturna.

Tagore
O fugitivo, Parte II, XXI

Mudanças no lar e efeitos sobre a família

Se não levarmos devidamente em conta a família do paciente em fase terminal, não poderemos ajudá-lo com eficácia. No período da doença, os familiares desempenham papel preponderante, e suas reações muito contribuem para a própria reação do paciente. Por exemplo, a doença grave de um marido e conseqüente hospitalização pode causar mudanças radicais no lar, às quais a esposa é obrigada a se adaptar. Pode sentir-se ameaçada pela perda de segurança e por não poder mais depender do marido. Terá de assumir muitas funções antes desempenhadas por ele e ajustar seu horário às novas exigências, desconhecidas e aumentadas. Pode subitamente ver-se envolvida em assuntos de negócios e questões financeiras, o que antes evitava fazer.

Se entram em jogo visitas ao hospital, é necessário providenciar condução e alguém que tome conta das crianças na sua ausência. Pode haver mudanças sutis ou dramáticas nas família e na atmosfera do lar, provocando também reações nas crianças, aumentando assim os encargos e a responsabilidade da mãe. De repente, ela se vê cara a cara – ao menos temporariamente – com a realidade de ser uma mãe solitária.

Aos transtornos e preocupações com o marido, acrescidos da resposabilidade e do trabalho, vêm se juntar uma solidão maior e – com freqüência – um ressentimento. A esperada ajuda de parentes e amigos pode não ser imediata, ou assumir formas que vão de desconcertantes a inaceitáveis para a esposa. Os conselhos dos vizinhos poderão ser rejeitados, pois podem aumentar os encargos em vez de diminuí-los. Por outro lado, pode ser de grande valia uma vizinha compreensiva que não vá somente "saber das últimas notícias", mas vá aliviar a amiga de algumas tarefas como preparar uma refeição ligeira, levar as crianças para brincar, etc. Tomemos como exemplo a entrevista da Sra. S.

O senso de perda que sente um marido talvez seja maior se ele for menos flexível ou se não estiver acostumado a lidar com coisas relacionadas aos filhos, à escola, aos deveres depois das aulas, às refeições e às roupas. Este senso de perda pode surgir tão logo a esposa fique acamada ou quando for obrigada a diminuir suas atividades. Pode haver uma inversão de funções, mais difícil de ser aceita pelo homem do que pela mulher. Em vez de ser servido, pode ter de vir a servir. Em vez de descansar um pouco após um dia árduo de trabalho, pode se ver obrigado a tomar conta da mulher enquanto ela assiste à televisão, sentada na poltrona dele. Conscientemente ou não, pode ressentir-se de tais mudanças, apesar de entender bem a situação. "Por que ela achou de adoecer logo agora que mal comecei este novo projeto?", disse um homem, certa vez. Este tipo de reação é freqüente e compreensível, quando encarado sob o ponto de vista de nosso inconsciente. Reage com a esposa da mesma forma que a criança reagiria com a ausência da mãe. Em geral, temos tendências a ignorar o quanto de criança existe em nós. Tais maridos podem receber ajuda quando têm chance de extravasar seus sentimentos; por exemplo, podem encontrar quem os substitua uma noite por semana para ir jogar boliche e se divertir sem sentimentos de culpa, ou desabafar um pouco, coisa que dificilmente se pode fazer, tendo uma pessoa muito doente em casa.

Acho cruel exigir a presença constante de qualquer um dos membros da família. Assim como temos de renovar o ar dos pulmões, as pessoas têm de "recarregar suas baterias" fora do quarto do doente e, de vez em quando, viver uma vida normal. Não podemos ser eficientes com a constante presença da doença. Tenho ouvido muitos pacientes se queixarem de que o pessoal da família continuava viajando nos fins de semana, ou indo a teatros e cinemas. Culpavam os familiares por se divertirem, enquanto alguém em casa estava à beira da morte. Creio que tanto para o paciente como para a família, faz mais sentido ver que a doença não desequilibrou totalmente o lar, nem privou os familiares de momentos de lazer; ao contrário, a doença pode permitir que o lar se adapte e se transforme gradativamente, preparando-se para quando o doente não mais estiver presente. Como o paciente em fase terminal não pode encarar a morte o tempo todo, o membro da família não pode, nem deve, excluir todas as outras interações para ficar exclusivamente ao lado do paciente. Às vezes, ele também sente necessidade de rejeitar ou fugir às realidades tristes para encará-las melhor quando sua presença se fizer mais necessária.

As necessidades da família variarão desde o princípio da doença, e continuarão de formas diversas até muito tempo depois da morte. É por isso que os membros da família devem dosar suas energias e não se esgotar a ponto de entrar em colapso quando forem mais necessários. Um amigo compreensivo pode contribuir muito para ajudá-los a manter o equilíbrio entre ser útil ao paciente e respeitar suas próprias necessidades.

Problemas de comunicação

Em geral, quem recebe a notícia sobre a gravidade de uma doença é a esposa ou o marido. Cabe a eles a decisão de compartilhar a enfermidade com o doente, ou encontrar o momento para contar a ele e aos outros membros da família. Geralmente, cabe a eles também decidir como e quando informar aos filhos, tarefa sem dúvida mais árdua ainda, sobretudo em se tratando de crianças pequenas.

Saber enfrentar esses dias ou semanas cruciais depende muito da estrutura e união de uma família, da habilidade de se comunicar e da existência de verdadeiros amigos. Uma pessoa fora do convívio familiar, sem maiores envolvimentos emocionais, pode ser muito útil ouvindo as preocupações da família, suas aspirações e necessidades. Ela pode orientar quanto a assuntos legais, pode ajudar a preparar o testamento e tomar as devidas providências – temporária ou definitivamente – quanto às crianças que ficarão órfãs. Afora os assuntos práticos, a família sempre necessita de um mediador, como ficou provado na entrevista do Sr. H., no capítulo VI.

Os problemas do moribundo chegam ao fim, mas começam e continuam os da família. Muitos desses problemas podem ser contornados se forem discutidos antes que o membro da família venha a falecer. Infelizmente, a tendência é ocultarmos do paciente nossos sentimentos, tentarmos manter um sorriso nos lábios ou uma alegria falsa no rosto, passível de sumir mais cedo ou mais tarde. Entrevistamos um marido que estava para morrer, e ele nos disse: "Sei que tenho muito pouco tempo de vida, mas não contem isso à minha mulher, porque ela não suportaria isto." Quando conversamos com sua mulher num encontro casual, ela repetiu praticamente as mesmas palavras. Ambos sabiam, mas nenhum deles tinha coragem de comunicar isto ao outro – e já tinham trinta anos de casados! Quem os convenceu a dizer o que sabiam foi o jovem capelão, quando esteve no quarto a convite do paciente. Ambos ficaram aliviados por não ter de prosseguir com este jogo falso, e começaram a fazer os preparativos, os quais nenhum dos dois seria capaz de fazer sozinho. Mais tarde, ambos riam desta "infantilidade", como a chamaram, e faziam conjecturas sobre quem teria sabido primeiro e o tempo que levariam se enganando, sem a ajuda de terceiros.

Acho que o moribundo também pode ajudar seus familiares, fazendo com que encarem sua morte. E pode ajudar de várias formas. Uma delas é participar naturalmente seus pensamentos e sentimentos aos membros da família, incentivando-os a proceder assim também. Se ele for capaz de enfrentar a dor e mostrar com seu próprio exemplo como é possível morrer tranqüilamente, os familiares se lembrarão de sua força e suportarão com mais dignidade a própria tristeza.

A culpa talvez seja a companheira mais dolorosa da morte. Quando uma doença é diagnosticada como potencialmente fatal, não é raro os familiares se perguntarem se devem se culpar por isto. "Se ao menos o tivesse mandado antes a um médico!" ou "Eu deveria ter notado a mudança mais cedo encorajando-o a buscar ajuda logo" são frases que ouvimos com freqüência da boca das mulheres de pacientes em fase terminal. É desnecessário dizer que um amigo da família, um médico da família, ou mesmo um capelão podem ajudar muito uma mulher assim, aliviando-a dessa censura sem fundamento, fazendo-a ver que fez todo o possível para conseguir ajuda. Entretanto, dizer apenas: "Não se sinta culpada, porque você não é culpada" não é o suficiente. Em geral, podemos descobrir a razão mais profunda desse sentimento de culpa ouvindo essas esposas com cuidado e atenção. Quase sempre os parentes se culpam devido a ressentimentos verdadeiros para com o falecido. Quem, num momento de raiva, já não desejou que alguém desaparecesse, sumisse do mapa, se danasse? O senhor com quem fizemos a entrevista no capítulo XII exemplifica bem esta passagem. Tinha boas razões para estar com raiva da mulher, que o deixou e foi morar com um irmão, que para ele era nazista. Por sua vez, esse paciente era judeu. Sua mulher o deixou e criou o único filho como cristão. Ela morreu estando ele ausente, motivo também para culpá-la. Infelizmente, nunca houve uma ocasião para que pudessem desabafar toda essa raiva contida e o homem foi se abalando pela tristeza e pela culpa, a ponto de adoecer seriamente.

Uma alta percentagem de viúvos e viúvas, examinados nas clínicas ou por médicos particulares, apresentam sintomas somáticos resultantes da incapacidade de superar os sentimentos de culpa e pesar. Se, antes da morte do cônjuge, tivessem sido ajudados a superar as diferenças entre eles, metade da batalha teria sido ganha. É compreensível que as pessoas relutem em falar abertamente sobre a morte e o morrer, sobretudo se, de repente, a morte se torna algo pessoal que nos atinge e, de certa forma, bate à nossa porta. As poucas pessoas que experimentaram a crise da morte iminente descobriram que a comunicação só é difícil na primeira vez, tornando-se mais simples à medida que cresce a experiência. Em vez de aumentar a alienação e o isolamento, o casal acaba comunicando de modo significativo e profundo, descobrindo uma aproximação e compreensão que só o sofrimento pode propiciar.

Outro exemplo da falta de comunicação entre o moribundo e a família é o exemplo da Sra. F.

> A Sra. F. era uma mulher negra, doente em fase terminal e fortemente debilitada, que jazia imóvel no leito havia semanas. Olhar para seu corpo de pele escura contrastando com os lençóis brancos da cama lembrava-me, com certa repulsa, raízes de árvores. Devido à doença deformante, era difícil definir o contorno do corpo ou mesmo das feições. Sua filha, que vivera com ela a vida inteira, ficava sentada a seu lado, igualmente imóvel e sem proferir palavra. Foram as enfermeiras que nos pediram que intercedêssemos, não por causa da paciente, mas por causa da filha, com quem estavam muito preocupadas, e com razão. Mostraram que, a cada semana que passava, ficava mais tempo junto ao leito da mãe. Já não trabalhava mais e praticamente passava dia e noite em silêncio, à cabeceira da mãe moribunda. As enfermeiras talvez não se preocupassem tanto se não tivessem notado uma dicotomia singular entre a presença cada vez mais constante e a completa falta de comunicação. A doente sofrera um choque recente e não podia falar nem mover qualquer membro, presumindo-se que sua mente não funcionas-

se mais. A filha só ficava sentada, em silêncio, sem jamais dirigir uma palavra à mãe, sem jamais esboçar um gesto de carinho ou afeição, a não ser sua presença muda.

Entramos no quarto para pedir à filha, uma moça de seus quase quarenta anos e solteira, que viesse conversar um pouco conosco. Esperávamos compreender a razão de sua presença constante, que significava também um desapego crescente do mundo exterior. As enfermeiras estavam preocupadas com a reação que ela teria após a morte da mãe, mas achavam que, tanto quanto a mãe, seria incapaz de falar, embora por razões diferentes. Não sei o que me levou a me dirigir à mãe, antes de deixar o quarto com a filha. Talvez sentisse que estava lhe devendo uma visita ou, quem sabe, fosse um velho costume meu de manter meus pacientes a par do que ia acontecendo. Disse-lhe que estávamos levando sua filha por alguns momentos, pois estávamos preocupados com ela por estar só. A paciente olhou para mim e eu compreendi duas coisas: primeiro, que ela estava absolutamente ciente do que acontecia a seu redor, apesar da aparente incapacidade de falar; segundo – lição inesquecível! –, jamais classificar alguém na categoria de "vegetal", mesmo que pareça não reagir a muitos estímulos.

Tivemos uma conversa demorada com a filha, que tinha abandonado o emprego, as poucas amizades e quase o apartamento, para passar o maior tempo possível com a mãe agonizante. Não pensara ainda no que aconteceria se a mãe viesse a morrer. Sentia-se na obrigação de ficar quase dia e noite no quarto do hospital, não tendo dormido, nas últimas semanas, mais do que três horas por noite. Ela começou a imaginar se não se estaria cansando para não ter de pensar. Tinha medo de se afastar do quarto e a mãe morrer neste ínterim. Nunca tocara neste assunto com a mãe, apesar de ela estar doente há muito tempo e em condições de conversar até há pouco tempo. No final da entrevista, a filha já deixava transparecer alguns sentimentos de culpa, ambivalência e ressentimento não só por ter vivido uma vida isolada como, talvez mais, por ter sido abandonada. Nós a encorajamos a externar seus sentimentos mais amiúde, a voltar a trabalhar por meio período para ter alguma ocupação fora do quarto da doente, e nos pusemos à disposição para quando precisasse de alguém com quem conversar.

Voltando ao quarto da doente, participei de novo a conversa que tivemos. Pedi que aprovasse a visita da filha só numa parte do dia. Olhou-nos diretamente nos olhos e, com um suspiro de alívio, fechou-os novamente. Uma enfermeira que assistia a este encontro ficou grandemente surpreendida com esta reação e ficou muito contente por ter visto esta cena, pois toda a equipe se afeiçoara muito à paciente e ninguém se sentia bem vendo a sua silenciosa agonia e a incapacidade de se expressar da filha. Esta encontrou um trabalho de meio período e dava notícias à mãe, para alegria da equipe. Suas visitas, não mais carregadas de ambivalência nem sentimentos de obrigação e ressentimento, eram agora cheias de sentido. Voltou a conversar com outras pessoas, dentro e fora do hospital, fazendo algumas amizades novas antes da morte da mãe, que se deu alguns dias mais tarde, num clima de bastante paz.

O Sr. Y., outro homem de quem sempre nos lembraremos, foi o espelho da agonia, do desespero e da solidão do velho, prestes a perder a esposa, após muitas décadas de feliz casamento.

O Sr. Y. era um senhor de idade, um tanto defigurado, fazendeiro curtido pelas intempéries, que jamais pusera os pés numa cidade grande. Durante a vida toda, lavrara a terra, vira o gado dar cria e educara os filhos, que moram em cantos diferentes do país. Ele e a mulher viviam sozinhos nos últimos anos e, como ele mesmo disse, “tinham se acostumado um ao outro”. Nenhum se imaginava vivendo sem o outro.

No final de 1967, sua mulher adoeceu gravemente e o médico recomendou que recorresse aos médicos da capital. O Sr. Y. relutou um pouco, mas como a esposa definhava a olhos vistos levou-a para o “grande hospital”, onde foi colocada na unidade de terapia intensiva. Qualquer um que tivesse visto esta unidade, notaria a diferença da vida ali comparada a uma pequena enfermaria improvisada numa fazenda. Todos os leitos estão ocupados por pacientes gravemente enfermos, desde recém-nascidos até anciãos moribundos. Todos os leitos estão cercados pelos mais modernos equipamentos que o agricultor jamais vira, frascos pendendo de suportes, bombas de sucção, o tique-taque de um monitor e uma equipe médica sempre atarefada, mantendo o equipamento em funcionamento e observando atentamente para detectar sinais de alarme. Há muito barulho, uma atmosfera de urgência e decisões imediatas, gente indo e vindo e nenhum cantinho para um velho agricultor que jamais vira uma cidade grande.

O Sr. Y. insistiu em ficar com a esposa, mas lhe disseram taxativamente que só podia ficar cinco minutos de hora em hora, durante o quais olhava para o rosto lívido, tentando segurar a mão dela, murmurando palavras de desespero, até que vinham dizer com firmeza e insistência: "Por favor, saia, seu tempo se esgotou."

Um dos nossos estudantes descobriu o Sr. Y. indo e vindo pelo corredor, parecendo terrivelmente desesperado, alma perdida num imenso hospital. Levou-o, então, ao nosso seminário e ele contou um pouco de sua agonia, ficando aliviado por ter alguém com quem conversar. Alugara um quarto na Casa Internacional, uma casa cheia de estudantes, muitos dos quais voltavam para enfrentar um novo trimestre. Disseram-lhe que deveria mudar-se logo para dar lugar aos estudantes que chegavam. O lugar não era longe do hospital, mas o velho percorria a distância dezena de vezes. Não havia lugar para ele, nenhum ser humano com quem conversar, nem sequer a certeza de um quarto disponível no caso de sua mulher durar mais alguns dias. Depois, havia a idéia impertinente de que podia de fato perder a mulher e ter de voltar para casa sem ela.

Quanto mais o ouvíamos, mais se revoltava com o hospital, sobretudo com as enfermeiras, pela crueldade em só deixar que visse sua mulher por cinco minutos a cada hora. Sentia que era um estorvo para elas, apesar de serem breves aqueles momentos. Aquilo era jeito de se despedir da mulher que o seguiu durante quase cinqüenta anos? Como explicar a um velhinho que é assim que funciona a unidade de terapia intensiva, que existem regras e leis administrativas que regulam as horas de visita e que visitantes demais nesta unidade são intoleráveis, se não para o paciente, ao menos para a sensibilidade do equipamento? Certamente, não o teria ajudado dizer: "Tudo bem, o senhor amou sua esposa, viveram juntos na fazenda durante tantos anos, por que não deixou que morresse lá?" Provavelmente, responderia que ele e a mulher eram um só, como a árvore com suas raízes, e um não poderia viver sem o outro. O grande hospital prometia prolongar a vida dela, e ele, o velho homem da fazenda, prontificava-se a se aventurar num lugar como aquele, preso ao fio de esperança que lhe ofereciam.

Pouco poderíamos fazer por ele, exceto ajudá-lo a encontrar acomodações mais seguras dentro de suas possibilidades financeiras, informar seus filhos de sua solidão e da necessidade da presença deles. Conversamos também com a equipe de enfermagem. Não conseguimos obter um período mais prolongado de visita, mas ao menos conseguimos que fosse mais bem aceito durante os curtos instantes em que lhe era permitido ver a esposa.

Desnecessário dizer que estes incidentes acontecem todos os dias em qualquer hospital grande. Precisariam ser tomadas maiores providências quanto à acomodação dos familiares dos pacientes dessas unidades de terapia. Deveria haver salas contíguas onde os parentes pudessem sentar-se, descansar, comer, compartilhar a solidão, e talvez se consolar mutuamente nos intermináveis períodos de espera. Os assistentes sociais e os capelães precisariam estar disponíveis, com o tempo suficiente para cada um, e os médicos e as enfermeiras deveriam visitar estas salas com freqüência, pondo-se à disposição para solucionar problemas. Como estão as coisas agora, os parentes são relegados à solidão. Passam horas esperando nos corredores, nos bares, nas imediações do hospital, andando ao léu, para lá e para cá. Podem fazer tentativas tímidas na esperança de ver um médico, ou, quando conseguem falar com alguma enfermeira, só conseguem saber que o médico está ocupado na sala de cirurgia ou noutro lugar qualquer. Como há um número cada vez maior de responsáveis pelo bem-estar de cada paciente, ninguém conhece o paciente muito bem, nem o paciente sabe o nome de seu médico. Não é raro acontecer que encaminhem os parentes de uma pessoa a outra, indo eles parar na sala de algum capelão, não mais esperando obter respostas quanto ao paciente, mas na expectativa de encontrar algum consolo e compreensão para sua própria agonia.

Alguns parentes prestariam maior serviço ao paciente e à equipe hospitalar se fizessem visitas mais curtas e com menor freqüência. Lembro-me de uma mãe que não permitia a ninguém cuidar de seu filho de vinte e dois anos, a quem tratava como a um bebê. Embora o jovem fosse capaz de prover suas próprias necessidades, ela o lavava, insistia em escovar os dentes dele e até o limpava após a evacuação. O paciente ficava irritado e zangado sempre que ela estava por perto. As enfermeiras se assustavam e a apreciavam cada vez menos. A assistente social tentou, em vão, conversar com ela, e foi despachada com as mais ríspidas expressões.

O que faz com que uma mãe se torne superprotetora e de modo tão hostil? Procuramos compreendê-la e encontrar meios e formas de diminuir sua assistência, que era inoportuna e incômoda tanto para o paciente como para as enfermeiras. Depois de discutir o problema com a equipe hospitalar, percebemos que poderíamos estar projetando nossos anseios em relação ao paciente e que ele, de fato, contribuía, e até propiciava esse comportamento da mãe. Era previsto que ficasse mais algumas semanas no hospital para tratamento, quando então voltaria para casa por algum tempo e seria, provavelmente, readmitido depois. Será que lhe prestamos algum serviço, interferindo em seu relacionamento com a mãe, por mais prejudicial que nos parecesse? Será que não agimos movidos principalmente pela irritação contra essa supermãe que fazia as enfermeiras se sentirem "mães desnaturadas", desencadeando assim novas fantasias de querer socorrer? Quando nos compenetramos disso, reagimos com menos ressentimento para com a mãe, mas também tratamos o jovem como adulto, fazendo-o ver que dependia dele pôr limites caso o comportamento da mãe se tornasse incômodo demais.

Não sei se isto surtiu algum efeito, pois ele foi embora logo depois. Entretanto, acho válido mencionar esse exemplo, uma vez que salienta a necessidade de não nos deixarmos levar por nossos próprios sentimentos quanto ao que é bom e certo para uma determinada pessoa. Pode ser que aquele homem só pudesse suportar sua doença regressando temporariamente ao nível de criança e que a mãe sentisse consolo em poder suprir estas necessidades. Não creio que acontecesse isso no presente caso, pois eram visíveis o ressentimento e a intolerância dele quando a mãe estava presente, mas fazia pouquíssimo esforço para contê-la, embora impusesse limites aos outros familiares e ao pessoal do hospital.

Lidando com a realidade de doenças em fase terminal na família

Os membros da família experimentam diferentes estágios de adaptação, semelhantes aos descritos com referência aos nossos pacientes. A princípio, muitos deles não podem acreditar que seja verdade. Pode ser que neguem o fato de que haja tal doença na família ou "comecem a andar" de médico em médico na vã esperança de ouvir que houve erro no diagnóstico. Podem procurar ajuda e tentar certificar-se, junto a quiromantes e curandeiros, de que não é verdade. Podem programar viagens caras a clínicas famosas e médicos de renome, só encarando aos poucos a realidade que pode mudar drasticamente o curso de suas vidas. Portanto, a família sofre certas mudanças, dependendo muito da atitude do paciente, do conhecimento e da habilidade com que se comunica o fato. Se são capazes de compartilhar suas preocupações comuns, podem logo tratar dos assuntos importantes, sob menos pressões de tempo e emoções. Se cada um tenta manter segredo em relação ao outro, criarão uma barreira artificial entre si, que dificultará qualquer preparação para o pesar futuro, tanto do paciente quanto de sua família. O resultado final será muito mais dramático do que para aqueles que podem, às vezes, conversar e chorar juntos.

No momento em que o paciente atravessa um estágio de raiva, os parentes próximos sentem a mesma reação emocional. Primeiro, ficam com raiva do médico que examinou o doente, e não apresentou logo o diagnóstico; depois, do médico que os informou da triste realidade. Podem dirigir sua fúria contra o pessoal do hospital que jamais cuida o bastante, não importando a eficiência dos cuidados. Há muito de inveja nesta reação, pois os familiares geralmente se sentem frustrados não podendo estar com o paciente e cuidar dele. Há também muita culpa e um desejo de recuperar as oportunidades perdidas no passado. Quanto mais pudermos ajudar os parentes a extravasar estas emoções antes da morte de um ente querido, mais reconfortados se sentirão os familiares.

Quando a raiva, o ressentimento e a culpa se apresentam, a família entra numa fase de pesar preparatório, igual ao do moribundo. Quanto mais desabafar este pesar antes da morte, mais a suportará depois. Freqüentemente ouvimos parentes dizerem com orgulho que sempre tentaram manter um sorriso nos lábios na frente do paciente, mas que um dia não puderam continuar as aparências. Poucos percebem que as emoções genuínas de um familiar são muito mais fáceis de aceitar do que uma máscara enganadora, através da qual o paciente enxerga de qualquer jeito e que, para ele, tem mais o sentido de falsidade do que de solidariedade numa situação triste.

Se os membros de uma família podem juntos compartilhar estas emoções, enfrentarão aos poucos a realidade da separação iminente e chegarão juntos a aceitá-la. O período da fase final, quando o paciente se desprende paulatinamente de seu mundo, inclusive da família, talvez seja o de desgosto mais profundo. Não compreendem que o moribundo, que encontrou paz e aceitação de sua morte, tem de se separar, passo a passo, de seu ambiente, inclusive das pessoas mais queridas. Como poderia estar preparado para morrer se continuasse mantendo relacionamentos cheios de sentido e que são tantos na vida de um homem? Quando o paciente pede para ser visitado só por poucos amigos, depois só por seus filhos e, finalmente, só por sua esposa, deve-se entender que esta é a maneira de ele se desapegar gradualmente. Não raro, os parentes mais próximos interpretam mal este fato, como sendo rejeição, e temos encontrado diversos maridos e esposas que reagiram dramaticamente a este desapego normal e salutar. Se conseguirmos fazer com que entendam que só os pacientes que aceitaram a morte são capazes de se desapegar lentamente e em paz, estaremos prestando uma grande ajuda. Seria para eles uma fonte de conforto e consolo e não de ressentimento e pesar. Durante esse período, a família é que precisa de maior apoio, não tanto o paciente. Não quero concluir com isto que o paciente deva ser deixado só. Sempre devemos estar a seu dispor, mas em geral um paciente que chegou ao estágio de aceitação e decatexia pouco exige em termos de relacionamento interpessoal. Se não for explicado à família o sentido deste desligamento, podem surgir problemas como os descritos no caso da Sra. W. (capítulo VII).

Sob o ponto de vista da família, a morte mais trágica, excluindo a das crianças, talvez seja a das pessoas idosas. Se as gerações viveram juntas ou separadas, cada uma tem a necessidade e o direito de viver sua própria vida, de ter sua privacidade, de ter atendidas as necessidades peculiares à sua geração. Os velhos, raciocinando em termos de nosso sistema econômico, já viveram o tempo de serem úteis e, por outro lado, adquiriram o direito de viver a vida em paz e com dignidade. Enquanto forem auto-suficientes e saudáveis de corpo e mente, tudo isso é perfeitamente possível. Entretanto, temos visto homens e mulheres idosos que ficaram inválidos física e emocionalmente, sendo necessária uma soma considerável de dinheiro para mantê-los condignamente, ao nível que a família deseja. Então, a família depara com uma decisão difícil, isto é, juntar todo o dinheiro disponível, inclusive empréstimos e economias guardadas para a aposentadoria, a fim de arcar com estes últimos cuidados. A tragédia destes velhos, porém, é que todo o dinheiro juntado e, muitas vezes, o sacrifício financeiro não acarretam melhora alguma em seu estado, mantendo apenas um nível mínimo de existência. Se advêm complicações médicas, as despesas são múltiplas e a família geralmente almeja uma morte rápida e sem dor, mas é raro que deixe transparecer abertamente este desejo. É óbvio que desejos deste tipo despertam sentimentos de culpa.

Lembro-me de uma velhinha que esteve hospitalizada por várias semanas, e cujo tratamento requeria cuidados de enfermagem caros e prolongados num hospital particular. Todos esperavam que ela morresse logo, mas continuava em condição inalterada, dia após dia. Sua filha estava num dilema: ou a mandava para uma casa de saúde, ou a mantinha no hospital onde, aparentemente, a mãe queria ficar. Seu genro mostrava-se zangado por ela ter usado todas as economias de sua vida inteira e brigava constantemente com a esposa, que se sentia muito culpada para tirá-la do hospital. Quando fui visitar a velhinha, ela parecia assustada e esgotada. Perguntei-lhe simplesmente de que tinha tanto medo. Olhou para mim e, finalmente, deixou sair o que fora incapaz de comunicar antes, tendo constatado ela mesma que seus temores eram infundados. Temia "ser devorada viva pelos vermes". Enquanto eu recuperava o fôlego e tentava entender o significado real daquela afirmação, sua filha deixou escapar a frase: "Se é isto que a está impedindo de morrer, podemos cremá-la", querendo dizer, naturalmente, que a cremação evitaria qualquer contato com os vermes da terra. Nessa frase, estava contida toda a sua raiva recalcada. Fiquei sozinha um pouco com a anciã. Conversamos calmamente sobre as fobias de toda a sua vida e seu medo da morte, simbolizado no medo dos vermes, como se ela pudesse senti-los após a morte. Foi grande o seu alívio em ter contado isto e disse que compreendia a raiva da filha. Encorajei-a a falar destes sentimentos com a filha, de modo que esta não viesse a sentir remorsos pela explosão da raiva.

Quando encontrei a filha do lado de fora do quarto, contei-lhe que sua mãe a compreendia. Juntaram-se as duas finalmente para falar destas preocupações, terminando nos preparativos para o funeral, ou seja, a cremação. Em vez de permanecerem sentadas em silêncio e com mágoa, conversaram consolando-se mutuamente. A mãe morreu no dia seguinte. Se eu não tivesse visto o ar sereno de seu rosto no último dia, poderia ficar imaginando que a explosão da raiva da filha fora a causa de sua morte.

Outro aspecto geralmente não levado em conta é o tipo de doença fatal que o paciente tem. Há certa expectativa em torno do câncer, como há certos quadros associados a doenças cardíacas. A primeira doença é vista como uma moléstia que se arrasta e provoca dores, enquanto a segunda pode surgir de repente, sem dor, mas fulminante. Creio que há uma grande diferença entre a morte lenta de um ente querido, com tempo suficiente para que ambos os lados se preparem para a dor final, e um telefonema apreensivo: "Aconteceu, está tudo acabado." É mais fácil falar sobre a morte e o morrer com um paciente portador de câncer do que com um cardíaco, já que este nos preocupa, pois podemos assustá-lo, causando um enfarte, isto é, sua morte. Os parentes de um canceroso, portanto, são mais maleáveis para discutir um esperado fim do que a família de um doente do coração, cujo fim pode chegar a qualquer momento ou ser apressado por uma discussão qualquer, pelo menos na opinião de muitos familiares com quem temos conversado.

Lembro-me da mãe de um jovem do Colorado, que não permitia que seu filho fizesse exercício algum, nem o mais leve, apesar da recomendação contrária dos médicos. Em conversa, essa mãe dizia coisas assim: "Se ele se exceder, pode cair morte em cima de mim", como se esperasse do filho um ato hostil contra ela. Não se apercebia de sua própria hostilidade, mesmo depois de nos ter confessado seu profundo pesar por ter "um filho tão fraco", o qual estava sempre associado a seu ineficiente e fracassado marido. Levamos meses ouvindo essa mãe com paciência e atenção antes que pudesse expressar alguns de seus desejos destrutivos para com seu filho. Para ela, o filho era a causa de sua vida socioprofissional limitada, fazendo dela uma ineficiente, tanto quanto o marido. São situações familiares complicadas, onde um indivíduo doente se torna ainda mais deficiente, devido a conflitos de parentes. Se aprendermos a tratar esses parentes com compaixão e compreensão em vez de críticas e reprovações, ajudaremos também o paciente a aceitar suas limitações mais fácil e condignamente.

O exemplo do Sr. P., que damos a seguir, revela as dificuldades do paciente quando este espera se separar, mas a família não aceita a realidade, contribuindo para aumentar seus conflitos. Nosso objetivo deve ser sempre ajudar o paciente e sua família a enfrentar juntos a crise, de modo que aceitem simultaneamente a realidade final.

O Sr. P. era um homem de seus cinqüenta e poucos anos, mas que aparentava quinze anos a mais. Os médicos achavam que era remota a possibilidade de ele reagir ao tratamento, não só por causa do estado avançado do câncer e do marasmo, mas sobretudo por causa de sua falta de "espírito de luta". Cinco anos antes desta hospitalização, já fora extraído o estômago canceroso do Sr. P. A princípio, aceitou muito bem a doença e vivia esperançoso. Aos poucos, foi emagrecendo e definhando, tornando-se cada vez mais deprimido até voltar para o hospital. Foi quando uma radiografia do tórax constatou tumores metastáticos nos pulmões. Quando o visitei, não havia sido informado ainda do resultado da biópsia. Levantou-se a questão se seria oportuno o tratamento radioterápico ou uma cirurgia, dadas as condições de fraqueza em que se encontrava o paciente. Nossa entrevista se deu em duas etapas. Na primeira visita pretendia me apresentar e dizer-lhe que eu estava disponível, caso ele quisesse falar da gravidade de sua doença e dos problemas que podia acarretar. Fomos interrompidos por um telefonema e eu deixei o quarto, pedindo que pensasse no assunto. E o informei da hora da minha próxima visita.

No dia seguinte, fui recebida de braços abertos pelo Sr. P., que me apontou a cadeira, convidando-me a sentar. Apesar de termos sido interrompidos várias vezes para trocar o soro, dar a medicação e medir o pulso e a pressão do paciente, ficamos juntos por mais de uma hora. O Sr. P. sentia liberdade para "dissipar as nuvens", como ele disse. Não havia defesa nem fuga em sua conversa. Era um homem que tinha as horas contadas, que não podia perder seu tempo precioso, e que parecia ávido para comunicar suas preocupações e mágoas a alguém disposto a ouvir.

No dia anterior, dissera esta frase: "Quero dormir, dormir, dormir, e não acordar." Hoje repetiu o mesmo, mas acrescentou um "porém". Olhei para ele com ar interrogativo e me disse com voz fraca que sua esposa tinha vindo visitá-lo, e estava convencida de que ele se recuperaria. Ela o aguardava em casa para cuidar do jardim e das flores. Lembrou-o também da promessa que fizera de aposentar-se logo e mudar-se, talvez para o Arizona, onde poderiam passar mais alguns anos agradáveis...

Falou com muito calor e afeto de sua filha de vinte e um anos, que viera visitá-lo numa folga da faculdade e que ficara chocada ao vê-lo em tal estado. Contava tudo com uma ponta de culpa por desapontar a família, não vivento o tanto que esperavam.

Mencionei isso a ele, e concordou. Contou todas as suas mágoas. Passara os primeiros anos do seu casamento acumulando bens materiais para a família, na tentativa de "darlhes uma boa casa", o que o obrigava a passar a maior parte do seu tempo longe de casa e da família. Quando soube que estava com câncer, procurara ficar com eles o mais possível, mas parecia tarde demais. Sua filha vivia longe, na escola, e tinha seus próprios amigos. Quando era pequena e precisava dele, estava ocupado demais, ganhando dinheiro.

Falando de seu estado atual, disse: "O sono é o único alívio. Cada despertar é uma angústia, angústia pura. Não existe alívio. Começo a invejar dois homens que vi serem executados. Sentei-me frente a frente com o primeiro. Não senti nada. Agora, acho que foi um cara de sorte. Mereceu morrer. Não sentiu angústia, tudo foi rápido, sem dor. E aqui estou eu na cama, dia após dia, hora após hora, agonizando."

O que preocupava o Sr. P. não era tanto a aflição, as dores físicas, mas a tortura do remorso por não ter preenchido as expectativas da família, por ter sido um "fracasso". Uma necessidade permanente de "dormir, dormir, dormir" e um fluxo contínuo de esperança vindo dos circunstantes o atormentavam. "Vêm as enfermeiras e dizem que tenho de comer, senão fico fraco; vêm os médicos e me falam de um tratamento novo que começaram, e esperam que fique contente; vem minha mulher e me fala do trabalho que me espera ao sair daqui; vem minha filha e olha para mim como a dizer que tenho de ficar bom. Como um homem pode morrer em paz desse jeito?"

Depois sorriu por um instante e disse: "Vou fazer este tratamento e volto para casa mais uma vez. Vou retornar ao trabalho no dia seguinte e ganhar um pouco mais de dinheiro. O seguro paga a educação da minha filha, mas ela ainda precisa de um pai, por enquanto. Mas a senhora sabe, sei que não posso fazer isso. Talvez tenham de aprender a encarar a situação. Acho que seria bem mais fácil morrer!"

O Sr. P., assim como a Sra. W. (capítulo VII), mostrou como é difícil para os pacientes encarar a morte iminente e prematura quando a família não está preparada para "deixá-los partir" e, aberta ou veladamente, impede que se desatem os laços que os ligam à terra. O marido da Sra. W. ficava a seu lado, relembrando o casamento feliz que não deveria ter fim e implorando que os médicos fizessem todo o humanamente possível para impedir que ela morresse. A esposa do Sr. P. lembrava-o das promessas e das obrigações não cumpridas, transmitindo-lhe assim as necessidades dela, sobretudo a de tê-lo ainda por muitos anos. Não posso dizer que os cônjuges fizessem uso da negação. Eles sabiam da realidade do estado de seus respectivos companheiros. Ambos, graças à sua própria necessidade, fugiam desta realidade. Enfrentavam-na quando conversavam com pessoas de fora, mas a negavam diante dos pacientes, quando eram justamente estes que precisavam ouvir da boca deles que sabiam da seriedade do caso e eram capazes de aceitar essa realidade. Ignorando isto, "todo despertar é angústia pura", como disse o Sr. P. Nossa entrevista foi encerrada com um gesto de esperança de que as pessoas mais importantes ao seu redor aprendessem a encarar a realidade da sua morte, ao invés de manifestar esperança num prolongamento de sua vida.

Este homem estava preparado para se separar deste mundo. Estava pronto para entrar no estágio final, quando o fim é mais promissor e não há mais força suficiente para viver. É discutível se, em tais circunstâncias, é apropriado um esforço supremo dos médicos. É possível dar a muitos pacientes um "suplemento de vida", através de uma quantidade considerável de soros, transfusões, vitaminas, medicação revitalizante e antidepressiva, bem como psicoterapia e tratramento de sintomas. Tenho ouvido mais queixas do que aprovações ao ganho de tempo. Digo e repito que estou convencida de que um paciente tem o direito de morrer em paz e dignamente. Não deveríamos usá-lo para satisfazer nossas próprias necessidades, quando seus anseios se opõem aos nossos. Refiro-me a pacientes que têm doenças físicas, mas que estão com saúde e são suficientemente capazes de tomar suas próprias decisões. Seus desejos e opiniões deveriam ser respeitados, eles mesmos deveriam ser ouvidos e consultados. Se seus anseios são contrários às nossas crenças e convicções no que tange a cirurgias futuras ou tratamentos, deveríamos falar abertamente deste conflito e deixar que o paciente tome a decisão. Entre os muitos pacientes em fase terminal que entrevistei até agora, não constatei nenhum comportamento irracional ou pedidos inaceitáveis, incluindo também duas mulheres psicóticas, de quem falamos anteriormente, que prosseguiram com o tratamento, apesar de uma delas negar absolutamente sua doença.

A família, depois que se deu a morte

Morto o paciente, acho cruel e inoportuno falar do amor de Deus. Quando perdemos alguém, sobretudo quando tivemos muito pouco tempo para nos preparar, ficamos com raiva, zangados, desesperados; deveriam deixar que extravasássemos estas sensações. Em geral, os familiares preferem ficar sozinhos logo que dão permissão para fazer autópsia. Amargos, sentidos, ou apenas sedados, andam pelos corredores do hospital, incapazes, muitas vezes, de enfrentar a brutal realidade. Os primeiro dias, poucos aliás, são preenchidos com trabalho intenso, arrumações, visitas de parentes. O vazio se faz sentir após o funeral, quando os parentes se retiram. É nesta ocasião que os familiares se sentiriam gratos se houvesse alguém com quem pudessem conversar, especialmente se esse alguém tiver tido contato recente com o falecido, podendo, assim, contar fatos pitorescos dos bons momentos vividos antes de ele morrer. Isto ajuda o parente a superar o choque e o pesar, preparando-o para uma aceitação gradual.

Muitos parentes se preocupam com memórias e ficam ruminando fantasias, chegando, muitas vezes, a falar com o falecido como se este ainda estivesse vivo. Além de se isolar dos vivos, tornam mais difícil encarar a realidade da morte da pessoa. Entretanto, para alguns, esta é a única forma de aceitar a perda, e seria cruel demais censurá-los ou colocá-los frente a frente todo dia com a inaceitável realidade. Seria mais válido compreender esta necessidade e ajudá-los a quebrar os grilhões, afastando-os aos poucos deste isolamento. Constatei este tipo de comportamento em viúvas completamente despreparadas, que perderam os maridos ainda jovens. É o que acontece freqüentemente em tempo de guerra, em que a morte de jovens se dá em lugares distantes, embora eu ache que a guerra é sempre um alerta para os familiares de um provável não-retorno. Portanto, estão mais preparados para uma morte assim do que, por exemplo, para a morte repentina de um jovem por uma doença súbita, de evolução rápida.

Uma última palavra deve ser dita sobre as crianças. São sempre as esquecidas. Não que ninguém se importe; o mais das vezes se dá exatamente o contrário, embora poucas sejam as pessoas que se sentem à vontade para falar com uma criança sobre a morte. As crianças têm conceitos diferentes sobre a morte, dignos de serem levados em consideração para que se possa conversar com elas e entender o que dizem. Até os três anos, uma criança só se preocupa com a separação, seguida mais tarde pelo temor da mutilação. É nesta idade que a criança começa a se movimentar, a fazer os primeiros contatos "com o mundo", a fazer os passeios de velocípede na calçada. É nesta atmosfera que pode presenciar o primeiro bicho de estimação ser atropelado por um carro, ou um belo pássaro ser devorado por um gato. Mutilação significa isto para ela, pois está na idade em que se preocupa com a integridade de seu corpo e se sente ameaçada por qualquer coisa que possa destruí-lo.

Conforme foi explicado no capítulo I, a morte não é um fato permanente para a criança de três a cinco anos. É tão temporária como enterrar o bulbo de uma flor no chão e aguardar que brote na primavera.

Depois dos cinco anos, a morte geralmente é vista como um homem, um esqueleto que vem buscar as pessoas. É atribuída ainda a uma intervenção externa.

Por volta dos nove ou dez anos, começa a surgir a concepção realista, isto é, a morte como um processo biológico permanente.

As crianças têm reações diferentes diante da morte de um dos pais, passando de um isolamento e de um afastamento silencioso a um pranto convulso que chama a atenção, substituindo um objeto necessitado e amado. Como as crianças não sabem ainda distinguir entre o desejo e a ação (como explicamos no capítulo I), podem sentir muito remorso e culpa. Podem sentir-se responsáveis por terem matado os pais, daí nascendo o temor de um castigo horrível como represália. Por outro lado, podem aceitar a separação com relativa calma e proferir frases como esta: "Ela vai voltar nas próximas férias", ou colocar secretamente uma maçã do lado de fora, para se certificar de que ela tenha o que comer na viagem temporária. Se os adultos, já perturbados durante este período, não compreenderem essas crianças e as repreenderem e corrigirem, elas podem reprimir no íntimo sua maneira de manifestar o pesar, o que pode, muitas vezes, ser fonte de distúrbios emocionais futuros.

Com o adolescente, as coisas não diferem muito do adulto. Naturalmente, a adolescência já é um período difícil em si mesmo. Se a ele se acrescenta a perda de um dos pais, torna-se muito para um jovem suportar. Devemos ouvi-los e deixar que exteriorizem seus sentimentos, não importa se de culpa, ira ou simples tristeza.

A solução para o pesar e a ira

O que estou querendo recomendar novamente aqui é o seguinte: deixem o parente falar, chorar ou gritar, se necessário. Deixem que participe, converse, mas fiquem à disposição. É longo o período de luto que tem pela frente, quando tiverem sido resolvidos os problemas com o falecido. E necessita de ajuda e assistência desde a confirmação de um chamado "mau diagnóstico", até os meses posteriores à morte de um membro da família.

Naturalmente, não entendo por ajuda apenas conselhos profissionais de qualquer espécie; aliás, muitos não precisam, nem suportam isso. Mas necessitam de um ser humano, de um amigo, médico, enfermeira, capelão, pouco importa. A assistente social talvez seja a mais próxima, se ajudou a conseguir uma enfermaria, se a família quiser discutir o problema da permanência do parente naquele local, que pode ser inclusive uma fonte de sentimentos de culpa por não ter ficado com ele em casa. Não é raro essas famílias visitarem outros velhinhos na mesma enfermaria e continuarem cuidando de alguém, quem sabe como uma negação parcial ou, simplesmente, para compensar todas as oportunidades perdidas com os mais velhos de casa. Não importa a razão fundamental, o fato é que devemos tentar compreender as necessidades deles e ajudar os parentes numa orientação construtiva para diminuir a culpa, a vergonha ou o medo do castigo. A ajuda mais significativa que podemos dar a qualquer parente, criança ou adulto, é partilhar seus sentimentos antes que a morte chegue, deixando que enfrente estes sentimentos, racionais ou não.

Se tolerarmos a raiva deles, quer seja dirigida a nós ou ao falecido, ou contra Deus, teremos ajudado a darem passos largos na aceitação sem culpa. Se os incriminarmos por não reprimirem estes pensamentos pouco aceitos socialmente, seremos culpados por prolongarmos o pesar, a vergonha e o sentimento de culpa deles, que resultam, freqüentemente, em abalo da saúde física e emocional.

X. Algumas entrevistas com pacientes em fase terminal

Oh, morte, teu servo bate à minha porta. Ele cruzou o mar desconhecido e trouxe ao meu lar o teu chamado.

A noite é como breu e meu coração treme de medo; mesmo assim, tomarei da lâmpada, abrirei os portões, e farei vênia em sinal de boas-vindas. É o teu mensageiro que está à minha porta.

Eu o venerarei de mãos postas e com lágrimas nos olhos. Eu o venerarei, colocando a seus pés o tesouro do meu coração.

Ele retornará com a missão cumprida, deixando uma sombra escura na manhã do meu dia; e, em meu lar desolado, só permanecerá o meu desamparado ser, última oferta de mim para ti.

Tagore
Gitanjali, LXXXVI

Nos capítulos anteriores, tentamos delinear as razões das dificuldades crescentes dos pacientes ao comunicar suas necessidades quando acometidos de doenças graves e talvez fatais. Resumimos algumas das conclusões a que chegamos, e procuramos descrever os métodos usados para descobrir até que ponto o paciente sabe de seu estado, quais são os seus problemas, preocupações e desejos. Acho válido acrescentar aqui, como exemplo, entrevistas colhidas ao acaso, que nos dão um quadro mais elucidativo da variedade das respostas e das reações que o paciente e o entrevistador revelaram. Diga-se de passagem que o paciente quase nunca conhecia o entrevistador, e se encontravam antes apenas por alguns minutos, para preparar a entrevista.

Selecionei uma entrevista de um paciente que estava sendo visitado por sua mãe, a qual se ofereceu para ficar conosco e responder também às perguntas. Acho que é uma demonstração clara de como os diferentes membros de uma família lidam com a doença em fase terminal e de como, às vezes, ambos conservam lembranças bem diversas de um mesmo acontecimento. A cada entrevista segue-se um breve resumo referente a afirmações feitas em capítulos anteriores. Estas entrevistas originais falarão por si mesmas. Deixamos propositadamente que ficassem sem correção e sem cortes, a fim de demonstrar os momentos em que percebemos comunicações explícitas ou implícitas de um paciente, e outros momentos em que não reagimos da melhor maneira. A parte que escapa ao leitor é a experiência que cada um obteve durante os diálogos: as inúmeras comunicações não-verbais que surgem constantemente entre o paciente e o médico, o médico e o capelão ou o paciente e o capelão; os suspiros, os olhos marejados de lágrimas, os sorrisos, os gestos com as mãos, o olhar vazio, os relances atônitos, ou as mãos estendidas, todas comunicações de peso que, em geral vão além das palavras.

Embora as entrevistas abaixo, com poucas exceções, tenham sido um primeiro encontro mantido com estes pacientes, na maioria dos casos esse não foi o único encontro. Todos os pacientes foram visitados tantas vezes quanto era aconselhável, até morrerem. Muitos tiveram alta e voltaram para casa, uns morreram lá, outros foram hospitalizados de novo mais tarde. Quando estavam em casa, pediam para ser convocados de vez em quando, ou chamavam um dos entrevistadores "para manter contato". Acontecia, vez por outra, de um parente vir fazer uma visita informal em nosso consultório para se inteirar do comportamento de um determinado paciente e procurar ajuda e compreensão, ou para reviver conosco alguns momentos, quando o paciente já não existia. Procurávamos ser tão acessíveis com eles como com o paciente durante e depois da hospitalização.

As entrevistas que se seguem podem ser estudadas do ponto de vista do papel que os parentes desempenham durante estes momentos difíceis.

O marido da Sra. S. a abandonara, só tendo sido informado indiretamente, pelos dois filhos menores, da doença fatal da esposa. Foi um vizinho e amigo que assumiu a função mais importante durante sua enfermidade, apesar de ela esperar que o marido e a segunda mulher tomassem conta das crianças após sua morte.

A moça de dezessete anos revela a coragem de uma jovem ao enfrentar esta crise. À sua entrevista, segue-se outra com sua mãe. Ambas falam por si.

A Sra. C. sentia-se incapaz de encarar a própria morte por causa das inúmeras obrigações que tinha para com a família. Eis aqui novamente um bom exemplo da importância do aconselhamento familiar quando o paciente tem que cuidar de doentes, dependentes ou velhos.

A Sra. L., que fora os olhos de seu marido, deficiente visual, vale-se dessa função para provar que ainda pode agir, e ambos lançam mão da negação parcial em tempo de crise.

A Sra. S. é protestante, quarenta e oitos anos, mãe de dois meninos que criou sozinha. Queria conversar com alguém e, por isso, a convidamos para vir ao nosso seminário. Estava relutante e, ao mesmo tempo, um pouco ansiosa para vir, mas sentiu muito alívio depois do seminário. No trajeto para a sala de entrevista, conversou casualmente sobre seus dois filhos e parecia óbvio que eram sua maior preocupação durante a hospitalização.

Doutora: – Sra. S., não conhecemos nada a seu respeito, a não ser o pouco que conversamos minutos atrás. Quantos anos tem?

Paciente: – Pois é, domingo completo quarenta e oito anos.

Doutora: – Domingo que vem? Não posso esquecer. É a segunda vez que se interna? Quando foi a primeira?

Paciente: – Em abril.

Doutora: – Qual o motivo de ter vindo?

Paciente: – Este tumor na mama.

Doutora: – Que tipo de tumor?

Paciente: – Não sei dizer com precisão. Não conheço bem a doença para distinguir um tipo do outro.

Doutora: – O que a senhora acha que é? O que lhe disseram que tem?

Paciente: – Bem, quando fui ao hospital, fizeram uma biópsia. Dois dias depois, o médico da família veio e disse que os resultados haviam chegado e que o tumor era maligno. Na realidade, não sei de que tipo era.

Doutora: – Mas lhe disseram que era maligno.

Paciente: – Foi.

Doutora: – Quando se deu isso?

Paciente: – Deve ter sido lá pelo fim de março.

Doutora: – Deste ano? Quer dizer que até este ano gozava de saúde?

Paciente: – Não, não. Tenho um caso de tuberculose sob controle. Assim, de vez em quando passo meses no sanatório.

Doutora: – Sei. Onde, no Colorado? Em que sanatório esteve?

Paciente: – Em Illinois.

Doutora: – Portanto, a senhora sempre esteve doente na vida.

Paciente: – Sim.

Doutora: – Está mais ou menos acostumada com os hospitais?

Paciente: – Não. Acho que a gente nunca se acostuma.

Doutora: – E então, como esta doença começou? O que a trouxe ao hospital? Pode nos contar sobre o começo desta doença?

Paciente: – Começou com um pequeno inchaço. Era mais ou menos como uma verruga. Bem aqui. Começou a crescer e a doer e – ah! – acho que não sou diferente de ninguém; não queria ir ao médico e ficar mostrando a mama, até que me dei conta de que estava ficando cada vez pior; então, tive de consultar alguém. Há poucos meses, o velho médico da família havia falecido. Não sabia a quem me dirigir. Naturalmente, bem, não tenho marido; fui casada durante vinte e dois anos, mas ele resolveu ficar com outra de quem gostava. Portanto, fiquei sozinha com os meninos, sentindo que eles precisavam de mim. Acho que esta é uma das razões para pensar que se fosse algo de muito grave... Bem, continuei repetindo que não podia ser. Tinha que ficar em casa com os meninos. Foi este o motivo principal para eu procurar um médico. Quando fui, o caroço estava tão grande e doía tanto que não podia mais suportar. O médico disse que não podia fazer nada no consultório e que eu teria de ir para o hospital. Fui internada quatro ou cinco dias depois, sendo constatado um tumor também num dos ovários.

Doutora: – Tudo foi descoberto ao mesmo tempo?

Paciente: – Foi. Penso que o médico pretendia fazer alguma coisa nesse sentido também, enquanto eu estava lá. A biópsia revelou que o tumor era maligno e, naturalmente, ele nada mais podia fazer. Foi quando me disse que eu teria de decidir para onde queria ir, pois ali nada mais podia ser feito.

Doutora: – Isto é, para qual hospital?

Paciente: – Sim.

Doutora: – Então escolheu este hospital?

Paciente: – Foi.

Doutora: – Como é que escolheu?

Paciente: – Temos um amigo que foi internado aqui uma vez. Conheço-o por causa do seguro; ele não falou muito do hospital, dos médicos e das enfermeiras. Disse apenas que os médicos são especialistas e que se é muito bem tratado.

Doutora: – A senhora acha?

Paciente: – Acho.

Doutora: – Fico curiosa em saber como se sentiu quando lhe disseram que o tumor era maligno. Como recebeu a notícia depois de adiar, adiar e ouvir a verdade? Ou ouvir a realidade, isto é, além de sua necessidade de ficar em casa e tomar conta dos filhos. Como recebeu a notícia quando finalmente foi obrigada a ouvi-la?

Paciente: – Quando a ouvi pela primeira vez, fiquei arrasada.

Doutora: – Como?

Paciente: – Emocionalmente.

Doutora: – Deprimida, chorando?

Paciente: – É. Sempre pensei que nunca teria uma coisa dessas. Então, quando percebi que era grave, pensei: "É algo que devo aceitar, ficar arrasada não resolve nada e acho que quanto mais cedo visitar alguém que me ajude melhor será."

Doutora: – Chegou a participar a seus filhos?

Paciente: – Sim, participei a ambos. Isso é, não sei realmente o quanto podem entender. Sinto que sabem que se trata de algo muito sério, mas não sei até que ponto.

Capelão: – E o restante da família? Participou a mais alguém? Há outras pessoas?

Paciente: – Tenho uma pessoa, um amigo com quem tive uma ligação durante uns cinco anos. É uma excelente pessoa e tem sido muito bom para mim. Inclusive para os meninos, isto é, toda vez que precisei me afastar dos garotos, foi ele quem tomou conta deles, provindenciando alguém para preparar o jantar e ficar com eles. Isto é, que não ficassem completamente sozinhos, à mercê deles mesmos. É claro que o mais velho é bastante responsável, mas ainda é menor de idade, não completou vinte e um anos.

Capelão: – A senhora se sente mais tranqüila com alguém lá?

Paciente: – Sim. Tenho também uma vizinha. É como um duplex, ela mora na outra metade da casa. Está sempre entrando e saindo de minha casa, e me ajudou nos afazeres domésticos durante os dois meses em que estive em casa. Tomava conta de mim, sabe, me dava banho e preparava alguma coisa para comer. É uma pessoa maravilhosa, muito religiosa, fervorosa, e tem feito muitíssimo por mim.

Doutora: – Que fé ela professa?

Paciente: – Não sei exatamente qual igreja freqüenta.

Capelão: – Protestante?

Paciente: – Sim.

Capelão: – A senhora tem outros familiares ou...

Paciente: – Tenho um irmão que mora aqui.

Capelão: – Mas ele não é tão chegado como...

Paciente: – Não temos sido muito, não. Pelo pouco tempo que conheço aquela amiga ela é realmente a pessoa mais próxima que tenho. Posso me abrir com ela e ela comigo, e isto me faz sentir melhor.

Doutora: – Hum! A senhora é uma pessoa de sorte.

Paciente: – Ela é maravilhosa. Jamais conheci alguém assim. Quase todo dia recebo um cartão ou uma carta dela. Pode parecer tolice, pode parecer sério, mas fico aguardando notícias dela.

Doutora: – É alguém que se preocupa.

Paciente: – É!

Doutora: – Quanto tempo faz que seu marido a deixou?

Paciente: – Em setembro de 1959.

Doutora: – 1959. Foi quando você teve tuberculose?

Paciente: – A primeira vez foi em 1946. Perdi minha filhinha de dois anos e meio. Naquela época, meu marido trabalhava para o governo. Ela estava muito doente e a levamos a um especialista no hospital. Ah! O pior é que não podia vê-la enquanto ela estava lá. Entrou em coma e não voltou mais. Perguntaram se eu concordava em fazer autópsia; respondi que sim, na esperança de que pudesse ser útil a alguém, algum dia. Fizeram a autópsia e constataram que tivera tuberculose miliar. Quando meu marido voltou para o serviço, meu pai veio morar comigo. Aí, então todos nós fizemos um exame geral. Meu pai tinha uma grande caverna no pulmão e eu estava com pequenos problemas. Naquela época, fomos internados os dois no hospital. Fiquei lá uns três meses e a única prescrição era repouso e tomar injeções. Não precisei fazer nenhuma operação. Aí, nos anos que se seguiram, estive lá antes e depois do nascimento de cada um dos meus filhos. Não voltei mais, como paciente, desde que o mais novo nasceu, em 1953.

Doutora: – A menina foi primogênita?

Paciente: – Foi.

Doutora: – É a única filha que teve. Deve ter sido duro, não? Como se recuperou disso?

Paciente: – Foi duríssimo.

Doutora: – O que lhe deu forças?

Paciente: – Provavelmente a oração, mais do que qualquer coisa. Nós éramos, digo, ela era tudo o que eu tinha naquela ocasião. Fazia apenas três meses que meu marido tinha partido. Ela era, bem, a verdade é que eu vivia só para ela, sabe? Não julgava que pudesse aceitar, mas consegui.

Doutora: – Desde que seu marido se foi, é para os meninos que a senhora vive?

Paciente: – É!

Doutora: – Isso deve ser muito duro. Fora a religião e as orações, o que mais a ajuda a não esmorecer, sempre que se sente triste ou deprimida por causa da doença?

Paciente: – Acho que as orações estão em primeiro lugar.

Doutora: – Já pensou ou conversou com alguém sobre como vai ser se a senhora morrer desta doença, ou não pensa nessas coisas?

Paciente: – Bem, não tenho pensado muito, não. A não ser esta senhora, amiga minha, que conversa comigo sobre a gravidade da doença e coisas assim. Fora ela, não tenho conversado com mais ninguém.

Capelão: – Seu pároco vem vê-la, ou a senhora freqüenta a igreja?

Paciente: – Freqüentava antes, mas há meses que não me sinto bem, mesmo antes de vir para cá. Eu não era freqüentadora assídua, mas...

Capelão: – O pároco vem vê-la?

Paciente: – O padre foi me ver quando eu estava no hospital, lá na minha terra, antes de vir para cá. Ficou de ir me ver novamente antes que me internasse, mas, de repente, decidi vir para cá. Portanto, não conseguiu me ver mais. Fazia duas ou três semanas que eu estava aqui, quando o Padre D. veio me ver.

Capelão: – Mas, antes de tudo, sua fé era alimentada por suas próprias convicções, já que não teve meios de falar com ninguém na igreja.

Paciente: – Não tive.

Capelão: – Mas sua amiga desempenhou este papel.

Doutora: – A senhora deu a impressão de que essa amizade é relativamente recente. Faz pouco tempo que se mudou para esse duplex ou foi ela quem chegou primeiro?

Paciente: – Faz mais ou menos um ano e meio que a conheci.

Doutora: – Só? Isso é maravilhoso. Como se entrosaram tanto, em tão pouco tempo?

Paciente: – Não sei. É bem difícil de explicar. Conversando, ela me disse que sempre quisera ter uma irmã, e eu lhe disse o mesmo. Contei-lhe que só tinha um irmão e ela me disse: "Acho que nos descobrimos mutuamente; agora você tem uma irmã e eu também." O simples fato de vê-la andando pelo quarto faz a gente sentir que é um lar.

Doutora: – Nunca teve uma irmã?

Paciente: – Não. Só meu irmão e eu.

Doutora: – A senhora só teve um irmão. Como eram seus pais?

Paciente: – Meu pai e minha mãe se divorciaram quando éramos muito pequenos.

Doutora: – Com que idade?

Paciente: – Eu estava com dois anos e meio, e meu irmão, três e meio mais ou menos. Fomos criados por um tio e uma tia.

Doutora: – Como eram eles?

Paciente: – Eram maravilhosos com a gente.

Doutora: – Quem são seus pais verdadeiros?

Paciente: – Minha mãe ainda vive, e mora aqui na cidade. Meu pai morreu não muito depois de sua doença e internação no sanatório.

Doutora: – Seu pai morreu de tuberculose?

Paciente: – Foi.

Doutora: – Certo. Com qual dos dois a senhora se dava melhor?

Paciente: – Na verdade, meus tios eram meus pais. Isto é, estivemos com eles desde tenra idade. Eles nunca deixaram de nos dizer que eram nossos tios, mas sempre foram como pais para nós.

Doutora: – Não mentiram para a senhora, foram muito honestos quanto a isso.

Paciente: – Não tem dúvida.

Capelão: – Eles vivem ainda?

Paciente: – Não. Meu tio morreu há muitos anos. Minha tia ainda vive e está com oitenta e cinco anos.

Capelão: Ela sabe de sua doença?

Paciente: – Sabe.

Capelão: – Está sempre em contato com ela?

Paciente: – Estou, sim. Isto é, ela não sai muito e não goza de muita saúde. No ano passado, teve artrite da coluna e ficou hospitalizada por muito tempo. Não sabia se ela viveria ou não depois daquela doença. Mas se recuperou e está muito bem agora. Tem sua casinha própria, mora sozinha e cuida de si mesma, não é maravilhoso?

Doutora: – Oitenta e quatro anos?

Paciente: – Oitenta e cinco.

Doutora: – Como é que a senhora vive? Estava trabalhando?

Paciente: – Trabalhava meio período até o dia de vir para cá.

Doutora: – Em abril?

Paciente: – É, mas meu marido nos dá uma pensão semanal.

Doutora: – Entendo. Quer dizer que a senhora não depende de ter de trabalhar.

Paciente: – Não.

Doutora: – Seu marido ainda mantém contato com a senhora?

Paciente: – Pois é, ele vem ver os filhos sempre que deseja, e deseja sempre. Toda vida achei que dependia dele querer vê-los. Mora na mesma cidade que eu.

Doutora: – Hum! Ele casou-se novamente?

Paciente: – Casou-se. Casou-se de novo mais ou menos um ano depois que se foi.

Doutora: – Ele sabe que a senhora está doente?

Paciente: – Sabe, sim.

Doutora: – Até que ponto?

Paciente: – Não sei precisamente, talvez só o tanto que os meninos lhe contaram.

Doutora: – A senhora não fala com ele?

Paciente: – Não.

Doutora: – Então, não o tem visto pessoalmente?

Paciente: – Não para conversar. Não tenho, não.

Doutora: – Quais as partes do corpo que estão tomadas agora pela doença?

Paciente: – Este tumor aqui e esta mancha no fígado. Depois, tive este grande tumor na perna que roeu a maior parte do osso, por isso tiveram que colocar esse pino em minha perna.

Doutora: – Em que mês foi?

Paciente: – Em julho. Tenho ainda aquele tumor no ovário, em observação, apesar de terem de descobrir onde é que começou.

Doutora: – É, eles sabem que se propagou por diferentes lugares agora, mas não sabem onde o primeiro começou. É assim. Qual é o aspecto em que a doença mais a afeta? Até que ponto interfere em sua vida normal e nas suas atividades? Por exemplo, a senhora não pode andar, pode?

Paciente: – Não, só de muletas.

Doutora: – Pode andar pela casa de muletas?

Paciente: – Posso, mas não consigo cozinhar e fazer a limpeza da casa.

Doutora: – O que mais a doença lhe causa?

Paciente: – Para dizer a verdade, não sei.

Doutora: – Pensei ter ouvido a senhora dizer que sentia muitas dores.

Paciente: – Pois sinto.

Doutora: – Então, ainda sente muitas dores?

Paciente: – Hum! Penso que depois de tantos meses a gente aprende a viver com elas, isto é, quando ficam intensas demais que a gente não agüenta, pede-se um remédio. Mas nunca liguei para tomar remédio.

Doutora: – A senhora me dá impressão de ser uma pessoa que agüenta firme antes de dizer alguma coisa. Haja vista que esperou muito tempo e viu o tumor crescer, antes de procurar um médico.

Paciente: – Esse sempre foi o meu maior problema.

Doutora: – A senhora é uma pessoa difícil com as enfermeiras? Quando precisa de alguma coisa, pede? Sabe que tipo de paciente é?

Paciente: – Seria melhor perguntar isso a elas. (Brincando.)

Capelão: – Isso é fácil, mas estamos interessados no que a senhora sente.

Paciente: – Não sei. Eu, eu acho que posso conviver com qualquer pessoa.

Doutora: – Ah! Também acho que sim, mas talvez não peça o suficiente.

Paciente: – Não peço além do que devo pedir.

Doutora: – Como assim?

Paciente: – Não sei ao certo. Isto é, as pessoas são diferentes. Veja, sempre fui feliz enquanto podia cuidar de mim, limpar minha casa e fazer as coisas para meus filhos. O que mais me incomoda é sentir que alguém precisa cuidar de mim agora. Para mim, é muito difícil aceitar isso.

Doutora: – Qual é o pior de tudo, ficar cada vez mais doente ou não poder se doar aos outros?

Paciente: – O segundo.

Doutora: – Como poderia doar-se aos outros não estando bem fisicamente?

Paciente: – Podemos nos lembrar deles em nossas orações.

Doutora: – Em outras palavras, é o que a senhora faz aqui, agora?

Paciente: – É.

Doutora: – Acha que isto vai ajudar algum outro paciente?

Paciente: – Vai. Acho que vai. Espero que ajude.

Doutora: – Na sua opinião, como poderíamos ajudar? Como é o morrer para a senhora? Que sentido tem?

Paciente: – Não tenho medo de morrer.

Doutora: – Não?

Paciente: – Não.

Doutora: – Não há nenhuma conotação ruim?

Paciente: – Não quero dizer isso. Naturalmente, todo mundo quer viver o máximo possível.

Doutora: – Naturalmente.

Paciente: – Mas não teria medo de morrer.

Doutora: – Como conciliar isto?

Capelão: – É o que eu admirei, não estamos comunicando nada senão que as pessoas têm problemas realmente.

Pensa no que vai acontecer se vier a morrer? Já pensou nisso? A senhora disse que conversou com sua amiga.

Paciente: – Foi. Conversamos sobre isso, sim.

Capelão: – Poderia nos transmitir alguns desses sentimentos?

Paciente: – É um tanto difícil para mim, o senhor sabe...

Capelão: – É mais fácil falar com ela sobre isso do que com qualquer outra pessoa.

Paciente: – Com outra pessoa que você não conheça.

Capelão: – Poderia lhe fazer uma pergunta relacionada a quanto sua doença a afetou – e esta é a segunda doença, pois a senhora já teve tuberculose, a senhora perdeu sua filha –, quanto estas experiências afetaram sua atitude com respeito à vida e a seus pensamentos religiosos?

Paciente: – Acho que me aproximei mais de Deus.

Capelão: – De que modo? Sentindo que Ele poderia ajudar, ou...?

Paciente: – Pois é. Sinto apenas que me coloquei em Suas mãos. Dependeria Dele eu ficar boa novamente, levar uma vida normal.

Capelão: – A senhora mencionou a dificuldade de depender dos outros, mas é capaz de encontrar muito auxílio nesta sua amiga. É difícil depender de Deus?

Paciente: – Não.

Capelão: – Ele é mais como essa sua amiga, não?

Paciente: – É!

Doutora: – Mas, se entendi bem, sua amiga tem as mesmas necessidades que a senhora. Ela também sente falta de uma irmã, portanto é um dar e receber, não somente receber.

Paciente: – Ela teve tristezas e pesares na vida, talvez isso a tivesse aproximado de mim.

Doutora: – Ela é uma mulher solitária?

Paciente: – Ela pode compreender. É casada, nunca teve filhos, adora crianças, mas nunca teve as suas. Adora as crianças dos outros. Ela e o marido trabalhavam no “Lar das Crianças”, eram os pais do “Lar”. Tinham sempre crianças ao redor deles o tempo todo, e sempre foram muito bons com meus meninos também.

Doutora: – Quem cuidará deles se a senhora ficar muito tempo no hospital, ou morrer?

Paciente: – Pois é, se me acontecer alguma coisa, acho natural que o pai cuide deles. É o lugar dele...

Doutora: – Como você se sente em relação a isso?

Paciente: – Acho que seria a melhor coisa.

Doutora: – Para os meninos.

Paciente: – Não sei se seria o melhor para os meninos, mas...

Doutora: – Eles se dão com a segunda mulher do pai? Quem seria realmente a substituta da mãe deles?

Paciente: – Na realidade, ela não se interessa por eles.

Doutora: – Em que sentido?

Paciente: – Não sei se ela guarda rancor dos meninos ou se... não sei, não. Mas penso que, no fundo, o pai ama os garotos, acho que sempre os amou. Se for preciso, creio que faria tudo por eles.

Capelão: – A diferença de idade de um para o outro é grande, não? O mais novo tem treze anos?

Paciente: – Treze. Está na 6ª série.

Doutora: – Um tem treze, e o outro dezoito, não?

Paciente: – O mais velho terminou o 2º grau no ano passado. Fez dezoito anos em setembro e teve que se alistar no serviço militar, o que não o deixou muito contente, e nem a mim. Não penso nisso, isto é, tento não pensar, mas penso.

Doutora: – Sobretudo em situações como esta, acho muito difícil não pensar. O hospital, de um modo geral, e, em particular, as pessoas de seu andar têm sido prestativas na medida do possível, ou você sugere alguma coisa para melhorar o atendimento a pacientes como a senhora que, tenho certeza, têm uma série de problemas, de conflitos, de preocupações, e não se abrem facilmente?

Paciente: – Acho, chego mesmo a sentir isso, gostaria que os médicos pudessem esclarecer um pouco mais. Imagino, isto é, ainda me sinto como se estivesse nas trevas até saber o que tenho exatamente. É possível que haja quem queira saber do grau de sua doença e quem não queira. Gostaria de saber se terei pouco tempo de vida.

Doutora: – A senhora perguntou ao médico?

Paciente: – Não. Os médicos estão sempre com tanta pressa...

Doutora: – Da próxima vez, puxe um deles e pergunte.

Paciente: – Sei que o tempo deles é precioso. Portanto, não quero...

Capelão: – Não difere muito do que ela nos disse sobre seus relacionamentos. Ela não impõe nada a ninguém, e tomar o tempo de outrem significa uma imposição, a menos que se sinta à vontade com a outra pessoa.

Doutora: – A menos que o tumor cresça tanto e fique tão insuportável a dor, e que a senhora não agüente mais, certo? De que médico gostaria de ouvir a explicação? A senhora tem vários médicos? Com qual deles se dá melhor?

Paciente: – Confio muito no Dr. Q. Quando ele entra no quarto, sinto que me fará bem qualquer coisa que disser.

Doutora: – Talvez ele esteja esperando uma brecha para a senhora perguntar.

Paciente: – Sempre me senti assim em relação a ele.

Doutora: – Acha possível que esteja esperando uma dica para a senhora perguntar?

Paciente: – Bem, não sei. Não... Provavelmente me dirá o que achar necessário.

Doutora: – Mas não é suficiente para a senhora.

Capelão: – Ela diz isto no sentido de querer saber mais. Quando disse "se tivesse pouco tempo de vida", fiquei na dúvida se era isto o que preocupava você. É assim que está formulando o problema?

Doutora: – Sra. S., o que considera pouco tempo de vida? Isso é bastante relativo.

Paciente: – Oh, não sei. Diria seis meses ou um ano.

Capelão: – Em outras situações, a senhora se sentiria igualmente tão interessada em saber? Esse foi o exemplo que deu.

Paciente: – Seja o que for que eu tenha, gostaria de saber. Acho que há pessoas a quem se pode contar, e há outras a quem não se pode.

Doutora: – O que mudaria?

Paciente: – Não sei. Talvez tentasse apenas aproveitar um pouco mais os dias, se...

Doutora: – A senhora sabe que nenhum médico poderá lhe dizer o tempo exato. Não se sabe... Alguns médicos, porém, calculam bem e dão uma estimativa aproximada. Alguns pacientes entram numa depressão terrível e não conseguem aproveitar um só dia depois disso. O que é que a senhora acha?

Paciente: – Não me incomodaria.

Doutora: – Mas a senhora compreende por que alguns médicos têm receio?

Paciente: – Compreendo. Há pessoas que poderiam saltar da janela ou fazer uma cena dramática.

Doutora: – É, algumas pessoas são assim. Mas a senhora, aparentemente, vem martelando isso há muito tempo, porque sabe onde tem os pés. Acho que deveria dizer ao médico, conversar com ele. Simplesmente deixe a passagem livre e veja até onde pode chegar.

Paciente: – Talvez ele ache que não devo saber exatamente o que tenho, isto é, que...

Capelão: – A senhora descobriria.

Doutora: – A gente tem sempre que perguntar para obter a resposta.

Paciente: – Sabe, tinha muita confiança no primeiro médico, que conheci quando vim para cá a primeira vez, para fazer os primeiros exames. Isso, desde o primeiro dia que o vi.

Capelão: – Eis aí uma confiança plena.

Doutora: – O que é muito importante.

Paciente: – Acontece que a gente chega em casa, tem o médico da família e se sente muito ligada a ele.

Doutora: – E a senhora o perdeu também.

Paciente: – Foi duro demais porque era um homem maravilhoso. Tinha tudo para continuar vivendo! Tinha menos de sessenta anos. E, como vocês sabem, é claro, a vida de um médico não é nada fácil. Certamente não se cuidava muito como devia. Seus pacientes vinham em primeiro lugar.

Doutora: – Como a senhora! Seus filhos vinham em primeiro lugar...

Paciente: – Sempre vieram.

Doutora: – E foi difícil agora? A senhora veio para a entrevista com uma certa dose de cautela.

Paciente: – Pois é, realmente não estava muito entusiasmada para vir.

Doutora: – Eu sei.

Paciente: – Mas então pensei melhor, simplesmente decidi que devia.

Capelão: – Como se sente agora?

Paciente: – Feliz por ter vindo.

Doutora: – Não foi tão horrível assim, foi? A senhora disse que não sabe falar muito bem, mas acho que fez um belo trabalho.

Capelão: – Concordo. Gostaria de saber se não teria alguma pergunta a fazer, aproveitando aquela deixa de que os médicos estão sempre muito apressados para permitir que os pacientes façam perguntas. Temos tempo de sobra, se quiser perguntar sobre a entrevista, ou qualquer outra coisa.

Paciente: – Pois é, quando vocês vieram e me explicaram sobre a entrevista, não entendi muito bem o que seria, para que serviria, qual a idéia principal, etc.

Capelão: – A conferência já respondeu, pelo menos em parte?

Paciente: – Em parte, sim.

Doutora: – Veja bem, o que estamos tentando fazer é saber, através dos pacientes, como conversar com pessoas absolutamente estranhas que não encontramos antes, nem conhecemos de forma alguma; é tentar chegar a conhecer um paciente razoavelmente bem e ver que tipo de necessidades e anseios ele tem. Depois, procurar atender a estes anseios, como aprendi muito com a senhora agora, que sabe muito bem qual é a sua doença, sabe que é grave e sabe que já se espalhou em diversos lugares. Não creio que alguém possa lhe dizer quanto tempo ainda vai viver. Estão tentando um novo regime que talvez não tenham testado ainda com outros pacientes, mas depositam muita esperança nele. Sei que é um regime bem ruim para a senhora. Acho que todos estão fazendo o melhor que podem para conseguir.

Paciente: – Se acham que vai me ajudar, quero tentar.

Doutora: – Acham. É por isso que lhe deram. Mas o que a senhora quer dizer é que gostaria de ter um tempo disponível e conversar com o médico, não? Mesmo que ele não possa lhe dar todas as respostas claras e precisas. Aliás, acho que ninguém pode. Mas só conversar um pouco, não é? Aquilo que a senhora fazia com o médico da família e que estamos tentando fazer aqui.

Paciente: – Não estou tão nervosa como pensava, aliás, sinto-me até bem à vontade.

Capelão: – Achei que ia se sentir bem aqui.

Paciente: – No começo, quando vim, estava bastante agitada.

Capelão: – A senhora comentou isso.

Doutora: – Agora vamos levá-la de volta. Aparecemos de vez em quando, está bem?

Paciente: – Assim espero.

Doutora: – Gratos por ter vindo.

Em resumo, aqui está um exemplo típico de uma paciente que teve muitas perdas na vida, que precisava dividir suas preocupações com alguém e que se sentiu aliviada em falar de seus sentimentos com quem se interessou por ela.

A Sra. S. tinha dois anos e meio quando seus pais se divorciaram e foi criada por parentes. Sua única filha morreu de tuberculose com dois anos e meio, no tempo em que seu marido servia o governo, e ninguém mais lhe era tão chegado quanto a menina. Logo depois, perdeu seu pai no sanatório, onde também precisou ficar internada por causa da tuberculose. Depois de vinte e dois anos de casamento, seu marido a abandonou com dois filhos pequenos, por outra mulher. O médico da família, em quem depositava uma confiança ilimitada, morreu quando mais precisava dele, isto é, quando notou um caroço suspeito, que mais tarde descobriu ser maligno. Criando os filhos sozinha, adiou o tratamento até que a dor se tornou insuportável e a doença já se espalhara pelo corpo. No meio de toda esta miséria e solidão, sempre encontrou alguns amigos fiéis, com quem pôde dividir seus anseios. Também eles eram substitutos, como os tios eram substitutos de seus verdadeiros pais; como o namorado substituiu o marido; a vizinha, a irmã que nunca teve. Com esta última, o relacionamento era mais profundo, pois ela se tornou uma mãe substituta para a paciente e para as crianças, quando a doença se complicou. Essa prestação de serviço veio preencher uma de suas lacunas e foi realizada com grande sensibilidade, sem intromissão.

A assistente social desempenhou um papel preponderante nos cuidados com esta paciente mais tarde, inclusive seu médico, informado de que ela queria tratar com ele de assuntos mais pessoais.

A entrevista seguinte é de uma moça de dezessete anos, com anemia aplástica, que pediu para ser entrevistada na presença dos estudantes. Logo em seguida, fez-se uma entrevista com sua mãe, seguida de um debate entre estudantes de medicina, médicos internos e a equipe de enfermagem que atendia a ala da moça.

Doutora: – Estou querendo aliviar você, portanto nos diga quando estiver muito cansada ou sentindo dores. Quer contar ao grupo há quanto tempo está doente e quando foi que a doença começou?

Paciente: – Bem, simplesmente apareceu em mim.

Doutora: – E como apareceu?

Paciente: – Estávamos num encontro da igreja na pequena cidade em que vivíamos, onde eu participava das reuniões. Tínhamos ido jantar na escola; peguei meu prato e me sentei. Comecei a tremer, a sentir calafrios, a ficar gelada, com uma dor aguda no lado esquerdo. Então me levaram para a casa do pastor e me puseram na cama. A dor continuava aumentando e eu ficava cada vez mais fria. Aí o pastor chamou o médico da família, que diagnosticou crise de apendicite. Levaram-me para o hospital e a dor parecia passar, como se fosse desaparecendo por si mesma. Fizeram uma série de exames e constataram que não era apendicite. Mandaram-me de volta para casa com o resto do pessoal. Tudo correu bem por algumas semanas e voltei à escola.

Estudante: – O que você achava que tinha?

Paciente: – Não sabia de nada. Continuei indo à escola por uns quinze dias, até que um dia adoeci de verdade e rolei pelas escadas. Sentia-me muito fraca e desfalecendo. Chamaram o médico de casa, que achou que eu estava anêmica. Levou-me para o hospital, onde tomei três frascos de sangue. Foi quando comecei a sentir estas dores aqui. Eram fortes e pensaram que talvez fosse o baço. Quiseram extraí-lo. Tiraram uma porção de radiografias e tentaram tudo. Continuava tendo muitos problemas e não sabiam mais o que fazer. O Dr. Y. foi consultado e vim para cá fazer um exame geral. Internaram-me no hospital, fizeram uma porção de testes e descobriram que era portadora de anemia aplástica.

Estudante: – Quando foi isso?

Paciente: – Em meados de maio.

Doutora: – Qual o sentido disto para você?

Paciente: – Eu também queria saber o que era, pois estava perdendo muitas aulas. A dor era forte e, sabem como é, eu queria descobrir o que era. Assim, fiquei dez dias no hospital, fazendo toda espécie de exames; então, me disseram o que eu tinha e que não era tão terrível assim. Não tinham a mínima idéia da causa da minha doença.

Doutora: – Disseram-lhe que não era terrível?

Paciente: – Disseram a meus pais, que me perguntaram se queria saber de tudo. Disse-lhes que sim e me contaram.

Estudante: – Como você recebeu isso?

Paciente: – No começo, não sabia, mas aos poucos fui me convencendo de que era desígnio de Deus que adoecesse, porque tudo acontecera de repente e eu jamais tivera qualquer coisa antes. Convenci-me de que era desígnio de Deus que adoecesse e ficasse aos Seus cuidados. Ele tomaria conta de mim e eu não teria com que me preocupar. Quero crer que o que me conservou viva foi saber de tudo.

Estudante: – Alguma vez ficou deprimida com isso?

Paciente: – Não.

Estudante: – Acha que outros ficariam?

Paciente: – Alguém poderia de fato ficar deprimido. Sinto, mas não tenho certeza absoluta, que todos aqueles que ficam doentes sentem-se assim de vez em quando.

Estudante: – Gostaria que não fossem seus pais que lhe tivessem contado, mas sim os médicos, que fossem eles que viessem até você?

Paciente: – Não. Prefiro que tenham sido meus pais. Acho que foi bom que eles me tivessem contado, mas teria gostado muito... que os médicos também me tivessem participado*.

Estudante: – Você acha que as pessoas que a atendem, os médicos, as enfermeiras têm evitado tocar no assunto?

Paciente: – Eles nunca me dizem nada, sabe? Só e unicamente meus pais. Eles teriam de me contar.

Estudante: – Você acha que seus sentimentos mudaram pensando na conseqüência da doença, desde que ouviu falar nela pela primeira vez?

Paciente: – Não, ainda sinto do mesmo jeito.

Estudante: – Pensou muito nela?

Paciente: – Pensei, sim.

Estudante: – E seus sentimentos não mudaram?

Paciente: – Não, superei o problema, mas agora não conseguem mais encontrar minhas veias. Recebo tantas coisas como essa, junto com todos estes outros problemas, que a única coisa é conservar a fé.

Estudante: – Acha que sua fé se fortaleceu mais durante este tempo?

---

* Aqui, ela deixa transparecer a ambivalência em receber a notícia dos pais e não do médico.

Paciente: – Acho, sim.

Estudante: – Acha que teria mudado neste aspecto? A fé é o fator mais importante que a ajuda a superar tudo?

Paciente: – Não sei. Dizem que talvez não supere, mas se Ele quiser que eu fique boa ficarei.

Estudante: – Sua personalidade mudou? Você notou mudanças a cada dia?

Paciente: – Sim, porque me relaciono com mais pessoas, embora já fizesse isto antes. Saio por aí, visitando e ajudando alguns pacientes. Relaciono-me bem com os colegas de quarto, assim tenho alguém com quem conversar. Sabe, quando se está deprimida, sempre ajuda conversar com alguém.

Doutora: – Você fica deprimida com freqüência? Antes, havia duas pacientes no quarto, agora você está sozinha?

Paciente: – Penso que é porque estava exausta. Já faz uma semana que não saio.

Doutora: – Está ficando cansada? Diga-me quando ficar muito cansada e a gente termina a entrevista.

Paciente: – Não, de forma alguma.

Estudante: – Notou mudança em sua família, em seus amigos, no comportamento deles com você?

Paciente: – Fiquei muito mais chegada à minha família. A gente se dá bem, meu irmão e eu éramos muito unidos quando pequenos. Vocês sabem que ele tem dezoito anos e eu dezessete, com quatorze meses de diferença. Minha irmã e eu, então, éramos sempre muito unidas. Portanto, agora eles e meus pais são muito mais unidos. Posso conversar com eles e eles... ah, é apenas a sensação de uma união maior.

Estudante: – O relacionamento com seus pais está enriquecido, mais profundo?

Paciente: – Ah, sim. E com os amigos também.

Estudante: – É como um apoio na doença?

Paciente: – É! Acho que não a suportaria, se não fossem minha família e meus amigos.

Estudante: – Querem ajudá-la de qualquer jeito? E você? Você também os ajuda de algum modo?

Paciente: – Bem, eu tento... Sempre que eles vêm, tento fazer com que se sintam em casa, que voltem para casa se sentindo melhor, etc.

Estudante: – Sente-se muito deprimida quando está só?

Paciente: – Sim, entro um pouco em pânico porque gosto das pessoas, gosto de estar rodeada de gente, enfim de estar com alguém... Não sei, quando estou só, todos os problemas vêm à tona. Às vezes, fico mais deprimida quando não tenho com quem conversar.

Estudante: – Você sente alguma coisa em particular quando está só, algo que lhe dá medo por estar só?

Paciente: – Não, sinto apenas que não há ninguém comigo, ninguém com quem possa conversar.

Doutora: – Que tipo de garota você era antes de ficar doente? Saía muito ou gostava de ficar sozinha?

Paciente: – Saía muito. Gosto de esporte, de conhecer lugares, de ir a jogos e a uma porção de reuniões.

Doutora: – Já ficou só durante algum tempo antes de adoecer?

Paciente: – Não.

Estudante: – Se pudesse voltar atrás, preferia que seus pais tivessem esperado para lhe contar?

Paciente: – Não, estou contente por ter sabido no começo. Isto é, prefiro saber logo no início, saber que vou morrer, saber que eles podem me olhar de frente.

Estudante: – O que é que você tem de encarar? Qual a sua concepção de morte?

Paciente: – Acho que deve ser maravilhosa, porque se vai para casa, a outra morada, perto de Deus. Não tenho medo de morrer.

Doutora: – Você tem uma imagem visual desta "outra morada", considerando que todos nós fantasiamos sobre isto, embora nunca toquemos no assunto? Quer falar nisso?

Paciente: – Penso simplesmente que deve ser como uma reunião onde estão todos, uma reunião bem agradável, onde há um certo alguém, alguém muito especial. Algo que faz tudo ficar diferente.

Doutora: – O que mais pode dizer, como se sente com relação a isso?

Paciente: – Poderia dizer que se tem uma sensação maravilhosa, sem mais anseios, apenas ficar lá, sem nunca mais ficar só.

Doutora: – Tudo no seu lugar?

Paciente: – Isso mesmo, tudo no seu lugar.

Doutora: – Sem necessidade de comer para ficar forte?

Paciente: – Não, não penso assim. Haverá uma força interior.

Doutora: – Não haverá necessidade de todas estas coisas terrenas?

Paciente: – Pois é.

Doutora: – Entendo. De onde você tirou essa força, toda essa coragem para enfrentar a doença desde o começo? Você sabe que muitas pessoas têm uma religião, mas muito poucas delas enfrentam assim na hora, como você. Sempre foi assim.

Paciente: – Hum, hum.

Doutora: – Nunca teve um sentimento hostil mais profundo?

Paciente: – Nunca.

Doutora: – Nem ficou com raiva das pessoas sadias?

Paciente: – Nunca, acho que sempre me dei bem com meus pais porque eles foram missionários em S. durante dois anos.

Doutora: – Sei.

Paciente: – Ambos foram excelentes colaboradores na igreja. Criaram os filhos num lar cristão e isso tem ajudado muito.

Doutora: – Você acha que nós, médicos, deveríamos falar com as pessoas que sofrem de um mal incurável sobre o futuro delas? Se você tivesse como missão ensinar-nos alguma coisa, o que ensinaria quanto ao que devemos fazer pelos outros?

Paciente: – Bem, os médicos vêm aqui, examinam a gente e perguntam: "Como é que está hoje?", ou coisa parecida, numa farsa total. Uma coisa que deixa a gente magoada por estar doente é o fato de que nunca conversam com a gente. Ou então, vêm aqui como se fôssemos "diferentes". A maioria dos que conheço faz isso. Entram, falam um pouco, perguntam como estou e me examinam. Falam de meu cabelo, que estou com uma aparência melhor. Só fazem isso: falam comigo e perguntam como me sinto. Alguns chegam a explicar o que podem. É difícil para eles porque sou menor de idade e acham que não devem contar nada a mim, mas a meus pais. É muito importante conversar com um paciente, porque se os médicos transmitem essa sensação de frieza, a gente treme de medo quando vêm com esta expressão fria e calculista. Quando vêm com um pouco de calor humano, aí sim a visita tem um sentido.

Doutora: – Você teve uma sensação desagradável de mal-estar, vindo aqui conversar sobre essas coisas?

Paciente: – Não, não me incomodo de falar nisso.

Estudante: – Como é que as enfermeiras tratam deste problema?

Paciente: – Muitas delas têm sido realmente maravilhosas e conversam bastante. Conheço bem quase todas.

Doutora: – Acha que as enfermeiras, de certo modo, têm mais tato do que os médicos?

Paciente: – Acho, porque estão mais presentes e são mais atuantes do que os médicos.

Doutora: – Hum, simplesmente se sentem menos constrangidas.

Paciente: – Tenho certeza.

Estudante: – Posso perguntar se já faleceu alguém na sua família depois que você cresceu?

Paciente: – Meu tio, irmão de papai. Fui a seu enterro.

Estudante: – Como se sentiu?

Paciente: – Não sei bem. Ele parecia engraçado, diferente. Mas era a primeira pessoa que via morta.

Doutora: – Você tinha quantos anos?

Paciente: – Uns doze ou treze.

Doutora: – Você disse que ele "parecia engraçado" e deu uma risadinha.

Paciente: – Pois é, ele parecia diferente, sabe, suas mãos não tinham cor e pareciam tão imóveis. Depois, minha avó morreu, mas eu não estava presente. Meu avô morreu nos braços de minha mãe, mas eu também não estava. Só passei por lá. Minha tia morreu há pouco tempo, mas não pude ir ao enterro porque já estava doente.

Doutora: – Acontece de formas e meios diferentes, não é?

Paciente: – É! Ele era o meu tio predileto. Na verdade, não se deve chorar quando as pessoas morrem, pois a gente sabe que elas vão para o céu e dá uma certa sensação de felicidade saber que irão para o paraíso.

Doutora: – Alguma dessas pessoas chegou a conversar com você sobre isto?

Paciente: – Um amigo meu muito íntimo, que faleceu há mais ou menos um mês. Eu e a mulher dele fomos juntas ao enterro. Para mim, isto pesou na balança, pois ele fora maravilhoso comigo e fizera muito por mim quando adoeci. Fazia a gente se sentir muito à vontade.

Doutora: – Em síntese, o que você quer dizer é que se deve ser um pouco mais compreensivo, arranjar um pouco mais de tempo para conversar com os pacientes.

Segue-se a entrevista com a mãe desta jovem. Conversamos com ela imediatamente após a entrevista com a filha.

Doutora: – São muito poucos os pais que vêm conversar conosco sobre a doença grave de seus filhos. Essa iniciativa é bem pouco comum.

Mãe: – Fui eu que pedi.

Doutora: – Conversamos com sua filha sobre como se sente e como encara a morte. Ficamos impressionados com sua calma, com a ausência de ansiedade, desde que não fique sozinha.

Mãe: – Ela falou muito hoje?

Doutora: – Falou.

Mãe: – Hoje, está sofrendo dores demais e se sente muito mal.

Doutora: – Falou bastante, muito mais do que de manhã.

Mãe: – Estava com medo de que ela viesse aqui e não dissesse uma palavra.

Doutora: – Não vamos roubar muito do seu tempo, mas agradeceria que deixasse os médicos jovens fazerem algumas perguntas.

Estudante: – Como a senhora reagiu quando soube que a doença de sua filha era incurável?

Mãe: – Bem, muito bem.

Estudante: – E seu marido?

Mãe: – Meu marido não estava comigo nessa hora e me senti um pouco mal pela maneira como vim a saber. Sabíamos apenas que ela estava doente, mas isso era tudo. Acontece que, quando vim visitá-la naquele dia, fui procurar saber como ela estava. O médico me disse: "Ela não está nada bem. Tenho más notícias para a senhora." Ele se dirigiu comigo para uma das salas e continuou muito secamente: "Ela está com anemia aplástica e não vai ficar boa. Ignoramos a causa da doença, desconhecemos sua cura e nada pode ser feito." Daí eu disse: "Posso fazer uma pergunta?" E ele: "Se quiser." Eu disse: "Quanto tempo de vida ela tem, doutor, talvez um ano?" "Não, de maneira nenhuma." Então, eu disse: "Ainda bem." Isto foi tudo. Em seguida, fiz uma série de outras perguntas.

Doutora: – Isto se deu em maio do ano passado?

Mãe: – Foi, 26 de maio. E ele continuou: "Há muita gente que contrai esta doença, de que até agora só se sabe ser incurável. Sua filha terá de aceitar isto." E saiu. Tive uma dificuldade enorme para encontrar o caminho de volta ao pavilhão onde ela estava, e acho que me perdi pelos corredores, tentando voltar. Fiquei em pânico, pensando o tempo todo que ela não iria mais viver. Toda confusa, não sabia como ir ter com ela. Tentei me reequilibrar. A princípio, tive medo de entrar e dizer que ela estava muito doente, porque poderia começar a chorar. Procurei me preparar antes de ir falar com ela. Foi chocante o modo como o fato me foi apresentado, agravado pelo fato de eu estar sozinha. Se ao menos o médico me tivesse feito sentar, creio que teria aceitado melhor.

Estudante: – Como a senhora gostaria exatamente que ele lhe tivesse contado?

Mãe: – Que tivesse esperado... meu marido vinha sempre comigo e aquela era a primeira vez que eu estava só.

Se nos tivesse chamado a ambos e nos tivesse dito, por exemplo, que ela tinha uma doença incurável, poderia tê-lo feito com franqueza, mas com um pouco de compaixão, sem ser tão desumano como foi, dizendo: "A senhora não é a única no mundo."

Doutora: – É uma situação com que deparo muitas vezes e sei que magoa. A senhora já imaginou que esse homem poderia também ter dificuldades em lidar com seus sentimentos em situações assim?

Mãe: – Já pensei, mas mesmo assim magoa muito.

Doutora: – Muitas vezes, a única forma que encontram para comunicar tais notícias é assim, de um modo frio, isento de emoção.

Mãe: – A senhora tem razão também. Um médico não pode se emocionar com essas coisas, e provavelmente nem deva. Contudo, acho que existem formas melhores.

Estudante: – Seus sentimentos para com sua filha mudaram?

Mãe: – Não, agradeço a Deus cada dia que passo com ela, mas espero e rezo para que haja muitos outros, embora saiba que nada é certo. Ela foi criada com a idéia de que a morte pode ser uma coisa bela e não há nada com que se preocupar. Sei que ela a enfrentará com bravura quando vier. Só a vi chorar e fraquejar uma vez, quando me disse: "Mãe, a senhora parece preocupada; não se aflija, não tenho medo. Deus está esperando por mim e cuidará de mim, portanto não temo nada." Depois disse: "Tenho um pouco de medo, a senhora está preocupada?" Respondi: "Não, acho que todo mundo está, mas não desanime. Se sentir vontade de chorar, chore, como todo mundo." Ao que ela respondeu: "Não, não há motivo nenhum para chorar." Resumindo, ela aceitou e nós aceitamos, também.

Doutora: – Já faz uns dez meses, não?

Mãe: – Sim.

Doutora: – Há pouco tempo deram apenas "vinte e quatro horas".

Mãe: – Na última quinta-feira, o médico disse que seria muito se ela vivesse de doze a vinte e quatro horas. Ele queria ministrar a ela uma dose de morfina para aliviar a dor. Perguntamos se poderíamos pensar um pouco no assunto, e ele replicou: "Não vejo por que não devam aceitar, já que é para passar a dor!" E saiu. Então, decidimos que seria melhor deixar que aplicassem a morfina. Pedimos ao médico de plantão que informasse a ele que concordávamos. Nunca mais o vimos, e nem aplicaram a injeção. Há dias em que passa bem, há dias em que passa realmente mal, apresentando aos poucos novos sintomas e precisando de tudo aquilo que outros pacientes já me alertaram que poderia ocorrer.

Doutora: – Outros pacientes de onde?

Mãe: – Minha mãe é de P., onde há duzentos pacientes assim, e ela aprendeu muito sobre eles. Disse que ficam tão sensíveis ao se aproximar o fim que, ao simples toque, sentem muitas dores no corpo todo. Disse também que os ossos se quebram, só de erguê-los. Minha filha não comeu nada a semana inteira e tudo isso começa a acontecer. Até o dia 1º de março, procurava as enfermeiras de lá para cá pelo corredor, ajudava-as, levava água para os outros pacientes e procurava animá-los.

Doutora: – Portanto, este último mês foi o pior.

Paciente: – Isto mudou seu relacionamento com os outros filhos?

Mãe: – Não. Eles discutiam o tempo todo. Quando ela brigava dizia: "Deixa eu pôr uns panos quentes." Eles ainda discutem um pouco, não mais do que o normal e nunca se odiaram (sorrisos), mas têm sido bons filhos.

Estudante: – E como é que eles se comportam em relação a ela?

Mãe: – Não a mimam, de propósito. Tratam-na do mesmo jeito que antes. Isso é bom, porque faz com que ela não sinta pena de si mesma. Conversam naturalmente. Se aparece outra coisa para fazer, dizem: "Sábado que vem, não venho visitá-la, mas virei durante a semana. Você me entende, né?" E ela: "Claro, divirta-se." Ela se acostumou com a idéia mas eles, cada vez que vêm, sabem que ela provavelmente não voltará para casa. Deixamos sempre anotado onde poderemos ser encontrados, quando for preciso entrar em contato um com o outro.

Doutora: – A senhora conversa com os outros filhos sobre este provável desfecho?

Mãe: – Claro.

Doutora: – Aberta e francamente?

Mãe: – Sim. Somos uma família religiosa. Fazemos nossas orações todas as manhãs, rezamos antes de eles irem para a escola e acho que isto tem nos ajudado muito. Como são jovens, têm sempre algum lugar onde ir, algo para fazer. Nem sempre podemos nos reunir, sentar um pouco, discutir os problemas, etc., mas eles aproveitam este tempo de manhã para tratar de problemas familiares. Repassamos tudo nesses dez ou quinze minutos, e isso nos mantém unidos. Temos conversado bastante sobre o assunto e nossa filha até já fez alguns preparativos para seu funeral.

Doutora: – Quer entrar em detalhes?

Mãe: – Também falamos nessas coisas. Em nossa comunidade, há uma criança que nasceu cega. Deve ter uns seis meses agora, e um dia, no hospital, minha filha me disse: "Mãe, gostaria de doar meus olhos a ela, quando morrer." Respondi: "Vamos ver o que se pode fazer, não sei se aceitariam. Você sabe que devemos discutir essas coisas, sempre devemos; eu e seu pai podemos estar viajando e nos acontecer algo e vocês ficarem sozinhos." Ela disse: "É sim, devemos deixar tudo acertado. Eu e a senhora agora vamos facilitar a tarefa dos outros. Vamos escrever o que gostaríamos que fosse feito e perguntar o que gostariam que se fizesse." E foi abrindo caminho e dizendo: "Vou começar e depois a senhora me diz." Só fiz anotar o que ela disse, deixando tudo mais fácil. Mas ela sempre procura facilitar a vida dos outros.

Estudante: – A senhora suspeitou de alguma coisa antes que lhe dissessem que poderia ser uma doença incurável? A senhora disse que seu marido sempre estava a seu lado, mas naquele dia calhou de estar só. Houve alguma razão particular para ele não estar junto com a senhora?

Mãe: – Tenho ido ao hospital o mais que posso, mas nesse dia ele estava doente. Em geral, ele tem mais tempo do que eu, por isso é que quase sempre estava comigo.

Estudante: – Sua filha nos disse que foi missionário em S. e que a senhora e ele trabalham ativamente na paróquia. Este é um dos motivos da base religiosa profunda. Qual a natureza do trabalho missionário dele? Por que não continuou?

Mãe: – Ele era mórmon. Os mórmons sempre lhe deram um recurso financeiro, sempre o beneficiaram. Logo que nos casamos, fui sozinha à igreja, durante mais ou menos um ano. Depois ele começou a ir comigo e continuou indo todo domingo, comigo e as crianças, durante dezessete anos. Há quatro ou cinco anos, converteu-se para nossa igreja, onde tem trabalhado, e tem ficado nela todo esse tempo.

Estudante: – Estava aqui imaginando: sua filha tem uma doença de que não se conhece nem a causa nem a cura, já sentiram alguma vez uma espécie de sentimento irracional de culpa?

Mãe: – Sentimos. Muitas vezes, chegamos à conclusão de que nunca demos vitaminas a eles. O médico da família dizia que eles não precisavam, mas eu achava que talvez precisassem, daí procurei saber o motivo. Ela sofreu um acidente, por isso dizem que isto poderia ser a causa, que um ferimento no osso pode causar esta doença. Mas os médicos daqui disseram que não, que teria de ser mais recente. Ela tem sentido muitas dores, mas tem suportado muito bem. Sempre pedimos: "Seja feita a Sua vontade", achando que se Ele quiser levá-la para Si levará; se não, fará um milagre. Quase já desistimos de um milagre, embora nos digam para nunca desistir. Sabemos que o melhor será feito. E quando perguntamos a ela... mas isto é um outro assunto. Bem, disseram para nunca comentar com ela. Minha filha amadureceu muito neste último ano e tem estado com todo tipo de mulher – desde aquela que tentou suicídio até as que contam seus problemas com o marido ou o problema de ter filhos. Não há nada que ela não saiba, nem pessoas com quem não tenha entrado em contato. Ela tem agüentado muita coisa. Tem muito que agüentar. A única coisa de que ela não gosta é de gente querendo esconder coisas dela. Quer saber de tudo. Por isso, contamos. Quando estava se sentindo muito mal na semana passada, pensamos que tivesse chegado o fim. O doutor nos dizia isso no corredor, mas ela perguntou logo: "O que foi que ele disse, vou morrer agora?" E respondi: "Bem, não temos certeza. Ele disse que você está muito mal." "O que é que ele quer me dar?" Nunca disse o que era e respondi: "É um analgésico." "É droga, não quero ser drogada." "Mas vai aliviar a dor." "Não, prefiro agüentar. Não quero ficar viciada." "Você não vai ficar." Ao que ela retrucou: "Mamãe, estou surpresa com a senhora!". E nunca desistiu, continua firme, na esperança de ficar boa.

Doutora: – Quer dar a entrevista por encerrada? Só temos mais alguns minutos. Quer contar ao grupo como a senhora se sente quanto ao tratamento que o hospital lhe tem dispensado, na qualidade de mãe de uma filha à beira da morte? Naturalmente, seu desejos é ficar com ela o máximo possível. Aqui ajudaram-na muito?

Mãe: – Bem, no outro hospital, foi muito bom. Eram muito cordiais; aqui, estão sempre muito atarefados e o serviço não é lá essas coisas. Quando estou aqui, demonstram que estou sempre atrapalhando, sobretudo o médico residente e o interno. Estou sempre no meio do caminho. Cheguei até a me esconder no corredor, tentando passar despercebida por eles. Sinto-me como uma ladra, entrando e saindo, porque me olham como que dizendo: "Você de novo por aqui?". Passam roçando por mim e nem falam. É como se estivesse invadindo um campo alheio, como se não devesse estar aqui. Mas quero ficar pela única razão de que foi minha filha que pediu e nunca havia pedido antes. Procuro não atrapalhar.

Na realidade, sem querer ser convencida, acho que ajudei um bocado. Eles sentem falta de mão-de-obra; o fato é que nas duas ou três primeiras noites em que minha filha estava bem mal não sei como teria se arranjado, pois as enfermeiras a evitavam e a uma senhora de idade que estava no mesmo quarto. Essa senhora teve um ataque cardíaco e não podia sequer usar a comadre. Várias noites eu é que tive de colocar para ela. Minha filha vomitava e precisava ser lavada e limpa, mas as enfermeiras não queriam saber. Alguém precisava ajudar.

Estudante: – Onde a senhora dorme?

Mãe: – Numa cadeira. Na primeira noite, não me deram travesseiro, nem cobertor, nada. Uma paciente que não usava travesseiro insistiu para que eu o aceitasse e me cobri com meu casaco. No dia seguinte, trouxe um cobertor de casa. Acho que não devia contar mas, de vez em quando, um zelador (sorrisos) me traz uma xícara de café.

Doutora: – Bom para ele.

Mãe: – Sinto que não devia dizer tudo isso, mas tenho de desabafar.

Doutora: – Essas coisas devem ser discutidas. É importante pensar nelas, discuti-las, sem fazer rodeios, dizendo que tudo está ótimo.

Mãe: – Pois é, como eu estava dizendo, a atitude dos médicos e das enfermeiras influi muito nos pacientes e na família.

Doutora: – Espero que tenha tido experiências positivas também.

Mãe: – Há uma moça que trabalha no período noturno. Ultimamente têm desaparecido coisas e muitos pacientes já reclamaram, sem que nada tenha sido feito. Ela continua no emprego e agora os pacientes ficam acordados durante a noite esperando que ela entre no quarto, porque temem que seus pertences sejam roubados. Quando ela vem, é extremamente grosseira e mesquinha. Uma noite destas, apareceu um rapaz negro, alto e simpático, dizendo: "Boa noite. Estou aqui para tornar a sua noite mais agradável" e, de fato, tudo o que fez foi espetacular. Durante a noite inteira atendeu sempre que tocava a campainha. Foi simplesmente maravilhoso. Na manhã seguinte, os pacientes do quarto estavam cem por cento melhores, alegrando o dia.

Doutora: – Obrigada, Sra. M.

Mãe: – Espero não ter falado demais.

Em seguida, transcrevemos a entrevista com a Sra. C., que temia não poder enfrentar sua própria morte, por causa da pressão das obrigações familiares.

Doutora: – A senhora disse que passam muitas coisas pela sua cabeça quando está sozinha na cama, pensando. Foi por isso que nos oferecemos para ficar aqui a seu lado e ouvir. Uma de suas maiores preocupações são os filhos, não?

Paciente: – É, minha maior preocupação é minha filha pequena. Tenho também três garotos.

Doutora: – Já estão crescidos?

Paciente: – Já, mas as crianças têm um certo receio quando os pais estão gravemente doentes, sobretudo a mãe. A senhora sabe que estas coisas marcam muito na infância. Fico imaginando o que pode acontecer com a menina, crescendo nesse meio. Quando crescer é capaz de ficar remoendo todas essas coisas.

Doutora: – Que espécie de coisas?

Paciente: – Primeiro, o fato de a mãe ter ficado inativa. Agora mais do que antes, tanto na escola como na paróquia. Preocupo-me bastante com quem fica cuidando de minha família; estou mais receosa do que quando estava em casa, mesmo quando não podia fazer nada, estando lá. Muitos amigos nem sabem, pois ninguém gosta de falar nisso. Daí, resolvi contar aos outros, pois achava que as pessoas deveriam saber. Fico pensando se agi bem, se a menina, tão pequena, deveria saber agora ou mais tarde?

Doutora: – Como foi que a senhora contou?

Paciente: – Bem, as crianças são muito objetivas nas perguntas que fazem. Fui muito franca no modo como respondi a elas. Mas agi com sensibilidade. Sempre nutri um sentimento de esperança. Esperança de que pudessem descobrir qualquer coisa nova algum dia, e que chegasse também a mim. Eu não sentia medo e acho que ela também não deve sentir. Se a doença chegasse ao ponto de não haver mais esperança, de eu não poder mais me locomover, tendo de viver sem nenhum conforto, ainda assim não sentiria medo de continuar. Espero que as atividades na escola dominical a ajudem a se desenvolver e amadurecer. Oxalá tivesse certeza de que ela iria em frente sem fazer disso uma tragédia. Jamais, jamais quis que ela encarasse desta forma. Justamente porque não encaro assim é que falei com ela. Tentei muitas vezes mostrar-me animada e ela sempre acha que vão me curar, que vou me recuperar aqui!

Doutora: – É certo que a senhora ainda tem esperança, mas a sua família tem mais. É isto que está querendo dizer? Talvez seja a diferença de conscientização que dificulta mais.

Paciente: – Ninguém sabe quanto tempo ainda vai durar. Sempre me agarrei à esperança, mas atualmente meu ânimo está quase a zero. Os médicos não me revelaram nada. Não me disseram nada do que acharam na operação. Mas qualquer um saberia, mesmo sem contar. Meu peso caiu como nunca. Meu apetite diminuiu muito. Dizem que tenho uma infecção ainda não localizada. Quando se tem leucemia, a pior coisa que pode acontecer é uma infecção em fase aguda.

Doutora: – Ontem, quando vim visitá-la, a senhora estava um pouco chateada. Tinha feito uma radiografia do cólon e seu aspecto era de quem ouvira algumas verdades.

Paciente: – Pois é. Veja, não são as grandes coisas que pesam quando a gente está doente e muito fraca. São as pequenas. Por que razão não podem conversar comigo? Por que não podem me comunicar, antes de tomarem certas atitudes? Por que não permitem que se vá ao banheiro, antes de nos arrancarem do quarto como se fôssemos um objeto e não uma pessoa?

Doutora: – O que foi mesmo que a chateou tanto, ontem de manhã?

Paciente: – É um assunto muito pessoal, mas vou lhe contar. Por que não fornecem um pijama a mais quando se vai fazer radiografia do cólon? Quando a gente termina, fica num estado absolutamente deplorável. Então, a gente é obrigada a se sentar numa cadeira, sem a mínima vontade. Quando se levanta, só aparece aquela pasta branca, causando uma situação embaraçosa. São tão maravilhosos comigo lá em cima no quarto mas, quando me mandam para o raio X, sinto-me como se fosse um número ou uma coisa. Fazem coisas estranhas com a gente e é muito desagradável voltar naquele estado. Acho que não deveria acontecer, mas parece que acontece sempre. Deviam contar antes como era. Eu estava muito fraca e cansada. A enfermeira que me trouxe de volta pensou que eu pudesse caminhar e eu disse: "Bem, se você acha que posso caminhar, vou tentar." Depois de tirar todas as chapas, de subir e descer da mesa, sentia-me tão fraca e cansada que achava que não chegaria ao quarto.

Doutora: – Isso deve ter lhe causado raiva e decepção, não?

Paciente: – Não me zango à toa. A última vez que me lembro de ter ficado zangada foi quando meu filho mais velho saiu no horário em que meu marido estava trabalhando. Não havia como trancar a casa e, naturalmente, não me sentia segura de ir dormir com a porta aberta. Moramos numa esquina, onde há um poste de luz, mas eu não conseguia pegar no sono enquanto não soubesse que a casa estava trancada. Já dissera isto a meu filho e ele, que sempre avisa a hora que vai chegar, não avisou naquela noite.

Doutora: – Seu filho mais velho é uma criança-problema, não é? Ontem a senhora disse rapidamente que ele é emocionalmente perturbado e também retardado, não foi?

Paciente: – Isso mesmo. Esteve internado num hospital municipal durante quatro anos.

Doutora: – E está em casa agora?

Paciente: – Está.

Doutora: – A senhora acha que ele requer uma vigilância maior, por isso se preocupa com a pouca vigilância sobre ele, como se preocupou com a casa aberta naquela noite?

Paciente: – É isso, sim. Sinto que sou a responsável, a única responsável e posso fazer tão pouco agora.

Doutora: – O que vai fazer quando não puder mais ser responsável?

Paciente: – Talvez isto abra um pouco mais os olhos dele, já que não consegue entender as coisas. Tem excelentes qualidades, mas precisa de ajuda. Nunca poderia se manter por si mesmo.

Doutora: – Quem o ajudaria?

Paciente: – Aí está o problema.

Doutora: – A senhora pode sondar. Há alguém em sua casa que poderia ajudar.

Paciente: – Claro, enquanto meu marido viver, poderá tomar conta dele. Mas é um transtorno, pois ele fica muitas horas longe de casa, trabalhando. Há também os avós, mesmo assim sinto que não é ainda satisfatório.

Doutora: – São os pais de quem?

Paciente: – O pai de meu marido e minha mãe.

Doutora: – Gozam de boa saúde?

Paciente: – Não, eles não têm boa saúde. Minha mãe sofre do mal de Parkinson e meu sogro é cardíaco.

Doutora: – Tudo isso, além das preocupações com sua filha de doze anos? Seu filho mais velho é um problema; sua mãe sofre do mal de Parkinson, e provavelmente começa a tremer quanto tenta ajudar alguém; seu sogro tem problema cardíaco e a senhora não está bem. Alguém deveria ficar em casa para cuidar de todas essas pessoas. Acho que é isso o que mais a preocupa.

Paciente: – Certo. Tentamos fazer amigos na esperança de que alguém possa cuidar da situação. Vivemos o dia-a-dia. Cada dia parece cuidar de si mesmo, mas quanto a olhar para o futuro só fazemos castelos no ar. Além do mais, minha doença. Nunca sabemos se devemos ser sábios e aceitar a situação calmamente, dia após dia, ou se devemos provocar uma mudança drástica.

Doutora: – Mudança?

Paciente: – Sim. Havia uma época em que meu marido dizia: "É preciso fazer uma mudança." Os velhos teriam de ir embora. Um deles ficaria com minha irmã, o outro iria para uma casa de saúde. É preciso aprender a ser frio e colocar a família num asilo. Até o médico da família acha que deveríamos colocar o menino numa clínica. Ainda assim, não posso aceitar estas coisas. Finalmente, fui até eles e disse: "Se vocês forem, posso piorar, portanto fiquem. E se algum dia tiver de ser, se não der certo, vocês simplesmente irão. Se vocês forem embora será pior." No começo, fui eu que os aconselhei a virem.

Doutora: – A senhora se sentiria culpada se eles fossem para uma casa de saúde?

Paciente: – Não, se chegasse ao ponto de ser perigoso para eles subir e descer escadas ou... acho que está ficando perigoso para minha mãe mexer com o fogão agora.

Doutora: – A senhora está tão acostumada a cuidar dos outros, que deve ser duro ter de ser cuidada por alguém.

Paciente: – É um problema. Tenho uma mãe que tenta me ajudar, uma mãe que está mais interessada em seus filhos do que em qualquer outra coisa no mundo. No entanto, isso nem sempre é melhor, pois acho que deveria ter outros interesses. Ela tem se dedicado inteiramente à família. A vida dela é costurar e fazer pequenas coisas para minha irmã que mora do lado. Fico contente com isso, porque minha filha pode ir lá. E fico muito feliz tendo minha irmã morando do lado. Assim, minha mãe vai para lá, o que é bom também para ela, pois quebra um pouco a monotonia.

Doutora: – É bom para todo mundo. Sra. C., a senhora pode falar um pouco mais de si? A senhora disse que se sente muito fraca ultimamente e que perdeu muito peso. Quando está na cama, deitada sozinha, em que é que pensa, o que é que a conforta mais?

Paciente: – Pois bem, vindo de um tipo de família como a minha e a do meu marido, sabíamos que, se casássemos, teríamos de buscar uma força externa além de nós mesmos. Ele era chefe dos escoteiros. Seus pais tinham problemas conjugais e acabaram se separando. O casamento com minha mãe foi o segundo casamento de meu pai, e ele já tinha três filhos. Casara-se antes com uma jovem garçonete e não dera certo. Foi um caso doloroso estas crianças sendo distribuídas pelas casas. Não vieram morar com minha mãe quando ele se casou com ela. Meu pai era muito temperamental, muito tenso e estava sempre mal-humorado. Imagino agora como passei por essa situação. E, então, morando por ali, meu marido e eu nos conhecemos na igreja. Casamos. Sabíamos que teríamos de buscar uma força fora de nós, se quiséssemos manter o casamento. Sempre pensamos assim. Sempre participamos dos trabalhos da igreja e comecei a ensinar na escola dominical com a idade de dezesseis anos. Precisavam de ajuda na creche, fui e gostei. Lecionei até ter os dois meninos mais velhos. Gostava do trabalho, fazia conferências na igreja contando o que ela significava para mim, o que meu Deus significava para mim. Portanto, penso que não se deve jogar fora tudo isso, quando as coisas acontecem. Continua-se acreditando, pois o que tiver de acontecer acontecerá.

Doutora: – Tudo isso a ajuda agora, também?

Paciente: – Sim. Quando converso com meu marido, sabemos ambos que sentimos a mesma coisa. Como disse ao Capelão C., devemos ser tolerantes com quem conversa conosco sobre isso. Disse-lhe também que nosso amor hoje, decorridos vinte e nove anos de casamento, é tão forte como quando nos casamos. É algo que me diz muito. Com todos os nossos problemas, conseguimos vencer estes anos. Ele é um homem maravilhoso, realmente maravilhoso!

Doutora: – A senhora enfrentou as dificuldades com coragem, mas acho que a pior deve ter sido a do seu filho, não?

Paciente: – Fizemos o melhor que pudemos. Não creio que seja simplesmente uma questão de oportunidade para um pai. Acontece que não se sabe como lidar com um problema desses. No começo, a gente não sabe das coisas e pensa que é teimosia.

Doutora: – Que idade ele tinha quando a senhora notou que ele apresentava problemas?

Paciente: – Tudo fica muito óbvio; por exemplo, não consegue andar de velocípede, nem fazer as coisas típicas de uma criança. A realidade, porém, é que uma mãe não quer aceitar isto, procurando sempre interpretar diferentemente no começo.

Doutora: – Quanto tempo a senhora levou?

Paciente: – Um bocado de tempo. De fato, quando ele foi para a escola, para o jardim-de-infância, já causava problemas para a professora. Punha freqüentemente coisas na boca para chamar atenção. Ela começou a me mandar recados e fiquei sabendo que havia algum problema com ele.

Doutora: – Assim, a senhora acabou aceitando os fatos, passo a passo, como fez com o diagnóstico da leucemia. Quais as pessoas que mais a ajudaram com seus problemas diários, no hospital?

Paciente: – Uma grande ajuda é encontrar uma enfermeira que transmita fé. Ontem, quando desci para a sala de raio X, senti-me como se fosse um número, não havia ninguém que se incomodasse, sobretudo na segunda vez. Já era tarde e o pessoal estava emburrado por terem mandado uma paciente àquela hora. Assim, andavam inquietos por todo lado. Quando cheguei, sabia que a auxiliar iria me deixar naquela cadeira de rodas e desapareceria. Eu iria ficar lá sentada, até aparecer alguém. Mas uma das moças em serviço disse a ela que não deveria fazer aquilo, que deveria entrar, dizer que eu já estava lá e esperar que me atendessem. Pelo visto, não estava nada satisfeita tendo de levar uma paciente tão tarde. Já estavam fechando, e os técnicos já iam embora. O bom humor das enfermeiras ajudaria muito numa situação como esta.

Doutora: – O que a senhora acha das pessoas sem fé?

Paciente: – Encontro-as por aqui também, inclusive entre os pacientes. Da outra vez, havia um senhor que, quando soube o que eu tinha, disse: "Não posso entender, nada é justo neste mundo. Por que a senhora tem leucemia se nunca fumou, nunca bebeu e nunca fez extravagâncias? Eu já sou velho, fiz muitas coisas que não deveria ter feito." Não faz diferença. Ninguém nos assegura que nunca teremos problemas. Até Nosso Senhor teve de enfrentar problemas terríveis e é Ele quem nos ensina. Estou tentando segui-Lo.

Doutora: – Pensa algumas vezes na morte?

Paciente: – Se penso nela?

Doutora: – Sim.

Paciente: – Penso, sim. De vez em quando penso na morte, só não gosto da idéia de todo o mundo vir me ver, por causa do aspecto horrível com que fico. Por que isso tem de acontecer? Por que não resumem tudo a uma simples cerimônia fúnebre? Sabe, talvez pareça estranho, mas não gosto muito da idéia de funerais. Sinto repulsa, meu corpo naquele caixão...

Doutora: – Não sei se entendi bem.

Paciente: – Não gosto de deixar as pessoas tristes, como, por exemplo, meus filhos, com este tipo de coisas durante dois ou três dias. Já pensei muito nisso, mas não fiz nada ainda. Um dia, meu marido me perguntou se deveríamos analisar fatos, como doar os olhos, doar nossos corpos. Não fizemos isso naquele dia, nem agora, pois é uma daquelas coisas que a gente fica adiando, sabe?

Doutora: – A senhora já conversou com alguém sobre isso? Uma espécie de preparação para qualquer época em que aquele dia chegar?

Paciente: – Como disse ao Capelão C., acho que existe uma necessidade de as pessoas se apoiarem em alguém, conversar com o capelão, obter respostas.

Doutora: – E ele lhe dá as respostas?

Paciente: – Se se compreende o Cristianismo, creio que, chegando na minha idade, a gente deveria estar suficientemente madura para saber que é possível obter respostas por si mesma, graças ao tempo em que se fica só. Na doença, a gente está só, porque o pessoal não pode ficar junto o tempo todo. Não se pode ter o capelão ali do lado, nem o marido, nem as pessoas. Meu marido é o tipo de pessoa que ficaria comigo o máximo possível.

Doutora: – Então, ter pessoas a seu lado é um auxílio?

Paciente: – Claro, sobretudo determinadas pessoas.

Doutora: – Quem são essas determinadas pessoas? A senhora mencionou o capelão, o seu marido...

Paciente: – Sim. Gosto que o pastor de minha igreja me venha visitar. Havia uma amiga minha, mais ou menos da minha idade e que é uma cristã fervorosa. Ela perdeu a vista e ficou vários meses no hospital, de cama. Aceitou isso muito bem. É o tipo de pessoa que está sempre fazendo alguma coisa por alguém. Se há doentes, ela os visita, ou junta roupas usadas para os pobres, etc. Outro dia, escreveu-me uma carta linda, citando o Salmo 139; foi um prazer recebê-la. Dizia assim: "Quero que saiba que é uma das minhas melhores amigas." Portanto, olhar para uma pessoa assim faz a gente feliz. É aquela pequena coisa que nos traz felicidade. Em geral, acho que todos aqui são muito amáveis, mas estou meio cansada de ouvir o pessoal sofrendo nos quartos. Ouço e fico pensando: "Será que não podem fazer nada por essa gente?" Já faz tempo que isto acontece, a gente ouve os gritos e fica com medo de que as pessoas estejam sozinhas. Não se tem o direito de ir ao quarto delas e conversar, a gente só *ouve*, sabe? Esse tipo de coisa me incomoda. Na primeira vez que estive aqui, não pude dormir muito bem, e pensava: "Assim não pode continuar, você tem de dormir." Dormi bem, mas ouvi dois pacientes gritando aquela noite. É algo que espero nunca fazer. Tive uma prima mais velha do que eu que morreu de câncer não faz muito tempo. Era uma pessoa maravilhosa. Aleijada de nascença, superava isso muito bem. Ficou vários meses internada no hospital, mas nunca gritou. Fui visitá-la pela última vez uma semana antes de ela morrer. Ela era uma inspiração autêntica. Era mesmo, ficava mais preocupada comigo, pela longa viagem que fazia para vê-la, do que com ela própria.

Doutora: – O tipo de mulher que a senhora gostaria de ser, não?

Paciente: – Pois é, ela me ajudou. Espero poder ajudar também.

Doutora: – Tenho certeza de que pode. É o que está fazendo aqui, hoje.

Paciente: – Tem mais uma coisa que me preocupa: nunca se sabe quando se entra num estado de inconsciência e como se vai reagir. As reações são diferentes. Acho que é importante confiar no médico, que ele possa ficar a seu lado. Doutor E. é ocupado demais, de modo que não se pode conversar muito com ele. Não se podem levantar muitos problemas familiares com ele, a menos que se pergunte, embora eu sempre tenha sentido que estas coisas dão sentido à minha saúde. Vocês sabem que os problemas psicológicos influenciam muito a saúde.

Capelão: – Foi o que deixou transparecer outro dia ao afirmar que as tensões da família e outros problemas poderiam ter afetado também sua saúde.

Paciente: – É verdade. No Natal, nosso filho passou muito mal e o pai teve de levá-lo de volta ao hospital. Ele prontificou-se a ir, dizendo que faria as malas quando voltasse da igreja. Mas mudou de idéia ao chegar ao hospital, e quis voltar para casa. Meu marido contou que o filho queria voltar e ele o trouxe. Geralmente, quando ele vem para casa, fica andando pra lá e pra cá. Às vezes, fica tão inquieto que nem se senta.

Doutora: – Quantos anos ele tem?

Paciente: – Vinte e dois. Se a gente se sente disposta a enfrentar a situação e fazer alguma coisa, tudo bem, mas é horrível quando não conseguimos ajudá-lo, ou responder às suas perguntas, é difícil até conversar com ele. Não faz muito tempo, tentei explicar o que havia acontecido quando ele nasceu, e ele parecia entender: "Você tem uma doença, eu também tenho uma doença, e você passa por momentos difíceis. Sei que, às vezes, é muito difícil e árduo para você. De fato, admiro você porque consegue sair destes momentos difíceis e ficar calmo", e assim por diante. Acho que ele luta muito também, mas existe de fato um problema mental e a gente nunca sabe bem como agir.

Capelão: – É muita tensão para a senhora. Tenho certeza de que isso cansa bastante.

Paciente: – Tem razão. Não há dúvida de que é o meu maior problema.

Doutora: – A primeira esposa de seu pai tinha crianças pequenas, que foram distribuídas. Agora, a senhora está no mesmo dilema: o que poderá acontecer aos seus filhos?

Paciente: – Meu maior conflito é como poder mantê-los unidos, como evitar mandá-los para várias instituições! Mas pressinto que vai dar certo. Se uma pessoa é obrigada a ficar de cama, o problema é bem diferente. Pode ser que eu fique acamada de novo e diga a meu marido e isso se resolverá por si mesmo, com o passar dos anos, mas ainda não aconteceu. Meu sogro teve um ataque cardíaco muito sério e, realmente, não esperávamos que se recuperasse tão bem. Foi surpreendente. Ele é feliz, mas me pergunto se não seria ainda mais feliz junto com outros velhinhos da mesma idade.

Doutora: – Então, poderia mandá-lo para um asilo?

Paciente: – Sim. Não seria duro como ele pensa que é. Mas ele se sente mais orgulhoso junto do filho e da nora. Foi criado na cidade e nela ficou a vida toda.

Capelão: – Qual a idade dele?

Paciente: – Oitenta e um anos.

Doutora: – Ele tem oitenta e um anos e sua mãe setenta e seis? Sra C., acho que temos de encerrar porque prometi não ir além dos quarenta e cinco minutos. Ontem, a senhora disse que ninguém havia conversado sobre como seus problemas familiares a afetam e a suas reflexões sobre a morte. Acha que os médicos, as enfermeiras ou o pessoal do hospital deveriam fazer isso, se o paciente desejasse?

Paciente: – É útil, muito útil.

Doutora: – Quem deveria fazê-lo?

Paciente: – Bem, se se tem sorte de encontrar aquele médico especial... São poucos os que progridem e continuam se interessando por este lado da vida, sabe? Muitos deles se interessam unicamente pelo lado médico do paciente. Dr. M. é muito compreensivo. Já veio me ver duas vezes desde que estou aqui e gostei muito.

Doutora: – Por que há tanta relutância?

Paciente: – É a mesma coisa em outros setores, hoje em dia. Por que não há mais gente fazendo mais coisas que deveriam ser feitas?

Doutora: – Acho que deveríamos parar, não? Há alguma pergunta que gostaria de nos fazer, Sra. C.? De qualquer modo, vamos nos encontrar novamente.

Paciente: – Não. Só espero encontrar mais e mais pessoas e falar com elas destas coisas que carecem de ajuda. Meu filho não é o único. Há muitas pessoas no mundo e a gente procura encontrar quem se interesse pelo caso, de modo que se possa fazer alguma coisa por ele.

A Sra. C. é parecida com a Sra S., uma mulher de meia-idade, cuja morte é evidente no meio de uma vida de responsabilidades, cuidando de muitas pessoas que dependem dela: o sogro de oitenta e um anos, que sofrera um ataque cardíaco recentemente; a mãe com setenta e seis, sofrendo do mal de Parkinson; a filha de doze anos, que ainda precisa da mãe e que pode vir a amadurecer "depressa demais", como a paciente teme; o filho inválido com vinte e dois anos, que vive entrando e saindo de hospitais estaduais, com quem se preocupa e tem receio. Seu pai deixou três crianças pequenas, do casamento anterior, e a paciente fica transtornada tendo de deixar também todos estes dependentes, justo agora, quando mais precisam dela.

É compreensível que todos estes encargos familiares dificultem enormemente uma morte tranqüila, enquanto não forem discutidos estes problemas e encontradas soluções. Se esta paciente não tem oportunidade de partilhar suas preocupações, fica zangada e deprimida. Sua raiva talvez se extravase mais indignando-se contra a equipe hospitalar, que acha que ela pode caminhar até a sala de raio X, que não liga para suas necessidades, que está mais preocupada com que o dia acabe logo do que com uma paciente cansada e fraca, que gosta de ser útil o mais possível – dentro dos limites – e que gosta de manter sua dignidade apesar das circunstâncias desagradáveis.

Descreve melhor talvez a necessidade de pessoas perceptivas e compreensivas e sua influência sobre os que sofrem, e dá exemplo permitindo que os "velhos" fiquem em casa tendo vida ativa o máximo possível, em vez de mandá-los para uma casa de repouso. Inclusive seu filho – cuja presença é quase intolerável, mas que prefere ficar em casa a voltar para o hospital – é autorizado a ficar e participar o mais que puder. Em todo este esforço para cuidar de todos do melhor modo possível, transmite também a ânsia de que a deixem continuar em casa, trabalhando enquanto puder. Mesmo se tiver de ficar na cama, sua presença ali deveria ser tolerada. Este seminário talvez tenha contribuído para que realizasse este seu último pensamento, este seu desejo de encontrar sempre mais pessoas e fazer com que se conheçam as necessidades do doente.

A Sra. C. era uma paciente que desejava participar e, agradecida, aceitava ajuda, em contraposição à Sra. L., que aceitou o convite mas foi incapaz de transmitir seus anseios, a não ser bem mais tarde, pouco antes de sua morte, quando nos pediu para visitá-la.

A Sra. C. continuava a fazer o máximo possível de coisas, até que resolveu a situação de seu filho emocionalmente perturbado. O marido compreensivo e a religião lhe deram alento e forças para suportar as semanas de sofrimento. Seu último desejo, o de não ser vista "feia" no caixão, foi aceito pelo marido que sabia que ela sempre se preocupava muito com os outros. Acho que este medo de aparecer feia também se traduz em suas preocupações, ouvindo os pacientes gritarem alto, "talvez perdendo a dignidade", ou quando teme perder a consciência e diz: "Nunca se sabe quando se entra num estado de inconsciência... como se vai reagir... É importante confiar no médico, que ele fique a seu lado... Dr. E. é ocupado demais, de modo que não se pode conversar muito com ele...".

Não me parece tanto uma preocupação pelos outros, como o medo de perder o controle de si, de cometer um ato indigno quando os problemas familiares a sobrecarregarem e lhe faltarem as forças.

Numa visita seguinte, reconheceu que, às vezes, tinha "vontade de gritar": "Por favor, tomem conta vocês, não posso mais me preocupar com todo mundo." Foi um alívio quando o capelão e a assistente social decidiram intervir para que o psiquiatra estudasse a possibilidade de uma colocação para seu filho doente. Só depois que todos esses assuntos foram devidamente atendidos é que a Sra. C. sentiu-se em paz e deixou de se preocupar com sua aparência no caixão. A imagem "parecer tão horrível" deu lugar a um quadro de paz, repouso e dignidade que coincidiram com sua decatexia e aceitação final.

A entrevista da Sra. L. falará por si mesma. Nós a incluímos aqui porque ela é o protótipo da paciente que nos deixa muito frustrados, pois oscila entre a vontade de aceitar ajuda e a negação de qualquer necessidade de ajuda. É importante que não queiramos impor nossos préstimos a tais pacientes, mas que fiquemos à disposição deles, para quando precisarem.

Doutora: – Sra. L., há quanto tempo está no hospital?
Paciente: – Cheguei no dia 6 de agosto.
Doutora: – Não é a primeira vez, é?

Paciente: – Não, não é. Creio que está por perto de vinte vezes.

Doutora: – Quando foi a primeira vez?

Paciente: – Foi quando tive meu primeiro filho, em 1933. Mas em 1955 vim fazer uma cirurgia.

Doutora: – Que cirurgia?

Paciente: – "Adrenalectomia."

Doutora: – Por que fez adrenalectomia?

Paciente: – Porque tinha um tumor maligno na base da coluna.

Doutora: – Em 1955?

Paciente: – Sim.

Doutora: – Quer dizer que já faz onze anos que tem esse tumor?

Paciente: – Não. Faz mais de onze. Fiz ablação de uma mama em 1951. Em 1954 fiz da outra; em 1955 fiz a adrenalectomia e ablação dos ovários.

Doutora: – Quantos anos a senhora tem agora?

Paciente: – Cinqüenta e quatro, quase cinqüenta e cinco.

Doutora: – Cinqüenta e quatro. Quer dizer que está doente desde 1951, pelo que a senhora sabe.

Paciente: – Correto.

Doutora: – Pode nos contar como é que tudo começou?

Paciente: – Foi no dia de uma pequena reunião de família em 1951, quando recebíamos todos os parentes de meu marido, que moravam fora da cidade. Subi para tomar um banho e notei um caroço no alto da mama. Chamei minha cunhada e perguntei se deveria ser alguma coisa para se preocupar. "É, telefone para um médico e marque uma consulta", disse ela. Isto foi numa sexta-feira. Na terça-feira seguinte fui ao médico e já na quarta fui tirar radiografias no hospital. Foi quando me disseram que era maligno. No começo da semana seguinte, fizeram a ablação de uma mama.

Doutora: – Como recebeu a notícia? Quantos anos tinha, mais ou menos?

Paciente: – Mais ou menos trinta... bem, perto dos quarenta anos. Não sei por que, mas todos pensavam que ia ficar desesperada. Não entendiam minha calma. De fato, levei até na gozação. Minha cunhada brigou comigo quando descobri o caroço e disse que era maligno. Encarei o fato tranqüilamente, mas foi pior com meu filho mais velho.

Doutora: – Qual a idade dele?

Paciente: – Tinha quase dezessete anos. Ficou em casa até depois de eu ser operada. Então, se alistou no exército porque temia que eu ficasse o tempo todo acamada, ou que acontecesse alguma coisa. Fora disso, nada me perturbou. A única coisa que me incomodava eram os tratamentos radioterápicos a que tive de me submeter depois.

Doutora: – Que idade tinham as outras crianças? Parece que havia mais...

Paciente: – Tenho outro filho, com vinte e oito anos.

Doutora: – Agora?

Paciente: – Agora. Na ocasião, estava no curso primário.

Doutora: – Quer dizer que tem dois filhos?

Paciente: – Dois rapazes.

Doutora: – Seu filho estava realmente com medo de que a senhora morresse?

Paciente: – Acho que sim.

Doutora: – E por isso partiu.

Paciente: – Partiu.

Doutora: – Como ele encarou o fato, mais tarde?

Paciente: – Brincando com ele, digo que sofre de "hospitalfobia", pois não consegue vir ao hospital e me ver de cama. Na única vez que esteve aqui, eu estava tomando uma transfusão de sangue. De vez em quando, seu pai pedia para levar para casa alguma coisa ou, então, trazer-me algo pesado demais para ele carregar.

Doutora: – Como lhe disseram que tinha câncer?

Paciente: – Muito bruscamente.

Doutora: – Foi melhor assim, ou não?

Paciente: – Não me incomodei. Não sei como outros receberiam a notícia, mas eu viria a saber logo, esta é a minha versão. Acho que a suscetibilidade aumenta quando notamos que todos começam a dispensar uma atenção exagerada, e logo imaginamos que há algo de errado. É o que eu acho.

Doutora: – De qualquer forma, a senhora suspeitaria.

Paciente: – Creio que sim.

Doutora: – Isso foi em 1951, e agora estamos em 1966. Nesse período, a senhora esteve hospitalizada por vinte vezes mais ou menos.

Paciente: – Diria que sim.

Doutora: – O que a senhora acha que pode nos ensinar?

Paciente: – (Risos.) Não sei, ainda tenho muito que aprender.

Doutora: – Quais as suas condições físicas agora? Vejo que está usando um colete ortopédico. Tem problemas de coluna?

Paciente: – Sim. Tive uma fusão de vértebra em junho passado, no dia 15, e me disseram que devo usar colete permanentemente. Agora mesmo, estou tendo problemas com a perna direita. Mas, com a ajuda dos bons médicos aqui do hospital... Bem, eles vão encontrar a solução para mim também. Sentia uma dormência. Deixei de exercitar a perna e tinha a sensação de um formigamento. Ontem desapareceu tudo. Agora, posso mover a perna livremente, e sinto voltar ao normal.

Doutora: – Teve alguma recidiva do tumor maligno?

Paciente: – Não, não tive. Disseram-me que não era para me preocupar, pois agora está sob controle.

Doutora: – Quanto tempo faz que está assim?

Paciente: – Acho que desde a adrenalectomia. É claro que não sei muito. Se os médicos me dizem que as notícias são boas, acredito.

Doutora: – A senhora gosta de ouvir isso.

Paciente: – Toda vez que saio por essa porta, digo para meu marido que é a última vez que venho para o hospital, que não volto mais. Quando saí no último dia 7 de maio, foi ele que disse. Mas não durou muito. Voltei no dia 6 de agosto.

Doutora: – A senhora tem um rosto sorridente, mas no fundo há muito pesar e tristeza.

Paciente: – Acho que, às vezes, a gente fica desse jeito.

Doutora: – Como a senhora encara os fatos, tendo um câncer, tendo sido hospitalizada por vinte vezes, tendo amputado ambas as mamas e feito a ablação das suprarenais?

Paciente: – E as fusões de vértebras...

Doutora: – Fusões de vértebras, como encara tudo isso? Onde adquire forças, o que a preocupa?

Paciente: – Não sei, acho que é a fé em Deus e a ajuda dos médicos.

Doutora: – Qual delas vem em primeiro lugar?

Paciente: – Deus.

Capelão: – Falamos sobre isso antes e, embora tenha esta fé que a sustenta, há momentos em que se sente infeliz.

Paciente: – Ah, sim.

Capelão: – É algo difícil de se evitar, os momentos de depressão...

Paciente: – É. Sinto mais depressão quando fico sozinha durante alguma tempo. Começo a pensar no passado, embora ache que não adianta ficar deitada pensando nisso. Tudo ficou para trás. Deveria pensar mais no futuro. Quando vim pela primeira vez, sabendo que seria operada de câncer, deixei os dois meninos em casa, mas rezei para que me salvassem, só para eu poder criá-los.

Doutora: – Agora estão grandes, não? Portanto, deu certo. (Paciente chorando.)

Paciente: – É tudo o que eu preciso... desculpe-me, preciso chorar um pouco.

Doutora: – Está bem. Gostaria de saber por que falou em evitar a depressão. Por que deveria evitá-la?

Capelão: – Bem, usei uma palavra inadequada. Sra. L. e eu conversamos bastante sobre como encarar a depressão. Realmente, não se trata de evitar. É para ser enfrentada e dominada.

Paciente: – Às vezes, não posso evitar chorar. Sinto muito...

Doutora: – Não se preocupe, vá em frente.

Paciente: – É mesmo?

Doutora: – É, acho que evitar só dificulta as coisas, não?

Paciente: – Não acho, sabe? Penso que a gente se sente pior quando se entrega, esse é o meu ponto de vista. Qualquer um que esteja na minha situação esse tempo todo deveria agradecer pelo que já teve no passado. Tantas coisas que outros não tiveram a oportunidade de ter...

Doutora: – Estaria se referindo ao "tempo extra"?

Paciente: – Sim, por uma razão. Já testemunhei essa experiência em minha própria família, nos últimos meses. Sinto que tive muita sorte por estas coisas não terem acontecido comigo.

Capelão: – Refere-se à experiência do seu cunhado?

Paciente: – Sim.

Capelão: – Ele morreu aqui.

Paciente: – Foi, no dia 5 de maio.

Doutora: – Que experiência foi essa?

Paciente: – Bem, ele não ficou doente por muito tempo, e não teve a chance de durar tanto quanto eu. Não posso dizer que fosse velho. Tinha uma doença que, se tivesse sido cuidada desde o início... Acho que foi pura negligência da parte dele, mas não durou muito.

Doutora: – Quantos anos ele tinha?

Paciente: – Sessenta e três.

Doutora: – O que ele tinha?

Paciente: – Câncer.

Doutora: – Ele não ligou muito, ou o que aconteceu?

Paciente: – Fazia seis meses que estava doente e todos lhe diziam que ele deveria procurar um médico, ir a algum lugar, cuidar-se, enfim. Não ligou até que não pôde mais cuidar de si. Então, decidiu vir aqui e pedir auxílio. Ele e a esposa ficaram transtornardos porque não iriam conseguir salvar a vida dele, como salvaram a minha. Como disse, ele esperou até não poder ficar mais de pé.

Doutora: – Esse "tempo extra" é um tipo especial de tempo? Diferente dos outros?

Paciente: – Não, não posso dizer que seja diferente. Não posso dizer isso, porque sinto que minha vida é tão normal quanto a da senhora e a do capelão. Não sinto que esteja fazendo uso de um tempo "emprestado", tampouco que tenha de fazer render mais este tempo que resta. Imagino que meu tempo seja igual ao seu.

Doutora: – Algumas pessoas têm a sensação de que estão vivendo mais intensamente.

Paciente: – Não.

Doutora: – Sabe, isso não é válido para todos, não acha?

Paciente: – Sei que não. Sei que todos temos a hora de ir, e a minha ainda não chegou, é isso.

Doutora: – De algum modo, a senhora pensou ou tentou pensar que está na hora de começar a se preparar para morrer?

Paciente: – Não. Continuo apenas no dia-a-dia, como antes.

Doutora: – Ah, a senhora nem se indaga como é, e o que significa?

Paciente: – Não, nunca pensei nisso.

Doutora: – Acha que se deveria pensar, já que temos que morrer um dia?

Paciente: – Pois é, nunca me passou pela cabeça pensar em me preparar para morrer. Acho que quando chegar a hora, algo dentro de nós nos dirá. Não acho que já esteja pronta. Ainda tenho muito tempo.

Doutora: – É, ninguém sabe.

Paciente: – Não, mas o que quero dizer é que consegui criar os dois meninos. E vou ajudar a criar os netos também.

Doutora: – Tem netos?

Paciente: – Tenho sete.

Doutora: – Então está esperando que cresçam.

Paciente: – Esperando que cresçam e esperando ver meus bisnetos.

Doutora: – Qual o seu maior apoio, quando está no hospital?

Paciente: – Ficaria com os médicos o tempo todo, se pudesse.

Capelão: – Acho que conheço a resposta para isso: a senhora olha sempre para o futuro, para uma meta que deseja alcançar. A senhora repete sempre que tudo o que quer é ir para casa e fazer as coisas.

Paciente: – Está certo. Quero andar novamente e tenho certeza de que vou conseguir, como há muitos anos. É uma determinação.

Doutora: – A que atribui o fato de não esmorecer? De não desistir?

Paciente: – O único que me resta em casa agora é o meu marido, que é mais criança do que todas as crianças juntas. É diabético, teve a vista afetada, de modo que não enxerga muito bem. Temos pensão de invalidez.

Doutora: – O que é que ele pode fazer?

Paciente: – Não pode fazer muito. Sua visão é fraca. Não consegue ver os semáforos na rua. A última vez que estive no hospital, ele estava conversando com a Sra. S., que se sentou na beira da cama e perguntou se ele podia vê-la. Respondeu que sim, mas não nitidamente, pelo que pude concluir que sua vista é fraca. Enxerga as manchetes do jornal, mas precisa de uma lupa para as letras de tamanho médio e não consegue ler as menores.

Doutora: – Quem cuida de quem, em casa?

Paciente: – Bem, fizemos um trato, quando saí do hospital em outubro passado, de que eu seria seus olhos e ele seria os meus pés; esse é o nosso plano.

Doutora: – É muito bom. E como tem funcionado?

Paciente: – Tem funcionado muito bem. Se ele vira alguma coisa na mesa acidentalmente, faço o mesmo de propósito, de modo que não pense que fez aquilo por causa da vista. Se acontece alguma coisa, se ele tropeça, etc., digo que também acontece comigo muitas vezes e com dois bons olhos, para que não fique deprimido por causa disso.

Capelão: – Ele se sente mal algumas vezes?

Paciente: – Às vezes, fica preocupado.

Doutora: – Ele nunca pensou em recorrer a um cão treinado, a algum exercício para se locomover melhor, ou qualquer outra coisa?

Paciente: – Temos uma arrumadeira que faz parte do Exército da Salvação. Ela disse que iria ver o que poderia fazer para ajudá-lo.

Doutora: – A "Casa dos Cegos" pode avaliar as necessidades dele e treiná-lo para melhor se movimentar, ou até dar uma bengala, se necessário.

Paciente: – Isso seria ótimo.

Doutora: – Parece que em casa vocês são "unha e carne", cada um fazendo o que o outro não pode fazer. Portanto, quando a senhora está no hospital, deve ficar bastante preocupada com ele, pensando como estará se arranjando.

Paciente: – É verdade, fico sim.

Doutora: – Como ele está se saindo?

Paciente: – Meus filhos o levam para jantar. Três vezes por semana, vem a arrumadeira para limpar a casa e passar a roupa, que ele lava. Procuro não desencorajá-lo em nada do que tem feito. Noto que falha em muitas coisas, mas digo que está bom, que continue fazendo, e deixo que ele se encarregue das coisas.

Doutora: – É como se o incentivasse continuamente para fazê-lo sentir-se bem.

Paciente: – É o que tento fazer.

Doutora: – Age assim também consigo?

Paciente: – Não costumo me queixar de meu estado. Quando ele me pergunta como estou, digo sempre que me sinto ótima, até chegar ao ponto em que sou obrigada a dizer que tenho de voltar para o hospital e, então, marcam nova internação. Só aí ele fica sabendo.

Doutora: – Por quê? Ele já lhe pediu para fazer isso antes?

Paciente: – Não, fiz por mim mesma. Tive uma amiga que pôs na cabeça que estava muito doente. Acabou numa cadeira de rodas. Desde então, decidi que só reclamaria quando estivesse realmente mal. Foi uma lição que aprendi com ela, que passou por todos os médicos da cidade tentando convencê-los de que tinha esclerose múltipla. Os médicos não conseguiam achar nada de errado nela. Hoje está numa cadeira de rodas, sem poder andar. Se está realmente doente, não sei, mas já faz uns dezessete anos que vive assim.

Doutora: – Mas esse é o outro extremo.

Paciente: – É, mas me refiro ao fato de ela se queixar continuamente... Tenho uma cunhada que reclama até das unhas quando tem de depilar as pernas. Não suporto esse queixume constante das duas. É por isso que decidi só me queixar quando não agüentar mais.

Doutora: – Havia alguém como a senhora na sua família? Seus pais eram assim corajosos?

Paciente: – Minha mãe morreu em 1949 e ela só soube duas vezes que estava realmente doente. A última vez foi quando teve leucemia e morreu. De meu pai, não me lembro muito. Sei apenas que teve gripe durante a epidemia de 1918, vindo a falecer. Portanto, não posso dizer muita coisa sobre ele.

Doutora: – Então, queixar-se está em relação direta com morrer, porque ambos só se queixaram ao morrer.

Paciente: – É isso aí, é isso mesmo!

Doutora: – Mas, a senhora sabe, há muitas pessoas que confessam suas dores, seus males e não morrem.

Paciente: – Sei disso. Tenho aquela cunhada, que o capelão também conhece.

Capelão: – Outro aspecto sobre a hospitalização da Sra. L. é que ela é freqüentemente admirada pelos outros pacientes. Por isso, sente-se como uma consoladora dos outros.

Paciente: – Não sei...

Capelão: – Às vezes, me pergunto se a senhora não gostaria de ter alguém com quem conversar, que pudesse confortá-la, em vez de ser sempre um apoio para os outros.

Paciente: – Não acho que preciso de consolo, capelão. Não quero piedade para nada, porque não acho que deveriam ter pena de mim. Sinto que não existe nada tão ruim que justifique a pena. A única coisa que me causa dó são os médicos pouco experientes que tenho.

Doutora: – Dó deles? Não deveria sentir dó deles porque eles também não querem que tenham dó deles, querem?

Paciente: – Sei que não, mas, puxa!, quando eles entram nos quartos, só ouvem lamentações e queixas dos outros! Aposto que gostariam realmente era de fugir para algum lugar. As enfermeiras também.

Doutora: – Às vezes, fogem.

Paciente: – Pois bem, não os culpo por isso.

Doutora: – A senhora diz que coopera com eles. Alguma vez deixou de dar alguma informação para não ter de procurá-los?

Paciente: – Não, não. Digo a eles exatamente o que sinto, pois é o único meio de eles poderem executar seu trabalho. Como é que podem curar alguém se não se conta o que anda errado?

Doutora: – Tem algumas sensações de mal-estar físico?

Paciente: – Sinto-me maravilhosamente bem, mas é claro que gostaria de poder fazer tudo o que quero.

Doutora: – O que gostaria de fazer?

Paciente: – Levantar e ir direto para casa, a pé!

Doutora: – E o que mais?

Paciente: – Bem, não sei o que faria quando chegasse lá. Provavelmente iria para a cama. (Risadas.) Mas sinto-me muito bem. No momento, não sinto nenhuma dor e nenhum mal-estar.

Doutora: – Está assim desde ontem?

Paciente: – Tive aquela sensação de formigamento nas pernas até ontem, mas desapareceu. Não incomodava muito, mas fiquei um pouco preocupada em casa porque, nas duas últimas semanas, não podia caminhar tão bem como antes. Sei que tentava ir em frente. É provável que eu não chegasse ao ponto onde cheguei, se não tivesse pedido e aceitado ajuda logo no início. Mas sempre penso que no dia seguinte vai ser melhor.

Doutora: – Então, espera um pouco e torce para que o mal desapareça.

Paciente: – Fico esperando para ver até onde dá; quando não agüento mais, chamo.

Doutora: – É forçada a encarar o problema.

Paciente: – Sou forçada a encarar os fatos.

Doutora: – Como vai ser quando estiver no fim de seus dias? Vai continuar agindo da mesma maneira?

Paciente: – Esperarei até chegar esse dia. Assim pretendo. Cuidei de minha mãe antes de ela ser hospitalizada, vi que aceitou como veio.

Doutora: – Ela sabia?

Paciente: – Não sabia que tinha leucemia.

Doutora: – Não?

Paciente: – Os médicos me recomendaram que não lhe contasse.

Doutora: – O que acha disso? Tem alguma opinião formada?

Paciente: – Não gostava que ela não soubesse, porque contava aos médicos coisas não relacionadas com sua doença, sem colaborar com eles. Por exemplo, dizia que sentia dores na vesícula e eles tratavam da vesícula, passando uma medicação que não faria bem nas condições dela.

Doutora: – Por que acha que eles não disseram nada a ela?

Paciente: – Não sei, não tenho a mínima idéia. Perguntei ao médico, quando ele me contou, o que aconteceria se ela soubesse e ele me respondeu que não deveria saber.

Doutora: – Quantos anos a senhora tinha, na ocasião?

Paciente: – Já estava casada. Devia ter mais ou menos trinta e sete anos.

Doutora: – Mas a senhora fez o que o médico mandou.

Paciente: – Fiz o que o médico mandou.

Doutora: – De modo que ela morreu realmente sem saber e sem falar nesse assunto.

Paciente: – Exatamente.

Doutora: – Então é muito difícil saber como ela encarava o fato.

Paciente: – Isso mesmo.

Doutora: – Na sua opinião, o que é mais fácil para um paciente?

Paciente: – Acho que isso é muito pessoal. Quanto a mim, estou satisfeita em saber o que tenho.

Doutora: – Ah! E seu pai...

Paciente: – Meu pai sabia o que tinha; ele estava com gripe espanhola. Já vi diversos pacientes que não sabiam o que tinham. O capelão conhece a última. Ela estava a par, mas não sabia que iria morrer. Era a Sra. J. Ela travava uma verdadeira batalha e estava certa de que iria para casa com o marido. Sua família escondeu a gravidade de seu estado e ela não suspeitou de nada o tempo todo. Talvez essa forma de desenlace tenha sido o melhor para ela. Não sei. Acho que depende da pessoa. Os médicos deveriam saber a melhor forma de lidar com isso. Acho que eles podem julgar melhor uma pessoa quanto ao fato de receber essa notícia.

Doutora: – Quer dizer que eles também agem num plano individual?

Paciente: – Acho que sim.

Doutora: – Mas não se pode generalizar. Concordamos que não podemos fazer isso. O que estamos tentando fazer aqui é justamente isso, olhar para cada indivíduo, na tentativa de aprender como ajudar este determinado indivíduo. Acho que a senhora é o tipo de pessoa tenaz, que faria o humanamente impossível até o último dia.

Paciente: – E vou fazer.

Doutora: – E, então, quando tiver de enfrentar, vai enfrentar. Sua fé tem contribuído muito para que continue sorrindo, apesar de tudo.

Paciente: – Espero que sim.

Doutora: – Qual é a sua igreja?

Paciente: – Luterana.

Doutora: – O que mais a ajuda na religião?

Paciente: – Não sei, não posso falar com precisão. Senti muito consolo conversando com o capelão, e cheguei até a pedir uma ligação para falar com ele.

Doutora: – O que é que a senhora faz quando se sente realmente triste, solitária, sem ninguém a seu lado?

Paciente: – Também não sei. Qualquer coisa que me venha à cabeça.

Doutora: – Por exemplo?

Paciente: – Alguns meses atrás, liguei o televisor num *show* beneficente e fiquei indiferente. Só isso. Concentrarme em outra coisa qualquer, chamar minha nora para conversar com ela e as crianças...

Doutora: – Ao telefone?

Paciente: – Sim, e procuro estar sempre ocupada.

Doutora: – Fazendo coisas?

Paciente: – Coisas que me façam desligar de mim. Vez por outra, chamo o capelão, só para um pequeno apoio moral. Na realidade, não converso sobre o meu estado com ninguém. Minha nora pensa que quando a chamo é porque estou triste ou deprimida. Então, passa o telefone a uma das crianças ou me conta alguma coisa que elas fizeram, e logo tudo passa.

Doutora: – Admiro sua coragem em vir dar esta entrevista. Sabe por quê?

Paciente: – Não.

Doutora: – Toda semana, temos um paciente com quem fazemos a mesma coisa. Mas estou percebendo agora que a senhora é uma pessoa que não quer realmente tocar nesse assunto, mas sabia que iríamos falar sobre isso. Ainda mais, estava ansiosa para vir.

Paciente: – Pois é, se posso ajudar alguém de algum modo, estou pronta. Como eu disse, sinto-me tão saudável quanto a senhora e o capelão, com relação ao meu estado físico. Não estou doente.

Doutora: – Acho formidável que a Sra. L. se tenha prontificado a vir aqui. A senhora deseja ser útil, e nos ajudou...

Paciente: – Espero que sim. Se puder ajudar a mais alguém, fico bem satisfeita, mesmo não podendo sair e fazer alguma coisa. Bem, vou ficar por aqui ainda muito tempo. Talvez dê mais algumas entrevistas. (Rindo.)

A Sra. L. aceitou nosso convite para partilhar algumas de suas preocupações. Entretanto, revelou uma estranha discrepância entre enfrentar sua doença e negá-la. Só conseguimos entender um pouco desta dicotomia depois desta entrevista. Prontificou-se em vir ao seminário, não porque quisesse falar sobre a doença ou a morte, mas para ser de alguma utilidade enquanto estava presa ao leito, impedida de sair. "Enquanto puder fazer as coisas, viverei", disse ela a certa altura. Consola outros pacientes, mas se ressente realmente de não poder se encostar nos ombros de alguém. Chama o capelão para uma confissão particular e confidencial, quase secreta, mas, na entrevista, só admite superficialmente sentimentos de depressão ocasional e necessidade de conversar. Ela termina a entrevista dizendo que é tão saudável quanto nós, o que significa: "Já levantei um pouco o véu, agora vou cobrir o rosto de novo."

Ficou evidente nesta entrevista que "queixar-se" era sinônimo de "morrer". Seus pais jamais se queixaram e só admitiram que estavam doentes pouco antes de morrer. A Sra. L. tem de fazer as coisas e se manter ocupada, se quiser viver. Tem de ser os olhos de seu marido, que enxerga pouco, e ajudá-lo a negar a perda gradual de sua visão. Quando ele faz algo errado por causa de sua visão limitada, logo ela provoca um acidente semelhante para demonstrar que o que aconteceu nada tem a ver com a doença dele. Quando está deprimida, tem vontade de conversar com alguém, mas não de se queixar: "Pessoas que se lastimam ficam numa cadeira de rodas durante dezessete anos!"

É compreensível que uma doença progressiva, com todas as suas implicações, seja difícil de suportar quando um paciente está convicto de que o fato de se lamentar acarreta, necessariamente, ficar permanentemente paralítico, ou morrer.

Os parentes desta paciente a ajudavam deixando que telefonasse e conversasse sobre "outras coisas", trazendo um televisor para o quarto para que se distraísse, ou estimulando-a, mais tarde, para que fizesse trabalhos de artesanato, dando-lhe a sensação de que "ainda trabalhava". Quando são destacados os aspectos pedagógicos de uma entrevista como esta, uma paciente como a Sra. L. pode comunicar muitas mágoas sem sentir que será tachada de lamurienta.

XI. Reações ao seminário sobre a morte e o morrer

A tempestade da noite passada coroou com uma paz dourada esta manhã.

Tagore
Pássaros errantes, CCXCIII

Reações da equipe hospitalar

Como foi dito anteriormente, o pessoal da equipe hospitalar reagiu tenazmente ao nosso seminário, às vezes até com demonstrações públicas de hostilidade. No começo, era quase impossível à equipe de atendimento consentir em entrevistar um dos pacientes. Os residentes eram mais difíceis de abordar do que os internos, e estes eram mais resistentes do que os externos ou os estudantes de medicina. Parecia que, quanto maior a experiência do médico, menor era a vontade de aceitar este tipo de trabalho. Outros autores já estudaram a atitude do médico perante a morte e o paciente moribundo. Não aprofundamos as razões particulares desta resistência, mas as percebemos muitas vezes.

Notamos também mudança na atitude, quando o seminário se impunha e o médico responsável ouvia as opiniões dos colegas e de alguns pacientes que tomavam parte. Os estudantes e os capelães do hospital contribuíram enormemente para que a equipe se familiarizasse cada vez mais com nosso trabalho, mas destacamos as enfermeiras que foram, talvez, as assistentes mais prestativas.

Pode não ser coincidência, mas Cicely Saunders, uma das médicas mais conhecidas pelo seu absoluto cuidado em tratar os doentes moribundos, começou como enfermeira. Hoje, é a médica que cuida dos pacientes em fase terminal de uma organização hospitalar criada especialmente para eles. Ela confirmou que a maioria dos pacientes está a par de sua morte próxima, quer tenham sido informados, quer não. Não tem receio de discutir este assunto com eles e, como não há necessidade de negação, é pouco provável que o encontre em seus pacientes. Se não querem falar sobre isso, ela certamente respeita as reticências deles. Diz ser importante o médico se sentar e ouvir. É quando a maioria dos pacientes aproveita a oportunidade (é mais freqüente do que se imagina!) para contar que já sabiam do que estava acontecendo, quase desaparecendo, no final, os sentimentos de medo e rancor. "O mais importante ainda" – diz ela – "é que a equipe que escolheu este tipo de trabalho deveria ter meditado profundamente sobre ele e encontrado satisfação num campo que não o das atividades e objetivos do hospital. Se eles próprios acreditam e gostam de fato deste trabalho, ajudarão ao paciente mais com atos do que com palavras."

Hinton ficou igualmente impressionado com a profundidade, a consciência e a coragem que os pacientes em fase terminal demonstraram diante da morte, recebida quase sempre com tranqüilidade. Escolhi estes dois exemplos por achar que eles tanto refletem a atitude dos autores como falam das reações de seus pacientes.

Em nossa equipe, encontramos dois subgrupos de médicos capazes de ouvir e conversar calmamente sobre o câncer, a morte iminente ou o diagnóstico de uma doença considerada fatal. Eram os mais jovens na profissão médica, que já tinham sofrido pela morte de um ente querido e superado esta perda, ou já haviam freqüentado o seminário por vários meses; o outro subgrupo era formado por médicos mais velhos, da geração passada, crescidos num ambiente que não usava tantos mecanismos de defesa nem tantos eufemismos, e enfentavam a morte como uma realidade; havia ainda médicos treinados para cuidar dos pacientes em fase terminal. Tinham sido treinados na velha escola do humanitarismo e eram agora médicos de renome no mundo mais científico da medicina. São os médicos que falam a seus pacientes sobre a gravidade de suas doenças sem lhes tirar toda a esperança. Estes médicos têm sido úteis e prestativos tanto para seus pacientes quanto para o nosso seminário. Tivemos pouco contato com eles, pois constituem uma exceção, seus pacientes são bem tratados, e é raro que requeiram nossa atenção.

Aproximadamente nove entre dez médicos reagiram com má vontade, com implicância, com demonstrações públicas ou veladas de hostilidade, quando pedíamos permissão para conversar com um de seus pacientes. Enquanto uns se valiam da precária saúde física ou emocional do paciente para justificar sua relutância, outros negavam friamente ter pacientes em fase terminal sob seus cuidados. Alguns se zangavam quando seus pacientes queriam conversar conosco, refletindo quase a inabilidade deles para lidar com seus doentes. Eram poucos os que recusavam secamente, mas a grande maioria considerava estar fazendo um favor especial ao autorizar finalmente uma entrevista. A situação foi mudando aos poucos e chegaram até a pedir que fôssemos visitar alguns de seus pacientes.

A Sra. P. é um exemplo da agitação que um seminário deste pode causar entre os médicos. Estava muito transtornada devido aos vários aspectos de sua hospitalização. Sentia uma grande necessidade de expressar suas ansiedades e tentava desesperadamente descobrir quem era o seu médico. Acontece que ela havia sido internada em fins de junho, justamente quando se faz um rodízio geral na equipe. Mal conhecia um grupo, logo este era substituído por outro grupo de médicos jovens. Um dos recém-chegados, que já havia participado do seminário, notou seu desalento, mas não podia lhe dispensar atenção porque estava atarefado, tentando conhecer seus novos supervisores, sua nova ala e suas novas obrigações. Quando o abordei com o pedido para entrevistar a Sra. P., ele logo consentiu. Algumas horas depois do seminário, seu novo supervisor, um residente, encostou-me na parede de um corredor movimentado e me repreendeu em altos brados por ter visitado aquela senhora e ainda acrescentou: "É o quarto paciente nesta ala que a senhora tira de meus cuidados." Não sentiu o mínimo embaraço em se queixar alto e bom som na frente de visitantes e pacientes; nem se preocupou por se dirigir com tamanho desrespeito a um membro superior da faculdade. Estava bastante preocupado com as conseqüências e zangado com o fato de que outros membros de sua equipe dessem logo permissão, sem antes consultá-lo.

Não compreendia por que tantos pacientes seus tinham dificuldades em aceitar a doença, nem entendia por que sua equipe evitava perguntar-lhe as coisas, nem compreendia por que era impossível que os pacientes falassem de suas preocupações. Mais tarde, o mesmo médico disse aos internos que, dali para a frente, estavam proibidos de conversar com os pacientes sobre a gravidade de suas doenças, e de deixar que estes conversassem conosco. Na mesma ocasião, falou do respeito e da admiração que tinha pelo seminário e pelo trabalho que fazíamos junto aos doentes em fase terminal, mas não queria tomar parte, nem ele nem seus pacientes, entre os quais havia muitos com doenças incuráveis.

Outro médico me telefonou no momento em que eu entrava no consultório, após uma entrevista particularmente comovente. Havia uma meia dúzia de sacerdotes e supervisores de enfermagem no consultório, quando uma voz estridente vociferou ao telefone coisas assim: "Como tem a ousadia de falar com a Sra. K. sobre a morte quando ela nem sabe do grau de sua doença e ainda tem chance de voltar para casa?" Quando finalmente recuperei o equilíbrio, expliquei-lhe o porquê da entrevista, dizendo, sobretudo, que esta senhora pedira para conversar com alguém não envolvido diretamente com o seu tratamento. Queria participar a alguém do hospital que sabia que seus dias estavam contados, mas não se achava preparada para aceitar isso plenamente. Fez-nos prometer que seu médico (o que estava comigo ao telefone!) lhe daria um sinal quando seu fim estivesse próximo, não escondendo o fato até que fosse tarde demais. Depositava inteira confiança nele, mas ficava sem jeito de lhe dizer que estava ciente da gravidade de seu estado.

Quando este médico tomou conhecimento do que realmente estávamos fazendo (absolutamente o oposto do que ele supunha!), ficou mais curioso e menos zangado, e concordou finalmente em ouvir a gravação da entrevista com a Sra. K., que nada mais era do que um apelo que ela lhe dirigia.

Não poderá haver melhor lição para os religiosos do que ver aquela interrupção brusca de um médico zangado, que mostrava os efeitos desordenados provocados pelo seminário.

No início de meu trabalho com os pacientes moribundos, observei que o pessoal da equipe hospitalar sentia uma necessidade desesperada de negar que houvesse pacientes em fase terminal sob sua responsabilidade. Certa vez, passei horas em outro hospital procurando um paciente que pudesse ser entrevistado e me disseram no fim que não havia ninguém com doença fatal e em condições de falar. Nas minhas andanças pelos corredores, vi um senhor idoso lendo um jornal com a seguinte manchete: "Velhos soldados nunca morrem!" Parecia gravemente enfermo e lhe perguntei se não se assustava "lendo sobre aquilo". Olhou para mim com raiva e asco, dizendo que eu deveria ser como um daqueles médicos que só sabem cuidar de pacientes que estão bem, mas quando se trata de morrer batem assustados em retirada. Descobri o meu homem! Falei com ele do meu seminário sobre a morte e o morrer* e da mi-

* Costumava realizar estes seminários como uma introdução à psiquiatria, antes de iniciar o trabalho descrito no presente livro.

nha vontade de entrevistar alguém na frente dos estudantes para ensiná-los a não fugirem destes pacientes. Aceitou prontamente e nos deu uma das entrevistas mais inesquecíveis a que pude assistir.

Em geral, os médicos se mostram relutantes em nos acompanhar neste trabalho, e quando aderem é por recomendação dos outros, ou porque já tomaram parte no seminário. Os que participaram têm contribuído muito e, tendo participado uma vez, continuam a vir, aprofundando-se cada vez mais. É preciso coragem e humildade para participar de um seminário, freqüentado por enfermeiras, estudantes e assistentes sociais com quem trabalham normalmente, expondo-se talvez a ouvir uma opinião franca quanto ao papel que desempenham na realidade ou na fantasia de seus pacientes. Naturalmente, aqueles que têm medo de saber como os outros os vêem relutarão em comparecer a este tipo de reunião, pois tocamos em assuntos tidos como tabu, não comentados publicamente nem com os pacientes, nem com a equipe hospitalar. Os que vieram aos seminários ficaram sempre admirados com o que puderam aprender com os pacientes, com as opiniões e observações dos outros, acabando por achar que constituem uma ótima ocasião de aprendizado, trazendo compreensão e coragem para prosseguirem no trabalho.

Com os médicos, o primeiro passo é sempre o mais difícil. Quando abrem as portas e constatam o que realmente estamos fazendo (em vez de especular sobre o que poderíamos estar fazendo), ou participam de um seminário, então é quase certo que vão em frente. Fizemos mais de duzentas entrevistas num período de quase três anos. Durante esse tempo, recebemos médicos de todas as partes do mundo e dos quatro cantos dos Estados Unidos, que participavam dos seminários ao passar por Chicago, mas só dois membros do corpo docente da faculdade de nossa universidade nos honraram com a sua presença. Acho que é mais fácil falar da morte e do morrer quando se trata de pacientes que não são seus e observá-los como espectadores e não como participantes ativos do drama.

A equipe de enfermagem era mais dividida em suas reações. No começo, fomos recebidos com a mesma indiferença e quase sempre com observações mordazes. Algumas enfermeiras se referiam a nós como a urubus e deixavam bem claro que não tinha cabimento nossa presença naquela ala. Entretanto, havia outras que nos acolhiam com alívio e satisfação. Por inúmeros motivos. Guardavam mágoa de certos médicos pela maneira como comunicavam a seus pacientes a gravidade da doença. Zangavam-se com eles porque contornavam o problema e deixavam os pacientes completamente alheios durante as visitas. Ficavam com raiva por causa do despropósito de testes que pediam, para não ter de perder tempo com aqueles doentes. Sentiam-se impotentes diante da morte e, quando percebiam que os médicos tinham esses mesmos sentimentos, aumentava mais ainda o rancor. Jogavam a culpa neles por não quererem reconhecer que nada mais podia ser feito por determinado paciente, embora continuassem solicitando testes, só para mostrar que estava sendo feita alguma coisa. Preocupavam-se com o desconforto e a falta de organização que atingiam os familiares destes pacientes e, naturalmente, sentiam mais dificuldade em evitá-los do que os médicos. Sua empatia e envolvimento com os pacientes tornavam-se maiores, mas também aumentavam suas frustrações e limitações.

Muitas enfermeiras percebiam uma grande falta de treinamento nesta área e sabiam muito pouco sobre o seu papel diante dessas crises. Reconheciam seus conflitos com mais facilidade do que os médicos, e se esforçavam ao máximo para freqüentar mesmo que fosse uma parte do seminário, enquanto outras colegas cuidavam da ala. O comportamento delas mudou muito mais rápido do que o dos médicos e, nos debates, abriam-se sem reserva, quando descobriam que a franqueza e a honestidade valiam mais do que as palavras amáveis, socialmente esperadas, referentes à sua atitude perante os pacientes, os familiares ou os membros da equipe de tratamento. Quando um dos médicos confessou que uma paciente o comovera quase até as lágrimas, as enfermeiras admitiram logo que evitavam também entrar no quarto dela para não deparar com o quadro do filhinho no berço.

Eram capazes de externar com facilidade suas reais preocupações, seus conflitos e mecanismos de defesa quando suas afirmações serviam mais para esclarecer determinada situação conflitante do que para julgá-las. Sentiam-se igualmente livres para apoiar um médico que tivera a coragem de ouvir a opinião de um paciente sobre ele e logo aprenderam a reconhecer quando um médico ou mesmo elas se colocavam na defensiva.

Havia uma ala no hospital onde parecia que os pacientes em fase terminal ficavam sozinhos a maior parte do tempo. A supervisora de enfermagem marcou uma reunião com suas colaboradoras para esclarecer problemas específicos. Reunimo-nos numa pequena sala de conferências e foi perguntado a cada enfermeira qual seria o seu papel diante de um paciente em fase terminal. Uma enfermeira mais velha quebrou o gelo, deixando transparecer seu desaponto pela "perda de tempo com estes pacientes". Observou que a falta de enfermeiras era uma realidade e que era "um verdadeiro absurdo perder tempo precioso com quem não pode mais receber ajuda".

Outra, mais jovem, acrescentou que sempre se sentia muito mal quando "estas pessoas morrem nos meus braços". Outra ficava especialmente aborrecida quando "estes pacientes morrem nos meus braços, na presença de outros membros da família" ou quando "acabo de ajeitar os travesseiros". No meio de doze enfermeiras, só uma achava que os moribundos também precisavam dos cuidados delas e, mesmo que não pudessem fazer muito, podiam, pelo menos, proporcionar um certo conforto físico. A reunião inteira foi uma expressão corajosa da aversão por este tipo de trabalho misturada a um sentimento de raiva, como se estes pacientes estivessem cometendo uma indignidade contra elas, morrendo em seus braços.

Estas enfermeiras conseguiram entender as razões de seus sentimentos e, agora, talvez possam ver em seus doentes em fase terminal seres humanos que sofrem e necessitam mais dos cuidados e atenções do que os colegas de quarto em melhor estado de saúde.

Esta atitude foi mudando aos poucos. Muitas assumiram o papel que costumávamos ter no seminário. Agora, muitas respondem sem embaraço às perguntas que os pacientes lhes fazem sobre o futuro deles. Já não têm grandes receios em passar o tempo com um paciente em fase terminal e não hesitam em vir ter conosco e discutir sobre seus problemas com uma pessoa particularmente difícil ou sobre as dificuldades de relacionamento. Às vezes, vêm junto com parentes ou vão com eles até a sala do capelão; outras vezes, organizam encontros de enfermeiras para debater aspectos diversos do cuidado geral com o paciente. Elas têm sido estudantes e, ao mesmo tempo, professoras para nós, tendo contribuído muito com o nosso seminário. Deve ser dado o maior crédito à equipe de administradores e supervisores, que apoiou o seminário desde o princípio e até providenciou a substituição de elementos naqueles setores que participavam das entrevistas e das discussões.

As assistentes sociais, os terapeutas ocupacionais, os terapeutas de inalação, embora em número menor, deram igualmente sua contribuição, fazendo do seminário um verdadeiro laboratório interdisciplinar. Surgiram voluntários que visitavam os pacientes fazendo as vezes de leitores junto àqueles que nem conseguiam abrir um livro. Os terapeutas ocupacionais ajudaram muitos pacientes com pequenos trabalhos artesanais, como uma maneira de mostrar que eles ainda podem fazer alguma coisa. De toda a equipe envolvida neste projeto, foram as assistentes sociais as que demonstraram uma leve apreensão em lidar com crises. Talvez seja porque a assistente social está tão empenhada em tomar conta dos vivos que, na realidade, não tem nada a ver com os que estão morrendo. Em geral, preocupa-se mais com o cuidado às crianças, ou com o aspecto financeiro deste cuidado ou, talvez, com casas de repouso e, por fim, mas não menos importante, com os conflitos dos parentes. Assim sendo, a morte pode ser menos ameaçadora para ela do que para os membros das profissões auxiliares, que lidam diretamente com o paciente em fase terminal, cujo cuidado termina quando ele morre.

Um livro sobre o estudo interdisciplinar do cuidado com os doentes em fase terminal não estaria completo sem uma palavra sobre o desempenho do capelão do hospital. Freqüentemente, é o único que é chamado quando um paciente está em crise, quando está morrendo, quando a família reluta em aceitar a notícia, ou quando a equipe de tratamento o elege como mediador. Durante o primeiro ano desenvolvi este trabalho sem a assistência de religiosos. Mas a presença deles mudou muito o seminário. O primeiro ano foi incrivelmente difícil, por várias razões. Nem meu trabalho nem eu éramos conhecidos e, assim, encontramos muita resistência e relutância – compreensíveis, aliás –, além das dificuldades inerentes a essa empreitada. Não tinha recursos, nem conhecia bem a equipe para saber de quem me aproximar e a quem evitar. Foram necessárias centenas de quilômetros de caminhada pelo hospital e, entre erros e tentativas, descobri de forma bastante difícil quem era acessível e quem não era. Se não fosse pela surpreendente adesão dos pacientes, teria desistido há muito tempo.

No fim de uma busca infrutífera, fui parar uma noite na sala do capelão, exausta, frustrada e em busca de ajuda. Ele me confiou, então, os problemas que já tinha tido com esses pacientes, suas próprias frustrações e sua necessidade de ajuda. Daí para a frente, juntamos nossas forças. O capelão dispunha de uma lista de pacientes desenganados; fez um contato prévio com muitos pacientes gravemente enfermos e, assim, a busca terminou, transformando-se numa questão de escolher os mais necessitados.

Entre os muitos capelães, pastores, rabinos e sacerdotes que freqüentaram o seminário, poucos foram os que fugiram do assunto ou demonstraram a hostilidade ou a ira incontida de outros membros das profissões auxiliares. Entretanto, fiquei admirada ao ver o número de clérigos que se conformavam em se servir de um livro de orações ou de um capítulo da Bíblia como único meio de comunicação com os pacientes, deixando de sentir as necessidades deles e se expondo a ouvir perguntas que não seriam capazes de responder ou, talvez, nem quisessem.

Muitos deles já tinham visitado inúmeras pessoas gravemente enfermas, mas foi no seminário que começaram pela primeira vez a tratar de fato da questão da vida e da morte. Preocupavam-se muito em providenciar cerimônias fúnebres, em ver o que fariam antes e depois dos funerais, mas tinham muitas dificuldades em lidar de fato com o moribundo.

Como desculpa para não se comunicar realmente com os pacientes em fase terminal, valiam-se freqüentemente das ordens do médico – "Não contem!" – ou da presença permanente de um membro da família. Foi no decurso de repetidos encontros que começaram a compreender a própria relutância em enfrentar seus conflitos, e por que usavam a Bíblia e se serviam da presença dos parentes e das ordens médicas como desculpa ou racionalização para justificar seu não-envolvimento.

A mudança de atitude mais tocante e que serve de exemplo talvez seja a de um dos nossos estudantes de teologia que freqüentara regularmente as aulas e que parecia profundamente imerso neste trabalho. Uma tarde, ele veio ao meu consultório pedindo uma conversa a sós. Contou-me que ele havia passado uma semana de agonia diante da perspectiva de sua própria morte. Vinha sofrendo de um aumento anormal das glândulas linfáticas e, por isso, foi pedida uma biópsia para constatar a existência ou não de um câncer. Na sessão seguinte do seminário, contou ao grupo como passara os estágios de choque, desânimo e descrença; os dias de raiva, depressão e esperança, alternados por uma grande ansiedade e medo. Comparou suas tentativas para controlar a crise com a dignidade e o orgulho estampados em nossos pacientes. Falou do conforto que era a compreensão de sua esposa e da reação dos filhos que ouviram parte de sua conversa com ela. Conseguiu tocar neste assunto com muita objetividade e fez compreender a diferença entre ser observador e sentir na própria pele.

Este homem jamais usará palavras vazias ao encontrar um paciente em fase terminal. Sua atitude não mudou por causa do seminário, mas porque teve de enfrentar a perspectiva da própria morte justamente quando acabava de aprender a lidar com a morte iminente de quem estava sob seus cuidados.

Aprendemos com o pessoal do hospital que é enorme a resistência a este tipo de tarefa; que a raiva e a hostilidade declaradas são, às vezes, difíceis de serem aceitas, mas são atitudes que podem ser mudadas. À medida que o grupo compreendia as razões de suas defesas e aprendia a vencer os conflitos, analisando-os, aumentava sua contribuição, tanto para o bem-estar do paciente, como para o amadurecimento e a compreensão dos outros participantes. Onde o obstáculo e o medo são grandes, grande é também a necessidade. Talvez seja por essa razão, que o fruto de nosso trabalho tem melhor sabor agora, pois exigiu labuta árdua para cavar o solo e muito cuidado para plantar.

Reações dos estudantes

A maioria dos nossos estudantes entrou no curso sem saber o que esperar exatamente, ou porque ouvira dos outros alguns aspectos que lhe interessavam. Muitos deles achavam que deviam encarar "pacientes reais" antes de assumir a responsabilidade de cuidar deles. Sabiam que as entrevistas seriam conduzidas por trás de um espelho falso, funcionando quase como um processo para "acostumar-se aos poucos", antes de terem de enfrentar concretamente um paciente.

Muitos estudantes (viemos a saber depois, nos debates) se inscreveram devido a algum conflito não resolvido com relação à morte de um ente querido ou ambivalente, enquanto outros vieram porque queriam aprender técnicas de entrevista. Muitos disseram ter vindo para aprender mais sobre os complexos problemas do morrer; entretanto, poucos sabiam realmente o que significava o seminário. Houve um estudante que veio para a primeira entrevista cheio de autoconfiança, mas abandonou a sala antes de a sessão terminar. Muitos estudantes tiveram de fazer esforços redobrados para poder participar tanto da entrevista como do debate, chegando a ficar chocados quando um paciente pedia que a sessão fosse realizada no auditório e não por trás do espelho.

Passavam-se três ou mais sessões para que se sentissem à vontade para discutir diante do grupo suas próprias reações e sentimentos, e muitos iam até tarde da noite nesses debates. Havia um estudante que sempre escolhia um pequeno detalhe da entrevista para provocar discussão no grupo, mas os outros participantes desconfiaram de que essa talvez fosse a forma de ele se esquivar do cerne do assunto, ou seja, a morte iminente do paciente. Outros só conseguiam falar de problemas técnicos, médicos e administrativos, ficando sem graça quando a assistente social falava da agonia de um jovem marido e seus filhos pequenos. Quando uma enfermeira questionou o racionalismo de certos procedimentos e testes, os estudantes de medicina prontamente acharam que ela se referia ao médico orientador, e partiram em sua defesa. Outro estudante de medicina ficava imaginando se reagiria do mesmo modo caso o paciente fosse seu pai e só houvesse ele para dar as ordens. Os estudantes das várias disciplinas logo começaram a perceber que são enormes os problemas que alguns médicos enfrentam e começaram a avaliar melhor tanto o papel do paciente, como os conflitos e responsabilidades dos diferentes membros da unidade de tratamento. Começaram cedo a experimentar um respeito crescente pelos deveres mútuos, dando possibilidade ao grupo de transmitir seus problemas num nível interdisciplinar.

A partir de sentimentos de desesperança, impotência ou puro medo, desenvolveram um senso de domínio grupal dos problemas com uma convicção cada vez maior em seu desempenho neste psicodrama. Cada um era forçado a lidar com problemas graves; cada um tinha de se envolver, do contrário seria acusado de ser relutante, por alguém do grupo. Assim cada um, a seu modo, tentava analisar sua própria atitude perante a morte e, aos poucos, individualmente e em grupo iam se familiarizando com ela. Cada componente do grupo passava pelo mesmo processo doloroso, mas compensador, por isso, exatamente como na terapia do grupo, onde a solução do problema de um pode ajudar o outro, tornou-se fácil para os membros enfrentarem individualmente seus próprios conflitos e aprenderam a lidar melhor com eles. Franqueza, honestidade e aceitação tornaram possível vivenciar a contribuição de cada membro para este grupo.

Reações dos pacientes

Ao contrário da equipe hospitalar, os pacientes foram favoráveis e responderam de modo surpreendentemente positivo às nossas visitas. Menos de 2% dos pacientes consultados se recusaram, sem mais nem menos, a comparecer ao seminário; só um, entre mais de duzentos, deixou de falar da gravidade de seu estado, dos problemas decorrentes de sua enfermidade fatal e do temor da morte. Este tipo de paciente foi descrito com mais detalhe no capítulo III, sobre a negação.

Todos os outros pacientes acolheram bem a possibilidade de conversar com alguém que se interessasse por eles. Muitos deles, de uma forma ou de outra, testaram-nos primeiro para se certificarem de que estávamos realmente querendo falar sobre os últimos momentos ou os cuidados finais. A maioria dos pacientes sentiu-se bem com esta ruptura de seus mecanismos de defesa, mostrando-se aliviados por não terem de brincar de conversar superficialmente quando no íntimo estavam perturbados por temores, fundamentados ou não. No primeiro dia, muitos reagiram como se tivéssemos aberto uma comporta: botaram para fora todos os seus ressentimentos, passando a reagir aliviados após esse encontro.

Alguns pacientes adiavam o encontro, mas nos chamavam no dia seguinte ou na semana seguinte para conversarmos um pouco. É bom lembrar àqueles que estão tentando realizar este tipo de trabalho que uma "rejeição" por parte de um destes pacientes não implica que ele esteja dizendo que não quer falar. Significa apenas que não está preparado ainda para se abrir e partilhar algumas de suas preocupações. Se após esta recusa, as visitas não forem proteladas, mas redobradas, o paciente dará a dica de quando estará propenso a falar. Sabendo que há pessoas dispostas a ouvir, os pacientes as chamarão no momento oportuno. Muito destes pacientes confessaram mais tarde que admiravam nossa paciência e nos contaram a luta interior que travaram antes de traduzi-la em palavras.

Haverá muitos pacientes que jamais mencionarão as palavras morte ou morrer, mas falarão delas disfarçadamente o tempo todo. Um terapeuta observador pode esclarecer as dúvidas ou preocupações destes pacientes sem usar as palavras "proibidas" e ainda ser de grande ajuda. Demos numerosos exemplos ao descrever a Sra. A. e a Sra. K., nos capítulos II e III.

Se nos indagarmos o que é que existe de tão útil ou de tão significativo para que um número tão elevado de pacientes em fase terminal queira compartilhar conosco desta experiência, temos de nos deter nas respostas que nos dão ao perguntarmos as razões de sua aceitação. Muitos pacientes se sentem completamente sem esperanças, inúteis, incapazes de encontrar qualquer significado em suas vidas durante este estágio. Ficam à espera das visitas dos médicos, ou do resultado de uma radiografia, ou da enfermeira que vem trazer a medicação, e seus dias e noites parecem monótonos e intermináveis. Então, em meio a esta monotonia que se arrasta, aparece um visitante interessado que os conforta, que procura saber as reações, a força, a esperança e as frustrações que têm. Alguém que puxa de fato uma cadeira e se senta. Alguém que não fala com eufemismos, mas vai direto ao assunto, numa linguagem simples e clara, falando das coisas que povoam a mente deles, coisas que são reprimidas de vez em quando, mas vêm sempre à tona de novo.

Alguém que chega e quebra a monotonia, a solidão, o vazio, a angustiante espera.

O aspecto mais importante para o paciente talvez seja a sensação de que seus relatos podem ser importantes e trazer ao menos algum sentido para os outros. Há como um sentimento de prestação de serviço quando pressente que não é mais de utilidade alguma para ninguém. Mais de um paciente afirmou: "Quero ser útil de algum modo a alguém. Talvez doando meus olhos ou meus rins, mas o que se faz aqui parece ser bem melhor, já que posso fazer algo enquanto ainda estou vivo."

Alguns pacientes serviram-se do seminário para testar suas próprias forças de modo particular. Rezavam por nós, confessavam sua fé em Deus e sua pronta aceitação da vontade Dele, apesar do medo estampado no rosto. Outros, que possuíam uma fé genuína, capaz de fazer que aceitassem o fim de sua vida, ficavam orgulhosos por estarem com um grupo de jovens, na esperança de que pudesse ser transmitido um pouco dessa fé. Nossa cantora de ópera, com câncer no rosto, pediu para participar de nossa aula como se fosse sua última apresentação, um último pedido para cantar, antes de voltar para a ala onde já estava sendo esperada para extrair os dentes, antes do tratamento radioterápico.

O que estou tentando dizer é que a resposta foi unanimemente positiva, as motivações e as razões é que foram diferentes. Alguns pacientes podem ter desejado não atender ao nosso apelo, mas ficavam preocupados com que esta recusa pudesse afetar o cuidado dispensado a eles no futuro. Uma percentagem certamente muito mais alta serviu-se do seminário para transmitir sua raiva e revolta contra o hospital, a equipe, a família ou o mundo em geral, por seu isolamento.

Viver de tempo "emprestado", esperar em vão pelas visitas dos médicos, agarrar-se às horas de visita, olhar pela janela, esperar que uma enfermeira disponha de algum tempo livre para um papinho... eis como muitos pacientes em fase terminal passam seu tempo. Causa, então, surpresa que uma paciente fique intrigada quando vê um visitante estranho chegar querendo falar com ela sobre seus sentimentos e reações a este estado de coisas? Quem quer se sentar e discorrer sobre alguns dos temores, fantasias e desejos que ela cultiva naquelas horas solitárias? Talvez baste o que este seminário oferece aos pacientes: um pouco de atenção, um pouco de "terapia ocupacional", uma quebra da monotonia das coisas, um pouco de colorido na brancura das paredes do hospital. De repente, se vêem numa cadeira de rodas, vestidos, com alguém perguntando se suas respostas podem ser gravadas, certos de que um grupo de pessoas interessadas os está observando. Talvez seja esta atenção que ajuda e traz um pouco de sol, de sentido, quem sabe, de esperança à vida do paciente em fase terminal.

É provável que a prova cabal da aceitação e apreço do paciente por este tipo de trabalho esteja no fato de todos eles nos terem recebido com alegria durante o resto de sua hospitalização, período em que o diálogo continuava. A maioria dos pacientes que recebiam alta mantinham-se em contato telefônico, por iniciativa própria, quando havia crises ou acontecimentos importantes. A Sra. W. me chamou para comunicar sua grande sensação de alívio quando os doutores K. e P. foram visitá-la em casa e confirmaram seu bom estado de saúde. Seu desejo de nos comunicar a boa nova talvez seja um sinal da aproximação e da intimidade deste relacionamento tão informal, mas cheio de significado. Disse ela: "Se estivesse no meu leito de morte e visse qualquer um deles, tenho certeza de que morreria sorrindo!" Isto mostra o quanto estes relacionamentos podem se tornar significativos e como pequenas demonstrações de cuidado podem se transformar nas comunicações mais importantes.

Foi assim também que o Sr. E. descreveu o Dr. B.: "Ficava tão desesperado com a falta de cuidados humanos, que estava prestes a pedir para sair. Os internos vinham me furar as veias o dia inteiro. Não se importavam que a cama estivesse desfeita e o pijama amarrotado. Um dia, o Dr. B. veio e, antes que eu percebesse, já estava retirando a agulha. Eu nem sentira a picada, dada a suavidade com que aplicou a injeção. Colocou um esparadrapo no local – o que nunca haviam feito antes – e me ensinou como retirá-lo sem doer!" O Sr. E. (jovem pai de três filhos pequenos, portador de leucemia aguda) disse que esta foi a coisa mais significativa que tinha lhe acontecido durante toda a sua internação.

Freqüentemente, os pacientes reagem com uma admiração quase exagerada por quem cuida deles e lhes dedica um pouco de tempo. Ficam privados de tais gentilezas num mundo atarefado, de números e aparelhos, e não é de estranhar que um toque leve de humanidade provoque uma reação tão positiva.

Numa época de incertezas, da bomba de hidrogênio, de grandes massas e correrias, uma pequenina doação pessoal pode ainda ser muito significativa. A doação é de ambos os lados: do paciente, sob a forma de ajuda, de inspiração e de encorajamento que podem proporcionar a outros nas mesmas condições; de nós, sob a forma de cuidado, de tempo e desejo de comunicar aos outros o que eles nos ensinaram no fim de suas vidas.

O último motivo de uma reação favorável por parte dos pacientes pode ser a necessidade que o moribundo sente de deixar algo atrás de si, de fazer uma pequena doação, de criar, talvez, uma ilusão de imortalidade. E demonstramos nossa satisfação por dividirem conosco seus pensamentos sobre este tabu, dizendo-lhes que cabe a eles nos *ensinarem*, cabe a eles ajudarem os que virão depois, criando-se assim uma idéia de que algo viverá após sua morte. Uma idéia, um seminário em que suas sugestões, suas fantasias e seus pensamentos continuem vivos, sejam debatidos, tornem-se um pouco imortais.

Estabeleceu-se uma comunicação pelo paciente moribundo que procura se separar dos relacionamentos humanos e enfrentar a última separação com o menor número possível de laços, mas que, entretanto, é incapaz de fazê-lo sem a ajuda de alguém que divida com ele alguns destes conflitos.

Estamos falando sobre a morte – objeto de repressão social – de um modo franco, sem complicações, abrindo assim a porta para uma gama ampla de discussões, permitindo uma negação total, se necessário, ou uma conversa aberta sobre os temores e preocupações do paciente, se ele assim o desejar. Não se servir da negação e usar termos "morte" e "morrer" talvez seja a comunicação mais bem aceita por muitos de nossos pacientes.

Se procurarmos resumir brevemente o que estes pacientes nos ensinaram, há um fato que, a meu ver, se destaca mais: todos eles estão cientes da gravidade de seu estado, quer tenham sido informados ou não. Nem sempre dizem que sabem a seu médico ou a parente próximo. A razão disto é que é sempre doloroso falar desta realidade, sendo que o paciente capta e aceita com prazer, no momento, qualquer mensagem, explícita ou implícita, para não se tocar no assunto. Entretanto, chegou uma hora em que todos os nossos pacientes sentiram necessidade de transmitir seus anseios, de tirar a máscara, de enfrentar a realidade e de cuidar de assuntos vitais enquanto havia tempo. Receberam com satisfação uma quebra de suas defesas, acataram nosso desejo de conversar com eles sobre sua morte próxima e suas obrigações pendentes. Queriam dividir com uma pessoa compreensiva alguns de seus sentimentos, sobretudo os de raiva, revolta, inveja, culpa e isolamento. Mostraram claramente que se serviam da negação quando o médico ou o membro da família esperavam negação, por dependerem deles e sentirem necessidade de manter um relacionamento.

Os pacientes não se incomodavam tanto quando o pessoal do hospital deixava de colocá-los diante dos fatos diretamente, mas se ressentiam muito quando eram tratados como crianças, sem serem levados em consideração quando havia importantes decisões a serem tomadas. Todos eles detectavam uma mudança na atitude e comportamento quando o resultado do diagnóstico era câncer, e se conscientizavam da gravidade de seu estado graças à mudança de comportamento daqueles que os circundavam. Em outras palavras, quando não lhe diziam explicitamente, o paciente vinha a saber de algum modo, ou através das mensagens implícitas, ou da mudança de comportamento dos parentes ou da equipe hospitalar. Aqueles a quem era contado explicitamente eram quase unânimes em agradecer a oportunidade – exceto quando a notícia era transmitida cruamente, muitas vezes até nos corredores, sem uma preparação prévia, sem serem seguidos de perto ou, então, de uma maneira que eliminava qualquer perspectiva de esperança.

Todos os nossos pacientes reagiram quase do mesmo modo com relação às más notícias (o que é típico não só em casos de doença fatal, mas parece ser uma reação humana a pressões fortes e inesperadas), isto é, com choque e descrença. Muitos de nossos pacientes fizeram uso da negação, que podia durar de alguns segundos até muitos meses, como o atestam algumas entrevistas aqui relatadas. Esta negação nunca é uma negação total. Depois dela, predominaram a raiva e a revolta, manifestadas dos modos mais diversos, como uma inveja dos que podiam viver e agir. Esta raiva era parcialmente justificada e reforçada pelas reações da equipe e da família, raiva quase irracional muitas vezes, e por uma repetição de experiências pregressas, como mostra o exemplo da Irmã I. Quando os circunstantes conseguiam suportar esta raiva sem assumi-la pessoalmente, ajudavam o paciente a alcançar o estágio temporário de barganha, seguido pela depressão, trampolim para a aceitação final. O diagrama apresentado adiante mostra que um estágio não substitui o outro, mas podem coexistir lado a lado, às vezes até se justapondo. Muitos pacientes atingiram a aceitação final sem nenhuma intervenção exterior; outros necessitaram de assistência para superar os diferentes estágios e morrer dignamente em paz.

Qualquer que fosse o estágio da doença, quaisquer que fossem os mecanismos de aceitação usados, todos os nossos pacientes mantiveram, até o último instante, alguma forma de esperança. Aqueles que foram informados do diagnóstico

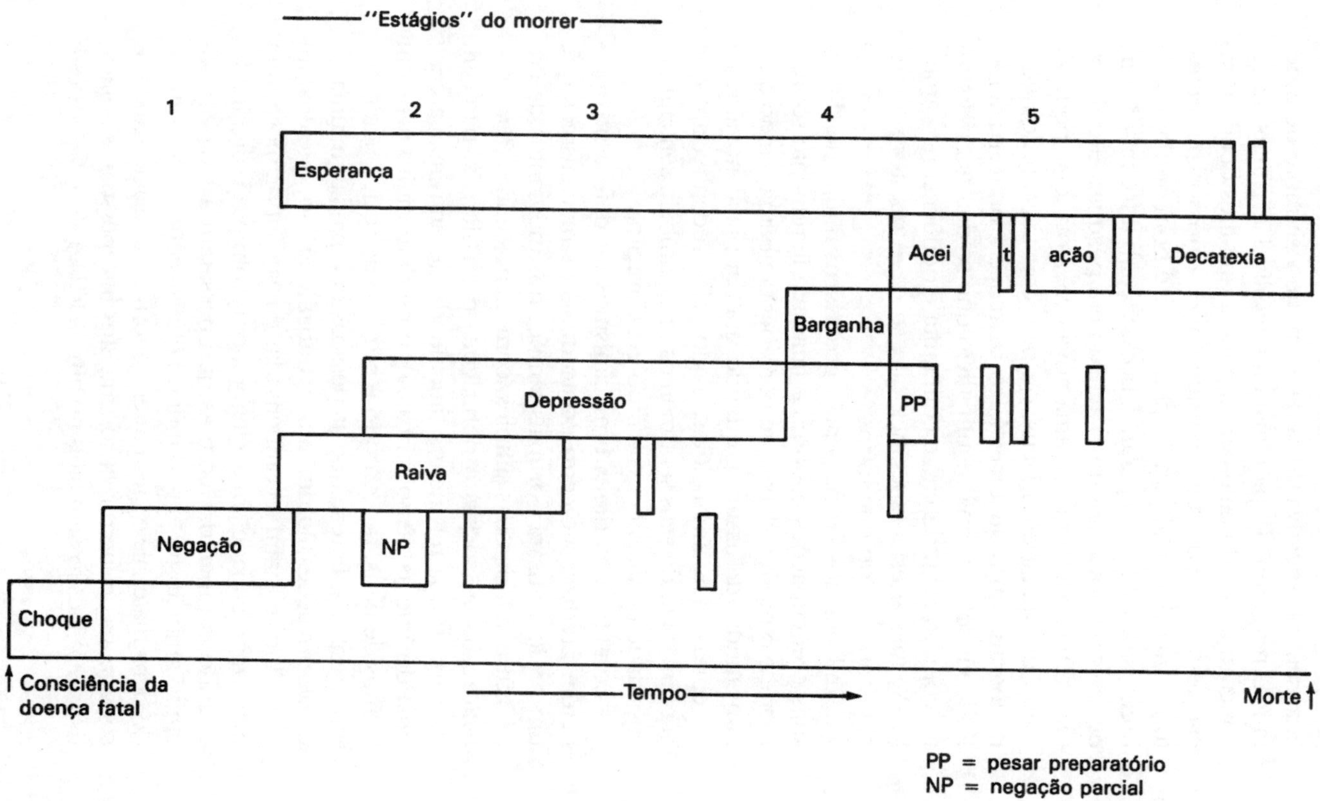
"Estágios" do morrer
1
2
3
4
5
Esperança
Acei
t
ação
Decatexia
Barganha
Depressão
PP
Raiva
Negação
NP
Choque
Consciência da doença fatal
Tempo
Morte
PP = pesar preparatório
NP = negação parcial

fatal sem perspectiva de saída, sem um vislumbre de esperança, reagiram da pior maneira possível e jamais se reconciliaram totalmente com a pessoa que lhes dera a notícia de modo tão cruel. No que tange a nossos pacientes, todos guardaram alguma esperança, e é bom que nos lembremos disto! Esta esperança pode vir sob a forma de uma descoberta nova, um novo achado em pesquisa de laboratório, ou sob a forma de uma nova droga ou soro; pode vir como um milagre de Deus, ou pela constatação de que a radiografia ou o quadro clínico pertence a outro paciente. Pode vir sob a forma de um alívio que se deu naturalmente, como o Sr. J. descreve com tanta eloqüência no capítulo IX, mas é esta esperança que se deve manter sempre, não importa sob que forma.

Embora nossos pacientes gostassem muito de dividir suas preocupações conosco e falassem livremente sobre a morte e o morrer, deixavam perceber também quando queriam mudar de assunto, quando queriam falar novamente de coisas mais animadoras. Todos eles reconheciam que era bom falar de seus sentimentos, mas também sentiam necessidade de escolher o tempo e a duração.

Conflitos anteriores e mecanismos de defesa nos permitem predizer até certo ponto quais os mecanismos que um paciente usará por mais tempo, nos momentos de crise. Em geral, pessoas simples, com menos educação, sofisticação, laços sociais e obrigações profissionais, parecem de certa forma ter menos dificuldade de enfrentar a crise final do que as pessoas ricas, que perdem muito mais em termos de bens, de conforto e número de relacionamentos interpessoais. Parece que as pessoas que passaram uma vida de privações, sofrimentos e trabalho árduo, que criaram seus filhos e foram recompensadas em seu labor, mostraram mais tranqüilidade em aceitar a morte com paz e dignidade, quando comparadas com as que passaram a vida controlando ambiciosamente o mundo que as cercava, acumulando bens materiais e um número enorme de relacionamentos sociais, mas poucos relacionamentos interpessoais significativos que lhes fossem úteis no fim da vida. Descrevemos este aspecto mais pormenorizadamente ao citar um exemplo no capítulo IV, sobre a raiva.

Os pacientes que tinham religião pareciam diferir pouco dos que não a tinham. É difícil estabelecer a diferença, pois não ficou definido claramente o que caracteriza uma pessoa com religião. Entretanto, podemos dizer que encontramos bem poucas pessoas realmente religiosas, possuidoras de fé profunda. A essas, a fé ajudou, e são comparáveis aos poucos pacientes completamente ateus. A maioria dos pacientes era um meio-termo, com alguma forma de crença religiosa, mas não tão forte que os libertasse de conflitos e medos.

Quando nossos pacientes atingiam o estágio de aceitação e decatexia finais, a interferência exterior era vista como um grande distúrbio, e esta impediu que alguns pacientes morressem em paz e dignamente. Este estágio é sinal de morte próxima e nos possibilitou prevê-la em alguns pacientes em quem não havia sinal algum, ou só um breve aceno, sob o ponto de vista médico, de que a morte se aproximava. O paciente reage a um sistema sinalizador intrínseco que o avisa de sua morte iminente. Podemos captar estas dicas sem conhecer exatamente quais os sinais psicofisiológicos que o paciente recebe. Quando lhe perguntamos é capaz de provar sua certeza, muitas vezes através de um pedido para que fiquemos a seu lado naquela hora, já que sabe que amanhã será tarde demais. Devemos ficar particularmente atentos quando nossos pacientes insistem deste modo, pois podemos perder a única chance de ouvi-los enquanto ainda há tempo.

Nosso seminário interdisciplinar sobre o estudo dos pacientes em fase terminal tornou-se uma abordagem didática aperfeiçoada e bem aceita, freqüentado semanalmente por mais de cinqüenta pessoas de diferentes formações, disciplinas e interesses. As salas de aula talvez sejam das poucas em que o pessoal do hospital se reúne informalmente para debater, sob ângulos diferentes, as necessidades dos pacientes e o cuidado que exigem. Apesar do número sempre crescente de estudantes, o seminário, às vezes, parece uma sessão de terapia de grupo, onde os participantes falam francamente de suas reações e fantasias no confronto com o paciente, aprendendo assim alguma coisa sobre o próprio comportamento e as próprias motivações.

Estudantes de medicina e teologia recebem um certificado acadêmico por este curso e têm escrito trabalhos de fôlego sobre o assunto. Em suma, tornou-se parte do currículo de muitos estudantes que, no início de suas carreiras, deparam com pacientes em fase terminal e se preparam para cuidar deles com menos receios quando estiverem sob sua responsabilidade. Especialistas e profissionais mais antigos têm visitado o seminário, trazendo a contribuição de sua experiência prática fora dos hospitais. Enfermeiras, assistentes sociais, administradoras e terapeutas ocupacionais têm contribuído para o diálogo interdisciplinar e uma disciplina ensina às outras alguma coisa sobre os encargos e esforços profissionais. Criou-se uma mútua compreensão e uma maior consideração tanto pelo intercâmbio de resposabilidades divididas, quanto, principalmente, pela aceitação mútua da expressão franca de nossas reações, medos e fantasias. Se um médico admite perante os outros que sentiu arrepios ao ouvir determinado paciente, então sua enfermeira pode ficar mais à vontade para confessar suas sensações mais íntimas sobre a situação.

Uma paciente traduziu com mais eloqüência esta mudança de ambiente. Numa hospitalização anterior, ela nos chamou para falar da mágoa e da raiva que sentia pelo isolamento e pela solidão a que a relegaram numa determinada ala. Tivera uma recaída inesperada e veio nos visitar pela segunda vez quando da nova hospitalização. Foi para um quarto da mesma ala antes e quis voltar ao seminário para nos confessar sua surpresa ao encontrar um ambiente completamente mudado. "Imagine só!" – disse ela – "que agora uma enfermeira entra em meu quarto sem nenhuma pressa, e pergunta se eu gostaria de conversar um pouco." Não dispomos de prova alguma de que tenham sido o seminário e uma tranqüilidade maior das enfermeiras que operaram tal transformação, mas constatamos também mudanças nesta ala específica, corroboradas pelas boas referências de médicos, enfermeiras e demais pacientes em fase terminal.

Contudo, talvez a mudança mais palpável seja o fato de sermos consultados pelos próprios membros das equipes, sinal de uma maior tomada de consciência de seus conflitos que podem interferir num trabalho mais cuidadoso com o paciente. Ultimamente, temos recebido solicitações, inclusive de pacientes em fase terminal e seus familiares, fora do âmbito hospitalar, para que exerçam pequenas atividades na organização do seminário, dando assim um sentido novo à vida deles e de outros em situação idêntica.

Em lugar de sociedades dedicadas à criogenia, talvez devamos criar associações que tratem dos problemas da morte e do morrer, incentivando os diálogos sobre este assunto e ajudando as pessoas a viverem sem medo até que a morte chegue.

Um estudante escreveu em um trabalho que o fato de falarmos muito pouco da morte em si mesma talvez fosse o aspecto mais surpreendente deste seminário. Foi Montaigne quem disse que a morte é apenas um instante quando o morrer termina? Aprendemos que a morte em si não é um problema para o paciente, mas o medo de morrer nasce do sentimento de desesperança, de desamparo e isolamento que a acompanha. Aqueles que freqüentaram o seminário e se concentraram nestas coisas externaram livremente seus sentimentos e concluíram que algo pode ser feito: não só encarar os pacientes com menos ansiedade, mas sentir-se bem diante da perspectiva da própria morte.

XII. Terapia com os doentes em fase terminal

> *A morte pertence à vida, como pertence o nascimento.*
>
> *O caminhar tanto está em levantar o pé como em pousá-lo no chão.*
>
> Tagore
>
> *Pássaros errantes*, CCXVII

Como vimos, está claro que o paciente em fase terminal tem necessidades muito especiais que podem ser atendidas, se tivermos tempo para nos sentar, ouvir e descobrir quais são. Contudo, o mais importante talvez seja deixarmos perceber que estamos prontos e dispostos a partilhar algumas de suas preocupações. O trabalho com o paciente moribundo requer uma certa maturidade que só vem com a experiência. Temos de examinar detalhadamente nossa posição diante da morte e do morrer, antes de nos sentarmos tranqüilos e sem ansiedade ao lado de um paciente em fase terminal.

A entrevista de abertura é um encontro entre duas pessoas que podem se comunicar sem medo e sem ansiedade. O terapeuta – médico, capelão ou quem quer que assuma este papel – tentará, através de palavras ou ações, fazer com que o paciente sinta que não vai sair correndo se forem mencionados os termos câncer ou morrer. O paciente entenderá essa dica e se abrirá, ou fará com que o entrevistador perceba que a mensagem o agrada, embora não seja o momento certo. O paciente deixará que essa pessoa perceba quando ele estiver disposto a transmitir seus anseios, e o terapeuta o assegurará de que voltará no momento oportuno. Muitos de nossos pacientes não tiveram mais do que esta entrevista inicial. Às vezes, agarravam-se à vida por causa de algum assunto pendente; preocupavam-se com uma irmã retardada porque não haviam encontrado quem pudesse cuidar dela caso morressem; ou não tinham conseguido arranjar quem pudesse tomar conta das crianças e precisavam comunicar a alguém esta preocupação. Alguns tinham sentimentos de culpa por algum "pecado", real ou imaginário, e se sentiam bastante aliviados quando lhes oferecíamos a oportunidade de confessá-lo, sobretudo na presença de um capelão. Todos estes pacientes sentiam-se melhor depois das "confissões" ou depois que se tomavam providências quanto ao cuidado de terceiros, e, geralmente, morriam logo após ter sido resolvido o assunto pendente.

É raro que um temor injustificado seja obstáculo para um paciente morrer como, por exemplo, no caso da mulher que "tinha muito medo de morrer" porque não concebia a idéia de "ser devorada pelos vermes" (capítulo IX). Tinha verdadeira fobia pelos vermes e, ao mesmo tempo, sabia bem que isto não passava de um absurdo. Ela mesma achava que isto era uma grande tolice, mas se sentia incapaz de dizer aos familiares, que já haviam gasto todas as economias com as diversas hospitalizações. Depois de uma entrevista, esta senhora idosa foi capaz de nos confessar seus temores, e sua filha a ajudou nos preparativos para a cremação. Foi uma paciente que morreu também logo depois da oportunidade de comunicar seu medo.

É impressionante como uma sessão pode aliviar um paciente de uma carga pesada e sempre nos perguntamos por que é tão difícil para a equipe hospitalar e para a família perceberem as necessidades do paciente quando, geralmente, bastaria apenas uma pergunta sincera e franca.

Embora o Sr. E. não fosse um paciente em fase terminal, usaremos seu caso para dar um exemplo típico de uma entrevista de abertura. É pertinente porque o Sr. E. apresentou-se como moribundo, em conseqüência de conflitos não resolvidos, acelerados pelo falecimento de um indivíduo potencialmente morto.

O Sr. E. era um judeu de oitenta e três anos de idade e foi internado num hospital particular com anorexia, constipação e perda excessiva de peso. Queixava-se de dores abdominais insuportáveis e seu aspecto era de cansaço e abatimento. Seu estado geral era de depressão e chorava facilmente. O resultado de um exame médico rigoroso foi negativo e, por isso, o residente pediu a opinião dos psiquiatras.

Foi entrevistado numa sessão diagnóstico-terapêutica, na presença de vários estudantes. Não se sentindo embaraçado com esta companhia, foi muito fácil falar sobre seus problemas pessoais. Contou que estava bem até quatro meses antes de sua internação quando, de repente, tornou-se "um homem velho, doente e solitário". Interrogado mais tarde, revelou que perdera uma cunhada algumas semanas antes que começasse a se queixar, e sua apática mulher morrera subitamente, estando ele de férias, fora da cidade, duas semanas antes que seus males se manifestassem.

Estava com raiva de seus parentes que não vinham vê-lo quando os esperava. Reclamava do serviço de enfermagem e, em geral, mostrava-se descontente com os cuidados que recebia, de quem quer que fosse. Estava certo de que seus parentes viriam imediatamente se lhes pudesse prometer "uns bons milhares de dólares quando eu morrer". Falou detalhadamente de um alojamento onde vivia com outras pessoas idosas e de uma viagem de férias para a qual todos haviam sido convidados. Era patente que sua raiva se relacionava com o fato de ser pobre, e ser pobre queria dizer obrigação de fazer a viagem, pois estava programada para todos, portanto ele não tinha escolha. Ficou claro mais tarde que ele se culpava por estar fora de casa quando a mulher foi hospitalizada, e tentava transferir sua culpa para os organizadores da viagem de férias.

Quando lhe perguntamos se não se sentia abandonado pela esposa – e era incapaz de admitir que tinha raiva dela – despejou uma avalanche de sentimentos amargos onde transparecia a incapacidade de entender por que ela o abandonara para ficar com um irmão (que ele chamava de nazista); por que criara seu único filho como se não fosse judeu, e, finalmente, por que o deixara só quando mais precisava dela! Sentindo-se extremamente culpado e envergonhado por estes sentimentos negativos para com a falecida, transferia-os para os parentes e a equipe hospitalar. Convencera-se de que deveria ser punido por todos estes maus pensamentos e suportar muita dor e sofrimento para aliviar a culpa.

Dissemos-lhe simplesmente que compreendíamos aqueles sentimentos confusos, aliás muito humanos, que qualquer um pode ter. Perguntamos também à queima-roupa se ele não poderia descobrir alguma forma de raiva contra a ex-esposa e nos dizer nas futuras visitas. Respondeu: "Se esta dor não sumir, terei de saltar pela janela", ao que revidamos: "Talvez o que lhe causa dor sejam todos aqueles sentimentos de ira e frustração recalcados. Arranque-os de si sem se envergonhar e suas dores provavelmente desaparecerão." É claro que foi embora mais confuso, porém pediu para que o visitássemos novamente.

O residente que o acompanhou até o quarto ficou impressionado de ver como ele ficou largado na cadeira. Reiterou o que disséramos na entrevista, fazendo ver que as reações dele eram normais. Depois disso, o Sr. E. endireitou-se e voltou para o quarto numa posição mais ereta.

Ao visitá-lo no dia seguinte, soubemos que mal permanecera no quarto. Passara a maior parte do dia em contatos sociais, visitando a lanchonete, saboreando suas refeições. Sua dor e sua constipação tinham desaparecido. Depois de duas evacuações na noite da entrevista, sentiu-se melhor do que nunca e fez planos de reassumir algumas de suas atividades pregressas, quando recebesse alta.

No dia da alta, sorriu e contou alguns dos melhores dias que passara com sua esposa. Falou também na mudança de atitude perante o pessoal do hospital "a quem dei tanto trabalho", e perante seus parentes, sobretudo seu filho, a quem chamou para se conhecerem melhor, "porque ambos podemos nos sentir um pouco solitários, de vez em quando".

Reafirmamos que estaríamos ao seu dispor caso tivesse mais problemas, físicos ou emocionais, e ele respondeu sorrindo que havia aprendido uma boa lição e podia agora encarar a morte com serenidade.

O exemplo do Sr. E. mostra como estas entrevistas podem ser benéficas para quem não está doente de fato mas, por causa da idade ou simplesmente porque não é capaz de superar o falecimento de um indivíduo potencialmente morto, sofre muito e pensa que a aflição física ou emocional é um meio de aliviar sentimentos de culpa por desejos reprimidos e hostis por pessoas falecidas. Este senhor não tinha tanto medo da morte, mas temia morrer antes que tivesse pago por estes desejos de destruição para com alguém que morrera sem lhe ter dado chance de se "retratar por isto". Sofria dores atrozes como um meio de dirimir seu medo de punição e transferia muito de sua hostilidade e raiva contra a equipe do hospital e os parentes, sem ter consciência plena das razões de tanto ressentimento. É surpreendente como uma simples entrevista pode revelar muitos dados iguais a estes, como algumas frases elucidativas, confirmando que estes sentimentos de amor e ódio são humanos e compreensíveis e não exigem um preço absurdo, podem aliviar tantos sintomas somáticos.

Para os pacientes que não têm um problema único e simples para resolver, é útil a terapia de curta duração, que não requer necessariamente a intervenção de um psiquiatra, mas de uma pessoa compreensiva, que disponha de tempo para se sentar e ouvir. Estou pensando em pacientes como a Irmã I., que visitamos em muitas ocasiões, e que recebia tratamento através de nós e de outros pacientes. Estes são os pacientes que têm a ventura de dispor de tempo para superar alguns de seus conflitos, enquanto estão doentes; que podem chegar a uma compreensão mais profunda e, talvez, a uma apreciação maior das coisas que ainda têm para desfrutar. Estas sessões de terapia, como as sessões rápidas de psicoterapia com pacientes em fase terminal, são irregulares na freqüência e na duração. São programadas individualmente, dependendo do estado físico do paciente, da capacidade e da disposição de falar num determinado momento. Geralmente, incluem visitas curtas, de poucos minutos, para cientificá-los de nossa presença, mesmo nas ocasiões em que não desejam conversar. Continuam com maior freqüência quando o paciente está em piores condições e com mais dores, assumindo mais a forma de uma companhia silenciosa do que de uma comunicação verbal.

Freqüentemente nos indagamos se não seria aconselhável uma terapia de grupo com uma turma selecionada de pacientes em fase terminal, já que muitas vezes partilham da mesma solidão e do mesmo isolamento. Os que trabalham em alas onde há pacientes em fase terminal conhecem muito bem as interações que ocorrem entre os pacientes e as frases úteis que um paciente gravemente enfermo diz a outro. Sempre nos admiramos de como nossas experiências no seminário passam de um paciente desengado para outro; recebemos até "dados informativos" sobre um paciente fornecidos por outro. Temos observado, sentados no saguão do hospital, pacientes que foram entrevistados no seminário e continuaram suas sessões informais como membros de uma fraternidade. Até agora, deixamos este intercâmbio a critério dos pacientes, mas atualmente estamos examinando suas motivações para um encontro mais formal, já que este parece ser o desejo de pelo menos um pequeno grupo de nossos pacientes. Nele estão incluídos os pacientes que têm doenças crônicas e que são forçados a muitas hospitalizações; que já se conhecem há muito tempo e que, além de sofrerem do mesmo mal, guardam as mesmas recordações de hospitalizações anteriores. Ficamos impressionados com a sua reação quase alegre quando um dos colegas morre, e que é apenas uma confirmação da certeza inconsciente que têm de que "acontece com você, mas não comigo". Talvez seja também um fator que contribui para que tantos pacientes e seus familiares, como a Sra. G. (capítulo VII), sintam tanta satisfação em visitar outros pacientes talvez em estado mais grave. A Irmã I. se servia destas visitas para expressar hostilidade, sobretudo para arrancar dos pacientes quais as necessidades deles e provar às enfermeiras que elas não eram eficientes (capítulo IV). Ajudando-os como enfermeira, ela poderia não só negar temporariamente sua própria incapacidade de agir, como também externar sua raiva daqueles que gozavam de saúde e que não eram capazes de atender o doente com mais eficiência. Ter pacientes assim, num esquema de terapia de grupo, seria de grande ajuda para que entendessem seu comportamento e, ao mesmo tempo, ajudaria a equipe de enfermagem no sentido de se tornar mais atenta às necessidades deles.

A Sra. F. é outra paciente a ser lembrada por ter começado uma terapia de grupo informal entre ela e alguns pacientes jovens gravemente enfermos, hospitalizados com leucemia ou com a doença de Hodgkin, de que ela sofria há mais de vinte anos. Durante os últimos anos, ela tivera uma média de seis hospitalizações por ano, o que contribuiu para uma completa aceitação de sua doença. Um dia, foi internada uma jovem de dezenove anos de idade, Ann, amedrontada com sua doença e a seqüela, incapaz de dividir este medo com quem quer que fosse. Seus pais tinham se recusado a tocar no assunto; então, a Sra. F. tornou-se sua conselheira extra-oficial. Falou de seus filhos, de seu marido e da casa de que cuidara durante tantos anos apesar das várias hospitalizações, dando ensejo para que Ann finalmente contasse suas preocupações e lhe fizesse perguntas importantes. Quando Ann saiu do hospital, mandou outra jovem para a Sra. F., criando-se assim uma reação em cadeia de dados informativos, bem semelhante à terapia de grupo, em que um paciente toma o lugar do outro. O grupo raramente excedia de duas ou três pessoas e se mantinha unido enquanto os membros estavam no hospital.

O silêncio que vai além das palavras

Há um momento na vida do paciente em que a dor cessa, em que a mente entra num estado de torpor, em que a necessidade de alimentação torna-se mínima, em que a consciência do meio ambiente quase que desaparece na escuridão. É o período em que os parentes andam para lá e para cá nos corredores dos hospitais, atormentados pela expectativa, sem saber se podem sair para cuidar da vida ou se devem ficar por ali esperando o instante da morte. É o momento em que é tarde demais para palavras, em que os parentes gritam mais alto por socorro, com ou sem palavras.

É tarde demais para intervenções médicas (que são duras demais quando acontecem, apesar da boa intenção), mas é também cedo demais para uma separação final do agonizante. É o momento mais difícil para um parente próximo, pois ele também deseja que tudo passe, que tudo termine; ou agarra-se desesperadamente a alguma coisa que está prestes a perder para sempre. É o momento da terapia do silêncio para com o paciente, e de disponibilidade para com os parentes.

O médico, a enfermeira, a assistente social ou o capelão podem ser de grande valia nestes momentos finais, se souberem entender os conflitos da família nesta hora e ajudar a escolher uma pessoa mais tranqüila para ficar ao lado do agonizante, pessoa que se torna de fato o terapeuta do paciente. Os que se sentem abatidos demais podem receber assistência sendo aliviados de sua culpa ou assegurados de que alguém ficará com o moribundo até o desenlace. Podem, então, voltar para casa sabendo que o paciente não morrerá sozinho, sem se sentirem culpados ou envergonhados por se terem esquivado deste momento, para muitos tão difícil de enfrentar.

Aqueles que tiverem a força e o amor para ficar ao lado de um paciente moribundo, com o *silêncio que vai além das palavras*, saberão que tal momento não é assustador nem doloroso, mas um cessar em paz do funcionamento do corpo. Observar a morte em paz de um ser humano faz-nos lembrar uma estrela cadente. É uma entre milhões de luzes do céu imenso, que cintila ainda por um breve momento para desaparecer para sempre na noite sem fim. Ser terapeuta de um paciente que agoniza é nos conscientizar da singularidade de cada indivíduo neste oceano imenso da humanidade. É uma tomada de consciência de nossa finitude, de nosso limitado período de vida. Poucos dentre nós vivem além dos setenta anos; ainda assim, neste curto espaço de tempo, muitos dentre nós criam e vivem uma biografia única, e nós mesmos tecemos a trama da história humana.

Cintilante é a água em uma bacia; escura é a água no oceano.

A pequena verdade tem palavras que são claras; a grande verdade tem grande silêncio.

Tagore
Pássaros errantes, CLXXVI

Bibliografia

Abrams, R. D., e Finesinger, J. E. "Guilt Reactions in Patients with Cancer", *Cancer*, vol. VI (1953), pp. 474-82.

Aldrich, C. Knight. "The Dying Patient's Grief", *Journal of the American Medical Association*, vol. 184, nº 5 (4 de maio de 1963), pp. 329-31.

Alexander, G. H. "An Unexplained Death Coexistent with Death Wishes", *Psychosomatic Medicine*, vol. V (1943), p. 188.

Alexander, Irving E., e Alderstein, Arthur M. "Affective Responses to the Concept of Death in a Population of Children and Early Adolescents", in *Death and Identity*, ed. Robert Fulton. Nova York, John Wiley & Sons, Inc., 1965.

Allport, Gordon. *The Individual and His Religion*. Nova York, The Macmillan Company, 1950.

Anderson, George Christian. "Death and Responsibility: Does Religion Help?", *Psychiatric Opinion*, vol. III, nº 5 (outubro de 1966), pp. 40-2.

Anthony, Sylvia. *The Child's Discovery of Death*. Nova York, Harcourt, Brace & Co., 1940.

Aponte, Ganzaol E., M. D., "The Enigma of 'Bangungut'", *Annals of Internal Medicine*, vol. 52 (junho de 1960), nº 6, pp. 1258-63.

Aring, Charles D., M. D. "A Letter from the Clinical Clerk", *Omega*, vol. I, nº 4 (dezembro de 1966), pp. 33-4.

Aronson, G. J. "Treatment of the Dying Person", in *The Meaning of Death*, ed. Herman Feifel, Nova York, McGraw-Hill Book Co., 1959.
____. "Aspects of Death and Dying." Report, *Journal of the American Medical Women's Association*, vol. 19, nº 4 (junho de 1964).
Ayd, Frank J., Jr. "The Hopeless Case", *Journal of the American Medical Association*, vol. 181, nº 13 (29 de setembro de 1962), pp. 1099-102.
Bach, Susan R. von. "Spontanes Malen Schwerkranker Patienten", *Acta Psychosomatica* (Basle) (1966).
Bakan, David. *The Duality of Human Existence*. Chicago, Rand, McNally & Co., 1966.
____. *Disease, Pain and Sacrifice*. Chicago, The University of Chicago Press, 1968.
Barber, T. X. "Death by Suggestion, a Critical Note", *Psychosomatic Medicine*, vol. XXIII (1961), pp. 153-5.
Beach, Kenneth, M. D., e Strehlin, John S., Jr., M. D. "Enlisting Relatives in Cancer Management", *Medical World News* (10 de março de 1967), pp. 112-3.
Beecher, Henry K., M. D. "Nonspecific Forces Surrounding Disease and the Treatment of Disease", *Journal of the American Medical Association*, vol. 179, nº 6 (1962), pp. 437-40.
Beigner, Jerome S. "Anxiety as an Aid in the Prognostication of Impending Death", *American Medical Association Archives of Neurology and Psychiatry*, vol. LXXVII (1957), pp. 171-7.
Bell, Bertrand M., M. D. "Pseudo-Terminal Patients Make Comeback". *Medical World News* (12 de agosto de 1966), pp. 108-9.
Bell, Thomas. *In the Midst of Life*. Nova York, Atheneum Publishers, 1961.
Bettelheim, Bruno. *The Empty Fortress*. Nova York, Free Press, 1967.
Binswanger, Ludwig. *Grundformen und Erkenntnis des Menschlichen Daseins*. 2d Ausgabe. Zurich, Max Niehaus, 1953.
Bluestone, Harvey, M. D. e McGhee, Carl L., M. D. "Reaction to Extreme Stress: Death by Execution", *American Journal of Psychiatry*, vol. 119, nº 5 (1962), pp. 393-6.
Bowers, Margaretta K. *Counseling the Dying*. Nova York, Thomas Nelson & Sons, 1964.
Brodsky, Bernard, M. D. "Liebestod Fantasies in a Patient Faced with a Fatal Illness", *International Journal of Psychoanalysis*, vol. 40, nº 1 (janeiro-fevereiro de 1959), pp. 13-6.
____. "The Self-Representation, Anality and the Fear of Dying", *Journal of the American Psychoanalytic Association*, vol. VII, nº 1 (janeiro de 1959), pp. 95-108.

Brody, Matthew, M. D. "Compassion for Life and Dearth", *Medical Opinion and Review*, vol. 3, nº 1 (janeiro de 1967), pp. 108-13.
Cannon, Walter B. "Voodoo Death", *American Anthropology*, vol. XLIV (1942), p. 169.
Cappon, Daniel. "Attitudes of and Towards the Dying", *Canadian Medical Association Journal*, vol. 87 (1962), pp. 693-700.
Casberg, Melvin A., M. D. "Toward Human Values in Medical Practice", *Medical Opinion and Review*, vol. III, nº 5 (maio de 1967), pp. 22-5.
Chadwick, Mary. "Notes Upon Fear of Death", *International Journal of Psychoanalysis*, vol. 10 (1929), pp. 321-34.
Chernus, Jack, M. D. "Let Them Die with Dignity", *Riss*, vol. 7, nº 6 (junho de 1964), pp. 73-86.
Choron, Jacques. *Death and Western Thought*. Nova York, Collier Books, 1963.
____. *Modern Man and Mortality*. Nova York, The Macmillan Company, 1964.
Cohen, Sidney, M. D. "LSD and the Anguish of Dying", *Harper's Magazine* (setembro de 1965), pp. 69-78.
Comfort, Alex, M. D., D. Sc. "On Gerontophobia", *Medical Opinion and Review*, vol. III, nº 9 (setembro de 1967), pp. 30-7.
Conference on the Care of Patients with Fatal Illness, The New York Academy of Sciences, 15-17 de fevereiro de 1967.
Cooper, Philip. "The Fabric We Weave", *Medical Opinion and Review*, vol. III, nº 1 (janeiro de 1967), p. 36.
Cutler, Donald R., Ph. D. "Death and Responsability: A Minister's View", *Psychiatric Opinion*, vol. III, nº 4 (agosto de 1966), pp. 8-12.
Deutsch, Felix. "Euthanasia: A Clinical Study", *The Psychoanalytic Quarterly*, vol. V (1936), pp. 347-68.
____. ed. *The Psychosomatic Concepts in Psychoanalysis*. Nova York, International Universities Press, 1953.
Deutsch, Helene. *The Psychology of Women*. 2 vols. Nova York, Grune & Stratton, 1944-5.
Dobzhansky, Theodosius. "An Essay on Religion, Death, and Evolutionary Adaptation", *Zygon Journal of Religion and Science*, vol. I, nº 4 (dezembro de 1966), pp. 317-31.
Draper, Edgar. *Psyichiatry and Pastoral Care*. Englewood Cliffs, N. J., Prentice-Hall, Inc., 1965.
Easson, Eric C., M. D. "Cancer and the Problem of Pessimism", *Ca-a Cancer Journal for Clinicians*, American Cancer Society, Inc., vol. 17, nº 1 (janeiro-fevereiro de 1967), pp. 7-14.

Eaton, Joseph W., Ph. D. "The Art of Aging and Dying", *The Gerontologist*, vol. IV, nº 2 (1964), pp. 94-100.

Eissler, K. R. *The Psychiatrist and the Dying Patient*. Nova York, International Universities Press, 1955.

Evans, Audrey E., M. D. "If a Child Must Die...", *New England Journal of Medicine*, vol. 278 (janeiro de 1968), pp. 138-42.

Farberow, Norman L., ed. *Taboo Topics*. Nova York, Atherton Press, 1963.

Feifel, Herman. "Attitudes Toward Death in Some Normal and Mentally Ill Populations", in *The Meaning of Death*, ed. Herman Feifel. Nova York, McGraw-Hill Book Co., 1959, pp. 114-30.

____. "Is Death's Sting Sharper for the Doctor?" *Medical World News* (6 de outubro de 1967), p. 77.

Feifel, Herman, Ph. D. e Heller, Joseph, M. D. "Normality, Illness and Death". Paper, Third World Congress of Psychiatry, Montreal, Canadá, junho de 1961, pp. 1-6.

Feinstein, Alvan R. *Clinical Judgment*. Baltimore, Williams & Wilkins Co., 1967.

Fenichel, Otto. *The Psychoanalytic Theory of Neurosis*. Nova York, W. W. Norton & Co., 1945.

Finesinger, Jacob E., Shands, Harley C., e Abrams, Ruth D. "Managing the Emotional Problems of the Cancer Patient", *Clinical Problems in Cancer Research*, Sloan-Kettering Institute for Cancer Research (1952), pp. 106-21.

Fischer, Roland, Ph.D. "The Unity of Life and Time", *Omega*, vol. II, nº 1 (março de 1967), pp. 4-10.

Fletcher, Joseph. *Morals and Medicine*. Boston, Beacon Press, 1960.

Foster, Zelda P. L. "How Social Work Can Influence Hospital Management of Fatal Illness". *Social Work* (Journal of the National Association of Social Workers), vol. 10, nº 4 (outubro de 1965), pp. 30-5.

Freud, Sigmund. *Beyond the Pleasure Principle*. Nova York, Liveright Publishing Corp., 1950.

____. *Civilization and Its Discontents*. (1930). *The Complete Psychological Works of Sigmund Freud*, Standard Edition, ed. James Strechy. Londres, Hogarth Press, 1961, vol. XXI, pp. 59-145.

____. *Inhibitions, Symptoms, and Anxiety*. (1926). *The Complete Psychological Works of Sigmund Freud*, Standard Edition, ed. James Strechy. Londres, Hogarth Press, 1961, vol. XX, pp. 77-175.

____. *On Transcience*. (1916). *The Complete Psychological Works of Sigmund Freud*, Standard Edition, ed. James Strechy. Londres, Hogarth Press, 1961, vol. XIV, pp. 303-8.

____. *Thoughts for the Times on War and Death*. (1915). *The Complete Psychological Works of Sigmund Freud*, ed. James Strechy. Londres, Hogarth Press, 1961, vol. XIV, pp. 273-302.

Fromm, Erich. *Escape From Freedom*. Nova York, Henry Holt & Co., 1941.

____. *Man For Himself*. Nova York, Henry Holt & Co., 1947.

Fulton, Robert, ed. *Death and Identity*. Nova York, John Wiley & Sons, Inc., 1966.

Gaines, Renford G. *Death, Denial, and Religious Commitment*. D. Min. thesis, Meadville Theological School (Chicago), 1968.

Garner, Fradley. "Doctors' Need to Care More for the Dying", *American Journal of Mental Hygiene*.

Garner, H. H., M. D. *Psychosomatic Management of the Patient with Malignancy*, Springfield, Ill., Charles C. Thomas.

Gartley, W., e Bernasconi, M. "The Concept of Death in Children", *Journal of Genetic Psychology*, vol. 110 (março de 1967), pp. 71-85.

Ginsberg, R. "Should the Elderly Cancer Patient Be Told?", *Geriatrics*, vol. IV (1949), pp. 101-7.

Ginsparg, Sylvia, Moriarty, Alice, e Murphy, Lois B. "Young Teenagers' Responses to the Assassination of President Kennedy: Relation to Previous Life Experiences", in *Children and the Death of a President*, ed. Martha Wolfenstein and Gilbert Kliman. Garden City, N. Y., Doubleday & Company, Inc., Anchor Books, 1966.

Glaser, Barney G. "The Physician and the Dying Patient", *Medical Opinion and Review* (dezembro de 1965), pp. 108-14.

Glaser, Barney G., e Strauss, Anselm L. *Awareness of Dying*. Chicago, Aldine Publishing Co., 1965.

Green, M., e Solnit, A. J. "Psychologic Considerations in the Management of Deaths on Pedriatic Hospital Services", parte 1, "The Doctor and the Child's Family", *Pediatrics*, vol. XXIV (1959), pp. 106-12.

____. "The Pediatric Management of the Dying Child", parte 2, "The Child's Reaction (vica) Fear of Dying", in *Modern Perspectives in Child Development*. Nova York, International Universities Press, Inc., pp. 217-28.

Grollman, Rabbi Earl A., D. D. "Death and Responsibility", *Psychiatric Opinion*, vol. III, nº 6 (dezembro de 1966), pp. 36-8.

Hackett, T. P., e Weisman, A. D. "Predilection to Death: Death and Dying as a Psychiatric Problem", *Psychosomatic Medicine*, vol. 23 (maio-junho de 1961), pp. 232-56.

____. "The Treatment of the Dying". Unpublished paper, Department of Psychiatry, Harvard University Medicall School, 1962.

Hamovich, Maurice B. "Parental Reactions to the Death of a Child". Unpublished paper, University of Southern California, 19 de setembro de 1962.

Haroutunia, Joseph. "Life and Death Among Fellowman", in *The Modern Vision of Death*, ed. Nathan A. Scott, Jr. Richmond, Va., John Knox Press, 1967.

Hicks, William, M. D., e Robert S. Daniels, M. D. "The Dying Patient, His Physician and the Psychiatric Consultant", *Psychosomatics*, vol. IX (janeiro-fevereiro de 1968), pp. 47-52.

Hinton, J. M. "Facing Death", *Journal of Psychosomatic Research*, vol. 10 (1966), pp. 22-8.

____. *Dying*. Baltimore, Penguin Books, 1967.

Hofling, Charles K., M. D. "Terminal Decisions", *Medical Opinion and Review*, vol. II, nº 1 (outubro de 1966), pp. 40-9.

Howland, Elihu S., M. D. "Psychiatric Aspects of Preparation for Death". Paper read at meeting of the Wisconsin State Medical Society, Milwaukee, Wisconsin, maio de 1963.

Irwin, Robert, e Weston, Donald D., M. D. "Preschool Child's Response to Death of Infant Sibling", *American Journal of Diseases of Children*, vol. 106, nº 6 (dezembro de 1963), pp. 564-67.

Jackson, Edgar Newman. *Understanding Grief: Its Roots, Dynamics and Treatment*. Nova York, Abington Press, 1957.

Jonas, Hans. *The Phenomenon of Life*. Nova York, Harper & Row, Inc., 1966.

Jones, Ernest. "Dying Together", in *Essays in Applied Psychoanalysis*, vol. I, Londres, Hogarth Press, 1951.

____. "The Psychology of Religion", in *Essays in Applied Psychoanalysis*, vol. II, Londres, Hogarth Press, 1951.

Kalish, Richard A., Ph. D. "Death and Responsibility: a Social-Psychological View". *Psichiatric Opinion*, vol. 3, nº 4 (agosto de 1966), pp. 14-9.

Kast, Eric, M. D. "LSD and the Dying Patient", *Chicago Medical School Quarterly*, vol. 26 (verão de 1966), pp. 80-7.

Kastenbaum, Robert, Ph. D. "Death and Responsibility: Introduction" and "A Critical Review", *Psychiatric Opinion*, vol. 3, nº 4 (agosto de 1966), pp. 5-6, 35-41.

Katz, Alfred H., D. S. W. "Who Shall Survive?", *Medical Opinion and Review*, vol. III, nº 3 (março de 1967), pp. 52-61.

Klein, Melanie. "A Contribution to the Theory of Anxiety and Guilt", *International Journal of Psychoanalysis*, vol. 29, nº 114 (1948), pp. 114-23.

Knudson, Alfred G., Jr., M. D. Ph. D., e Natterson, Joseph M., M. D. "Observations Concerning Fear of Death in Fatally Ill Children and Their Mothers", *Psychosomatic Medicine*, vol. XXII, nº 6 (novembro-dezembro de 1960), pp. 456-65.

____. "Practice of Pediatrics – Participation of Parents in the Hospital Care of Fatally Ill Children", *Pediatrics*, vol. 26, nº 3, parte 1 (setembro de 1960), pp. 482-90.

Kramer, Charles H., e Dunlop, Hope E., R. N. "The Dying Patient", *Geriatric Nursing* (setembro-outubro de 1966).

LeShan, L., e LeShan, E. "Psychotherapy in the Patient with a Limited Life Span", *Psychiatry*, vol. 24 (novembro de 1961), p. 4.

Lieberman Morton A., Ph. D. "Psychological Correlates of Impeding Death: Some Preliminary Observations", *Journal of Gerontology*, vol. 20, nº 2 (abril de 1965), pp. 181-90.

"Life in Death", Editorial, *New England Journal of Medicine*, vol. 256, nº 16 (18 de abril de 1957), pp. 760-1.

Lifton, Robert J. *Challenges of Humanistic Psychology*, 2 vols., ed. James F. T. Bugental. Nova York, McGraw-Hill Book Co., 1967.

Malino, Jerome R. "Coping with Death in Western Religious Civilization", *Zygon/Journal of Religion and Science*, vol. I, nº 4 (dezembro de 1966), pp. 354-65.

"Management of the Patient with Cancerphobia and Cancer", *Psychosomatics*, vol. V, nº 3 (1964), pp. 147-52.

Mathis, James L., M. D. "A Sophisticated Version of Voodoo Death", *Psychosomatic Medicine*, vol. 26, nº 2 (1964), pp. 104-7.

McGann, Leona M. "The Cancer Patient's Needs: How Can We Meet Them?" *Journal of Rehabilitation*, vol. XXX, nº 6 (novembro-dezembro de 1964), p. 19.

Meerloo, Joost, A. M. "Psychological Implications of Malignant Growth: A Survey of Hypothesis", *British Journal of Medical Psychology*, vol. XXVII (1954), pp. 210-5.

____. "Tragic Paradox of the Nuclear Death Wish", Abbott Pharmaceutic Co., pp. 29-32.

Menninger, Karl. *Man against Himself*. Nova York, Harcourt, Brace & Co., 1938.

Moellendorf, Fritz. "Ideas of Children About Death", *Bulletin of the Menninger Clinic*, vol. III, nº 148 (1939).

Morgenthau, Hans. "Death in the Nuclear Age", in *The Modern Vision of Death*, ed. Nathan A. Scott, Jr. Richmond, Va., John Knox Press, 1967.

Moritz, Alan R., M. D. "Sudden Deaths", *New England Journal of Medicine*, vol. 223, nº 20 (14 de novembro de 1940), pp. 798-801.

Mueller, Ludwig. *Ueber die Seelenverfassung der Sterbenden*. Berlin, Springerverlag, 1931.

Nagy, Maria H. *The Meaning Death*. Nova York, McGraw-Hill Book Co., 1965.

Natanson, Maurice, Ph. D. "Death and Mundanity", *Omega*, vol. I, nº 3 (setembro de 1966), pp. 20-2.

Negovskii, V. A. "The Last Frontier", in *Resuscitation and Artificial Hypothermia*, trans. from Russian by Basil Haigh, *Hospital Focus* (dezembro de 1962).

Norton, Janice, M. D. "Treatment of the Dying Patient", *The Psychoanalytic Study of the Child*, vol. XVIII (1963), pp. 541-60.

O'Connell, Walter, Ph. D. "The Humor of the Gallows", *Omega*, vol. I, nº 4 (dezembro de 1966), pp. 31-3.

Ostrow, Mortimer, M. D. "The Death Instincts: a Contribution to the Study of Instincts", *International Journal of Psychoanalysis*, vol. XXXIX, parte 1 (1958), pp. 5-16.

Parkes, C. Murray, M. D. "Grief as an Illness", *New Society*, Vol. IX (9 de abril de 1964).

____. "Effects of Bereavement on Physical and Mental Health: A Study of the Medical Records of Widows", *British Medical Journal*, vol. II (1º de agosto de 1964), pp. 274-9.

Patton, Kenneth. "Science, Religion and Death", *Zygon – Journal of Religion and Science*, vol. 1, nº 4 (dezembro de 1966), pp. 332-46.

Peabody, Francis Weld, M. D. "The Care of the Patient", *Journal of the American Medical Association* (1927).

Pfister, Oskar. "Schockenden und Schockphantasien bel Hoechster Lebensgefahr", *International Zeiting fuer Psychoanalyse*, vol. 16 (1930), p. 430.

Piaget, Jean. *The Language and Through of the Child*. 3ª ed., Londres, Routledge and Kegan Paul, 1959.

"Prognosis in Psychiatric Disorders of the Elderly: An Attempt to Define Indicators of Early Death and Early Recovery", *Journal of Mental Science*, vol. 102 (1956), pp. 129-40.

"Progress Against Cancer, 1966", in *Care of the Leukemia Patient*. Washington, D. C., National Advisory Council, U. S. Department of Health, Education, and Welfare, 1966, p. 33.

Rheingold, Joseph C. *The Fear of Being a Woman*. Nova York, Grune & Stratton, 1964.

____. *The Mother, Anxiety, and Death: The Catastrophic Death Complex*. Boston, Little, Brown & Co., 1967.

Richmond, Julius B., e Waisman, Harry A. "Psychological Aspects of Management of Children with Malignant Diseases", *American Journal of Diseases of Children*, vol. 89, nº 1 (janeiro de 1955), pp. 42-7.

Richter, Curt P., Ph. D. "On the Phenomenon of Sudden Death in Animals and Man", *Psychosomatic Medicine*, vol. XIX, nº 103 (1957), pp. 191-8.

Rosenblum, J., Ph. D. *How to Explain Death to a Child*. International Order of the Golden Rule, 1963.

Ross, Elisabeth K., M. D. "The Dying Patient as Teacher: An Experiment and An Experience", *Chicago Theological Seminary Register*, vol. LVII, nº 3 (dezembro de 1966).

____. "Psychotherapy with the Least Expected", *Rehabilitation Literature*, vol. 29, nº 3 (março de 1968), pp. 73-6.

Rothenberg, Albert, M. D. "Psychological Problems in Terminally Cancer Management", *Cancer*, vol. XIV (1961), pp. 1063-73.

Rydberg, Wayne D. "The Role of Religious Belief in the Suicidal Crisis". Dissertação inédita. Chicago Theological Seminary, junho de 1966.

Sandford, B. "Some Notes on a Dying Patient", *International Journal of Psychiatry*, vol. 38 (1957).

Saul, Leon J., M. D. "Reactions of a Man to Natural Death", *Psychoanalytic Quarterly*, vol. 28 (1959), pp. 383-6.

Saunders, Cicely, M. D., O. B. E. *Care of the Dying*. Londres, Macmillan & Co., Ltd., 1959.

____. "Death and Responsibility: A Medical Director's View", *Psychiatric Opinion*, vol. III, nº 4 (agosto de 1966), pp. 28-34.

____. "The Management of Terminal Illness", *Hospital Medicine*, parte I, dezembro de 1966, pp. 225-8; parte II, janeiro de 1967, pp. 317-20; parte III, fevereiro de 1967, pp. 433-6.

____. "The Need for Institutional Care for the Patient with Advanced Cancer", in *Anniversary Volume*. Madras. Cancer Institute, 1964, pp. 1-8.

____. "A Patient", *Nursing Times* (31 de março de 1961).

____. "The Treatment of Intractable Pain in Terminal Cancer", *Proceedings of the Royal Society of Medicine*, vol. 56, nº 3 (março de 1963), pp. 191-7.

____. "Watch With Me", *Nursing Times* (25 de novembro de 1965).

Scherzer, Carl J. *Ministering to the Dying*. Englewood Cliffs, N. J., Prentice-Hall, Inc., 1963.

Shands, Harley C. "Psychological Mechanisms in Cancer Patients", *Cancer*, vol. IV (1951), pp. 1159-70.

Shepherd, J. Barrie. "Ministering to the Dying Patient", *The Pulpit* (julho-agosto de 1966), pp. 9-12.

Simmons, Leo W. "Aging in Primitive Societies: A Comparative Survey of Family Life and Relationships", *Law and Contemporary Problems* (Duke University School of Law), vol. 27, nº 1 (inverno de 1962).

____. "Attitudes Toward Aging and the Aged: Primitive Societies", *Journal of Gerontology*, vol. I, nº 1 (janeiro de 1946), pp. 72-95.

Sperry, Roger. "Mind, Brain and Humanist Values", in *New Views of the Nature of Man*, ed. John R. Platt. Chicago, University of Chicago Press, 1965.

Spitz, Rene. *The First Year of Life*. Nova York, International University Press, 1965.

Stinnette, Charles R. *Anxiety and Faith*. Greenwich, Conn., Seabury Press, Inc., 1955.

Stokes, A. "On Resignation", *International Journal of Psychosomatics*, vol. XLIII (1962), pp. 175-81.

Strauss, Richard H., M. D. "I Think, Therefore", *Perspectives in Biology and Medicine* (University of Chicago), vol. VIII, nº 4 (verão de 1965), pp. 516-9.

Sudnow, David. *Pasing On*. Englewood Cliffs, N. J., Prentice-Hall, Inc. 1967. "Telling the Relatives", *Hospital Medicine*, I (abril de 1967).

Tichauer, Ruth W., M. D. "Attitudes Toward Death and Dying Among the Aymara Indians of Bolivia", *Journal of the American Medical Women's Association*, vol. 19, nº 6 (junho de 1964), pp. 463-6.

Tillich, Paul. *The Courage To Be*. New Haven, Conn., Yale University Press, 1952.

"Time, Perspective, and Bereavement", *Omega*, vol. I, nº 2 (junho de 1966).

Treloar, Alan E., Ph. D. "The Enigma of Cause of Death", *Journal of the American Medical Association*, vol. 162, nº 15 (8 de dezembro de 1956), pp. 1376-9.

Verwoerdt, Adriaan, M. D., and Wilson, Ruby. "Communication with Fatally Ill'", *Omega*, vol. II, nº 1 (março de 1967), pp. 10-1.

____. "Death and the Family", *Medical Opinion and Review*, vol. I, nº 12 (setembro de 1966), pp. 38-43.

Verwoerdt, Adriaan, M. D., e Wilson, Ruby. "Communication with Fatally Ill Patients", *American Journal of Nursing*, vol. 67, nº 11 (novembro de 1967), pp. 2307-9.

Von Lerchenthal, E. "Death from Psychic Causes", *Bulletin of the Menninger Clinic*, vol. XII, nº 31 (1948).

Wahl, Charles W. "The Fear of Death", *ibid.*, vol. XXII, nº 214 (1958), pp. 214-23.

____. ed. *Management of Death and the Dying Patient Book: Dimensions in Psychosomatic Medicine*. Boston, Little, Brown & Co., 1964, pp. 241-55.

Walters, M. "Psychic Death: Report of a Possible Case", *Archives of Neurology and Psychiatry*, vol. 52, nº 1 (1944), p. 84.

Warbasse, James Peter. "On Life and Death and Immortality", *Zygon – Journal of Religion and Science*, vol. I, nº 4 (dezembro de 1966), pp. 366-72.

Warner, W. Lloyd. *The Living and the Dead: A Study of the Symbolic Life of Americans*, vol. V of *The Yankee City Series*, ed. Carnelius Crane. New Haven, Conn., Yale University Press, 1959.

Weisman, Avery D. "Birth of the Death-People", *Omega*, vol. I, nº 1 (março de 1966), pp. 3-4. (Newsletter distributed by Cushing Hospital, Framingham, Mass.)

____. "Death and Responsibility. A Psychiatrist's View", *Psychiatric Opinion*, vol. 3, nº 4 (agosto de 1966), pp. 22-6.

Weisman, Avery D. e Hackett, Thomas P. "Denial as a Social Act", in *Psychodynamic Studies on Aging: Creativity, Reminiscing, and Dying*, ed. Sidney Levin and Ralph J. Kahana. Nova York, International Universities Press, 1967.

Weiss, Soma, M. D. "Instantaneuous 'Physiologic' Death", *New England Journal of Medicine*, vol. 223, nº 20 (4 de novembro de 1940), pp. 793-7.

Wentz, Walter Yeeling Evans. *Das Tibetanische Totenbuch*. Zurich, Rascher Verlag, 1953.

Westburg, Granger E. *Good Grief*. Rock Island, Ill., Augustana Book Concern, 1961.

Wieman, Henry N. *The Source of Human Good*. Carbondale, Ill., Southern Illinois University Press, 1946.

Wolf, Stewart F., Jr., M. D. "Once Livesaving 'Dive reflex' said to Cause Sudden Death". Report, 19th Annual Meeting of the California Academy of General Practice, *Hospital Tribune* (15 de janeiro de 1968), p. 18.

Woolf, Kurt, M. D. "Fear of Death Must Be Overcome in Psychotherapy of the Aged". Report delivered as meeting of Gerontological Society. *Frontiers of Hospital Psychiatry* (1966), p. 3.

Zilboorg, Gregory. "Differential Diagnostic Types of Suicide", *Archives of Neurology and Psychiatry*, vol. 35, nº 2 (fevereiro de 1936), pp. 270-91.

____. "Fear of Death", *Psychoanalytic Quarterly*, vol. 12 (1943), pp. 465-75.